佛在敦煌

佛在敦煌

段文杰 著

中华书局

图书在版编目(CIP)数据

佛在敦煌:插图典藏本/段文杰著. —北京:中华书局,2018.7
(2023.6 重印)
ISBN 978-7-101-13039-3

Ⅰ.佛… Ⅱ.段… Ⅲ.敦煌学–佛教–宗教艺术–研究–中国
Ⅳ.①K870.6②J19

中国版本图书馆 CIP 数据核字(2018)第 000451 号

书　　名	佛在敦煌(插图典藏本)	
著　　者	段文杰	
封面题签	徐　俊	
装帧设计	周　玉	
责任编辑	朱　玲	
责任印制	管　斌	
出版发行	中华书局	
	(北京市丰台区太平桥西里38号　100073)	
	http://www.zhbc.com.cn	
	E-mail:zhbc@zhbc.com.cn	
印　　刷	天津善印科技有限公司	
版　　次	2018 年 7 月第 1 版	
	2023 年 6 月第 3 次印刷	
规　　格	开本/880×1230 毫米　1/32	
	印张 9¾　插页 10　字数 330 千字	
印　　数	12001–14000 册	
国际书号	ISBN 978-7-101-13039-3	
定　　价	66.00 元	

目　录

我的父亲段文杰

　　父亲离世以来，我一直沉浸在对他的深切思念之中。他在大漠古窟坚守一生的漫长经历和音容笑貌，反复出现在我脑海中。

　　父亲从少年时代就吃苦耐劳，勤奋好学，富有正义感和责任心。中学时代曾积极参加进步的学生运动和抗日救亡宣传活动。1940年他考入迁至重庆的国立艺专五年制国画科学习。出于对中国的传统文化艺术的倾心热爱，当得知大漠敦煌有祖国灿烂辉煌的古代文化艺术遗迹，就决心要去一探究竟。1945年大学毕业，他就踏上了北上西行的求索之路，投身到民族文化遗产的保护研究和宣传工作之中。

　　为了能深刻领会和学习到民族艺术的真谛和精髓，他废寝忘食、心无旁骛地临摹敦煌壁画，经过认真研究石窟艺术的题材内容和形式风格，掌握了石窟壁画中线描、晕染和传神等一系列高超精湛的表现手法，形成了一种忠于原作又形神俱佳的临摹风格。他的大小数百幅临本就是他潜心研摩的结晶。其中一百多幅临本参加了1948年敦煌壁画南京展，两百余幅临本参加了1951年敦煌文物北京展。以后又陆续参加了在多个国家和地区的展出。父亲和他的同事们团结协作，为保护、继承和传扬祖国优秀艺术遗产做出了特别的贡献。

几十年来，父亲认真细致地对石窟艺术体系进行了全面系统的梳理和探讨，同时也研读了大量古人和他人的著述，积累了大量研究卡片、笔记和论文修改稿。从组长、所长到院长，他做了很多事务性工作，特别是任敦煌研究院院长之后，白天有很多院务工作要处理，许多研究文章都是利用每天天亮前几个小时撰写的。长期高负荷，夜以继日的工作，忽略了身体保健，他的眼睛和肠胃都出现了问题并进行了手术治疗。但这并未影响他的工作热情，反而感到时间紧迫而更加努力工作。父亲的理论研究，拓宽了石窟艺术研究的方法和视野，充实和丰富了敦煌学研究的领域，也为人们全面认识敦煌文化艺术体系架设了一座桥梁。

父亲有顽强的生命力，从山清水秀的天府之国到飞沙走石的戈壁大漠，他能很快适应简陋艰苦的生活条件，并努力做好各项工作。在特殊年代，即使两次受到不公正对待，他依然能坦然面对逆境，坚守信念，不忘初心，不消沉，不退缩，始终没有放弃对敦煌艺术的思考和研究。在下放农村期间，经常是白天忙农活，照顾我生病的母亲，晚上挑灯夜读，撰写笔记。他的豁达乐观、自强自信的精神，让我惊叹和敬仰。他以敦煌为家，甘愿为保护、研究和弘扬敦煌文化艺术忍辱负重，矢志不渝，就像戈壁荒滩上的红柳和胡杨，在干旱、风沙不断袭击的严酷环境中，依然焕发出生命的活力。

父亲极富爱心，乐于助人。他得知邢台地震时立即向灾区捐出部分工资；看到他曾读书和工作过的中学教学设施亟待改善，他想方设法，捐款捐书；得知老校友、老同事生活有困难，也多次寄钱相助。他重亲情，担责任，不论身处顺境和逆境，一如既往地关爱家庭。我在敦煌读高中时，国家遭到三年灾害困扰，粮食定量供应。父母想方设法省下口粮，存些风干的馍片给正长身体的我。我上大学时，父母身处逆境，收入降低，生活很清苦，却省吃俭用，从未间断过给我的学习和生活费用。对远在家乡他的同父异母的年幼弟妹，也一直接济他们到成年。

我是在父亲的影响下热爱和学习美术的。学校放假回到莫高窟，他都要求我参加洞窟清沙劳动，并耐心地指导我画素描和学习临摹敦煌壁画，要我多读书，多深入生活，在创作中要注意推陈出新。他去世后，我在整理他的遗物时，发现有一纸卷捆扎得很好，打开一看，竟然是我几十年前学画时的习作，相当不成熟。可是父亲却把这几幅画保存了下来，几经搬迁，都没有扔掉。我捧着这几张十分幼稚的画，不禁热泪盈眶，这里深藏着他多么厚重的父爱啊！

1980年父亲受命全面主持敦煌研究所的工作，当时他已年过花甲，虽经磨难，仍锐气不减，豪情依旧。为了挽回"十年动乱"的损失，加快推动敦煌石窟的保护、研究和弘扬事业，他争分夺秒，牢抓机遇，争取外援，强化保护，推动交流。他爱才惜才，着力延揽引进各类专家学者到研究院工作，想方设法培养各方面人才，选送优秀中青年去国内外高校和研究机构深造，其中不少人已成为卓有成就的敦煌学专家和院所领导。他倡导创办的《敦煌研究》期刊成为有世界影响力的学术交流平台，推出了大批研究成果，并主持编辑出版了大量研究文集和多种敦煌画集，组织召开了多次国内和国际敦煌学研讨会，提升了中国敦煌学研究的国际地位和影响力。敦煌研究院已成为科目齐全、名符其实的敦煌文物保护和敦煌学研究实体，成为世界文化遗产保护、管理和利用的典范。

耄耋之年的父亲和我生活在一起，所思所想的仍然是扎根六十年的大漠敦煌，魂牵梦绕的还是奉献了毕生精力的莫高窟。父亲的一生，是热爱祖国，热爱敦煌，热爱艺术的一生。他胸怀坦荡，为人真诚，坚守执着，踏实肯干，不追求虚名浮利，不看重物质享受，为弘扬敦煌而无私奉献。父亲虽已离世，但他还将永远活在我的心里。

辑一

十六国、北朝时期的敦煌石窟艺术

　　敦煌是汉武帝时代建立的河西四郡之一。汉代的敦煌郡，领六县，扼两关，拥有近四万人口，是河西走廊一个新兴的重要城市。

　　敦煌建郡之初，汉王朝即采取了一系列军事措施，在敦煌境内"建塞徼，起亭隧，筑外城，设屯戍"。东汉时期的护西域副校尉驻节敦煌，以后敦煌长史索班又屯兵伊吾，都是为了预防匈奴贵族侵扰。永和二年，敦煌太守裴岑曾率领郡兵三千人西击匈奴，斩除了呼衍王，保障了两晋西域和河西的安全。总之，汉晋以来，敦煌在军事上一直是进可以攻、退可以守的战略要地。

　　为了备边，汉王朝也注意了敦煌的农业生产，修泽，开堰，大兴水利，军屯，民屯，垦荒生产。渔泽尉崔不意教老百姓力田，搜粟都尉赵过提倡代田法，他们都对敦煌的农业生产有所促进。特别是三国时代的敦煌太守皇甫隆推广犁耕耧种，"省庸力过半，得谷加五"，粮食产量大大提高。在农业生产发展的同时，河西和敦煌也出现了"坞壁"，嘉峪关魏晋墓中就画有"坞"。"坞"有高墙，门上有望楼。"坞"内有畜圈，"坞"外有帐房，住着看守的奴隶。西凉时代，敦煌县西宕乡高昌里，有"赵羽坞"。北魏时代更是"村坞相属，多有寺塔"。寺院里有僧祇户、佛图户，实际性质与坞相似。当时大量的农民依附于坞壁，从事农业生产，受着剥削。

封建经济的发展，带来了封建文化的繁荣。汉晋时代敦煌出了许多文人，张芝、索靖便是敦煌有名的书法家和文学家。特别是西晋末年，许多有"高才实学"、"博通经史"的文人学士，避乱凉州，因而河西走廊（包括高昌在内）的中原文化蓬蓬勃勃地发展起来。酒泉、敦煌、吐鲁番魏晋墓中发现的大量文书和壁画，便是当时的文化遗存，也是佛教艺术发展的基础。

敦煌建郡以后，中西交往更为频繁，特别是张骞率领三百人的庞大使团第二次出使西域之后，"使者相望于道"。外国使者一起"多者数百人，少者百余人"。中国使者一年中也有十余起，至少五六起。出使较近的国家，三几年往返一次，出使较远的国家，要八九年才能回来。由于频繁的交往，中国的文化，特别是丝绸，源源不断地传向西方，西方的文化，如皮毛、火浣布等等也传入了中国。但东来西去都必须经过敦煌，因而敦煌便成了总绾中西的交通枢纽。

三国时代，敦煌太守仓慈，颇善于处理中西关系，凡是西面来的商旅，"皆劳之"，有到敦煌贸易的，"官为平取，辄以府见物与共交市"，事毕回去，派人护送出关。如果还想到长安、洛阳，就发给"过所"（通行证）。由于他妥善地安排了西域各民族和外国商旅的贸易活动，各族各国人民无不称其德惠。

东晋以后，北魏统一了北方，"丝绸之路"更为繁荣，"自葱岭以西，至于大秦，百国千城，莫不款附，胡商贩客，日奔塞下"。所以《隋书·裴矩传》里说："发自敦煌，至于西海，凡为三道……总凑敦煌，是其咽喉之地。"总而言之，汉晋以来的敦煌，是中西经济文化交流的重要站口。

随着中西频繁的交往，佛教和佛教艺术，也沿着"丝绸之路"传入我国，首先流传于西域，然后从南北两路：南路经于阗、楼兰传至敦煌，北路经龟兹、高昌传至敦煌。再从敦煌、凉州而传入中原。

佛教，是外来宗教，初入中国时"大受排斥"，曾先后出现过"儒佛之争"、"华戎之争"、"佛道之争"、"黑白之争"、"神灭与神不灭之争"等等一系列矛盾。但由于佛教本身就是适应封建经济结构的上层建筑，再经过一些"吃教"人物的诠释、注疏、阐述、比附，宣扬"周孔即佛，佛即周孔"，"周孔救极敝，佛教明其本耳，共为首尾，其致不殊"，说佛经里"包五典之德，深加远大之实，含老庄之虚，而重增皆空之尽，高言实理，肃焉感神，其映如日，其清如风"，极力把佛教思想、儒家思想和玄学糅合在一起，因此适应了当时的历史环境。

两晋时代，"流尸满河，白骨蔽野"。在这灾难深重的社会里，这种中国化的佛教思想，像瘟疫一样流行开来。北方少数民族建立的许多小王朝，都是佛教的倡导者，他们以"戎神"为精神支柱。后赵石虎，前秦苻坚，后凉吕光，北凉沮渠蒙逊以及北魏诸帝，无不招致僧侣，译经传道。龟兹沙门佛图澄，以道术愚弄人民，百姓"竞造寺庙，相竞出家"，获得了石虎的赏识。上朝时王公大臣用雕辇把他抬上金銮宝殿，主事人唱大和尚名号，"众坐皆起，以彰其尊"，把佛图澄捧上了与帝王媲美的地位。

前秦苻坚，为了得到名僧鸠摩罗什，不惜派吕光率兵七万远伐龟兹。临行前在饯别宴会上向吕光说，我不是为了贪图土地，而是为了鸠摩罗什，"若克龟兹，即驰驿送什"。虽然苻坚玩了一手"此地无银三百两"的伎俩，却也说明他迫切希望拥有这位驰誉西域的和尚。

北魏道武帝为了得到罽宾沙门昙无谶，曾多次遣使到凉州迎接，并恫吓沮渠蒙逊说："若不遣谶，便即加兵。"沮渠蒙逊为了保留这位"圣人"，断然拒绝说，"此是门师"不能给，如果逼迫太甚，"当与之俱死"。

这些统治者，不惜打仗，不顾生命，为争夺一个和尚，并把佛教定为国教，僧侣尊为国师，其目的无非是借僧侣之口，宣扬"灵魂不灭"、"因果报应"、"轮回转世"、"天堂地狱"一套唯心主义思想，以"调伏人心"。南朝宋文帝刘义隆说了几句老实话，他说："若使率土之滨，皆感此化，朕则垂拱坐致太平矣，夫复何事？"北方的各族统治者亦因此而大力提倡佛教，于是造塔立寺，开窟造像，蔚然成风。敦煌石窟就是在这样的历史环境中应运而生的。

据武周圣历元年（698 年）碑记，莫高窟创建于前秦建元二年（366 年），现存最早洞窟约相当于十六国晚期的北凉时代。其后经过北朝的北魏、西魏和北周，这一百六十多年中，现存洞窟共三十九个。

石窟内容可分三项：建筑、雕塑、壁画，三者是互相结合的统一整体，是实用性和艺术性有机结合的产物。

石窟建筑形式主要有三种类型：一种是僧房，即禅窟，如第 268、285、487 等窟，主室两侧有小禅室，是僧侣坐禅修行的地方。一种是塔庙，平面作长方形，前部有"人字披"屋顶，横梁两端有木质斗拱承托，完全模仿中原木构建筑，后部有中心方柱，如第 254、257、251 等窟，这是早期洞窟的主要形式，适应善男信女右旋绕塔巡礼观像。一种是佛殿，即倒斗藻井窟，正壁开龛造像，如第 272、249、296 等窟，是群众礼拜供养之所。

塑像是石窟的主体。早期的塑像内容比较简单，主要有佛、菩萨像，如弥勒像、释迦多宝并坐像、说法像、禅定像、思维像，以及中心柱四面宣扬释迦牟尼生平事迹的苦修、降魔、成道等所谓"四相"、"八相"等内容。北魏时期的佛像，一般都有侍从菩萨，一如封建帝王"左辅右弼"之制，组成一佛二菩萨的形式。北周时期增加了佛弟子，一铺像最多达五身。

早期洞窟多以弥勒（菩萨或佛像）为主像，这大约与禅修中弥勒决疑有关。弥勒像一般都在中心柱和南北壁上层阙形龛中，表示弥勒高居"兜率天宫"。十六国第275窟可称为弥勒窟，主像和壁龛中均为"莲花跏"弥勒菩萨。主像头戴化佛冠，发披两肩，袒胸露臂，项饰璎珞，腰束羊肠裙，坐双狮座。仅存左手，作"与愿印"。神情庄静，体魄雄健。第254窟弥勒佛像，则通肩袈裟紧贴身体，颇有"曹衣出水"之感。突出的衣纹，随身圆转，既真实又富于装饰性。

禅定像是早期塑像的重要题材，遍布各窟，这与北方重禅行分不开。"禅定"就是"思维修"，意思是澄心静虑，参禅入定。圆拱龛内结跏趺坐、双手重叠作"禅定印"的佛像，身穿百衲衣、闭目沉思的禅僧像，所表现的都是"凿仙岩以居禅"的形象。

第263窟的禅定佛像，是从西夏封闭的墙壁里剥出来的，形象完好，色泽如新，还保存着早期彩塑的本来面貌。

早期菩萨像中思维像亦高居天阙，跷脚而坐，右手支颐，俯首下视，好像沉浸在冥思苦想之中。

第248窟的菩萨像是极少数未经后代改动的原作，头像大体一样，可能为模制。但经彩绘加工后又各有微小差别。造型的共同特点是眉目娟秀，神情恬淡。白色的颜面在深色的冠帻和头光的衬托下，颇有"素面如玉"的莹润感。

北周时期出现了阿难、迦叶像。阿难均为汉族形象，面相丰圆，少年聪俊，迦叶多为胡貌，高鼻深目，大眼宽腮。有的肌肉松弛、老态龙钟。有的满面笑容，但笑中带有苦涩的味道，真实地刻画了迦叶饱经风霜的经历。

北魏时代龛楣两端已出现翼龙、凤首装饰，凤的敏捷，龙的矫健，各有不同特点。

惟一的交龙羽人像，装饰在第297窟龛楣上。羽人头出双角，臂有羽，鸟爪，一脚跨于龙背，似有羽人乘龙之意，在佛教塑像中寄寓了神仙思想。

在一龛塑像中，身份地位高低不同的人物，分别以不同的形式表现。主体性的佛、菩萨像，多为圆塑，一般菩萨、弟子，头像为圆塑，肢体隐入壁面，为高浮塑。附属性的飞天、供养菩萨，则为模制的影塑。影塑的形象虽小，数量颇多，第432窟的影塑飞天为现存的北朝影塑精品，面相清瘦，高髻侧倾，宽衣长裙，挥袖而舞，颇有迎风翱翔之感。由于圆塑、浮塑、影塑配置适当，既突出了主体人物，又使整铺塑像的结构形式统一和谐。

同雕塑相比，壁画则表现了更加丰富多彩的内容，从这个角度讲，壁画是敦煌石窟艺术的主要部分。

早期洞窟的壁画，一般都是有一定的整体规划的，大抵顶部画装饰图案：藻井、平棋、椽间自由图案等，四壁腰部画佛像和主题性故事画，其下画小身供养人行列，四壁上端绕窟一周，画天宫伎乐，四壁下方画金刚力士，其余壁面密布千佛，组成一个所谓庄严神圣的"佛国世界"。

就壁画的不同性质而言，大体可分为五类。

一、佛像画，这是供人们供养礼拜的形象，主要是以佛为主体的说法图。早期洞窟一般都有说法图，有的属于"三世佛"或"三身佛"，有的属于佛在不同地点、不同时间和对不同对象的说法相，有的属于佛传的一部分。如第263窟北壁大幅结构，中心为佛像，四周围绕着舞姿优美的菩萨，上有飞天散花，佛座下有法轮，轮下对卧双鹿，形象已经表明为《鹿野苑初转法轮》，这是佛成道后第一次说法的形象。

第249窟的《说法图》与前者略有不同，佛像庄严肃立，双手似为"转法轮印"，上有双龙华盖，下有宝池莲花，这已不是一般的说法图，似已具有"净土变"的雏形。

北魏晚期的说法图，场面宏大，人物众多。第248窟南北壁说法相均属大型。中部画结跏趺坐佛像，庄严神圣。而侍立两侧的菩萨却生动活泼，绰约多姿。有的交头接耳窃窃私语，有的举臂挥袖翩翩起舞，有的虔诚献花，有的挽臂嬉戏，已冲淡了宗教法堂的庄严气氛，增添了浓厚的人间情趣。

伎乐天、飞天也是佛菩萨的侍从。伎乐天都画在四壁上端的天宫楼阁里，仅露半截身子，宝冠裙帔，形如菩萨。有的弹琵琶，有的擘箜篌，有的奏阮咸，有的击腰鼓，箫笛并奏，鼓乐齐鸣。舞伎们穿插在乐队里扭腰振臂，载歌载舞，颇有"鼓瑟箫韵半在天"之感。

飞天又叫香音神，是石窟里优美的艺术形象，早期为西域式，上身半裸，宝冠裙帔，晚期出现了中原式，秀骨清像，褒衣博带。这些飞天翱翔于洞窟顶部藻井的周围、平棋的岔角里、佛像的背光中和说法图的上方。舞姿多种多样：有展臂上升者，有俯首下降者，有前呼后应、扬手散花者，有手捧莲花、双脚反垂于头上作"拗腰伎"姿态者，千变万化，丰富多彩。最突出的是裸体飞天，有男性有女性，双脚与腿平直，舞姿婉转流畅。北周时代，伎乐天从天宫楼阁中飞腾起来，形成了浩浩荡荡的飞天行列，上有碧空，下有雕栏，数十百身联袂而舞。

金刚力士是佛教的护法神，绘制在四壁下方，奇形怪状，粗犷有力。或举臂承托，或交手比武，或弹琴奏乐，或挥巾起舞，或倒立，或相扑，千姿百态，颇似民间百戏。

佛像中大量的是千佛，虽然千篇一律，但它们四五个一组，以不同的色彩组合成霞光万道的效果，给整个洞窟笼罩上一层宗教的神秘感。

二、故事画（也称经变），是向人们灌输佛教思想的壁画，也是早期壁画中最重要的部分，比佛像画更有吸引力。

现存早期故事画约二十种，近三十幅，大体可分为三类：一类是佛传故事，宣扬释迦牟尼生平事迹。这一题材在早期壁画中颇多，如四相、八相，或画或塑，各窟都有。第428窟组画形式的佛传，可能为十二相，其中把"诞生"与"涅槃"同置一壁，颇为别致。第290窟的佛传故事，六条并列，用顺序式结构，描写了从诞生到出家的全部情节。这样的鸿篇巨制，在我国目前已发现的佛教故事画中是罕见的。

另一类是本生故事，宣扬释迦牟尼的"前生善行"，这是宗教神学中"灵魂不灭"、"三世因果报应"思想的产物。

在早期壁画中主要有：月光王以头施人、尸毗王割肉喂鹰、萨埵舍身饲虎、九色鹿拯救溺人、须阇提割肉奉亲、睒摩迦忠君孝亲、须达那布施济众、毗楞竭梨王身钉千钉等十余种，画面繁简各不相同。

再一类是因缘故事，宣扬与佛有关的度化事迹，如须摩提女焚香请佛、微妙比丘尼现身说法、五百强盗皈依佛法、善事太子入海求珠、难陀被迫出家、沙弥守戒自杀等数种。

此外北周时代三阶教流行，宣称"大福皆用财货，乃得成耳"。大肆宣扬竭财布施，广种福田，因而在第296窟出现了不完整的《福田经变》。据《佛说诸德福田经》，应为布施七事，而此窟只画了五件事：兴立佛塔僧房堂阁；园果浴池树木清凉；常施医药疗救众病；安置桥梁过度赢弱；近道作井渴乏得饮。这幅画描写了一些独立的生活片断，画面上没有宗教气氛的感觉。这一题材在隋代第303窟也有，且画面比前者更为生动活泼。三阶教创始于信行，流行于中原，但边远的敦煌石窟，也受到了它的影响。

总的说来，故事画思想多与禅修有关，内容多为"修六度"，但不同的故事又各有不同的主题思想和艺术形式。现将其中主要者略述如下。

1. 月光王以头施人。佛经里说：月光王仁慈恩惠，救济穷困，"如民父母"。时有毗摩斯那王，心生妒忌，悬赏募人加害于月光王，他宣示如有能得月光王头者"分国半治，以女妻之"。外道劳度叉前来应募，冲破种种阻拦，进入宫廷向王乞头。月光王满口答应说："舍此秽恶之头，用贸大利……"文武大臣，夫人太子都来劝阻，但国王心意已定，向劳度叉说："汝砍我头，堕我手中，然后于我手中取去。"劳度叉举刀欲砍，此时树神以"神通力"惩罚了劳度叉，令"其头反向，手脚缭戾，失刀在地，不能动摇"。这时大王又向树神说："我过去在此树下，曾以九百九十九头以用布施，施此一头，即满一千，不用阻拦。"于是劳度叉持头而去，夫人太子及臣民等同声悲号。

根据这个故事，以单幅画形式，绘制了最早的本生故事画，仅画出一个献头场面。中坐者为月光王，前面一人捧盘献三头，以表示舍头千次，而月光王却面不改色，处之泰然。造型、构图均极简单，还保留着朴质稚拙的风格。

2. 萨埵舍身饲虎。佛经里说：宝典国国王有三个儿子，其最小儿子名摩诃萨埵。一日，三子出游林间，见一母虎带数幼虎，饥渴交迫，欲食其子，萨埵欲以身救此饿虎，行至山间，卧于虎前，饿虎口噤，无力啖食，萨埵又爬上山冈，以利木刺颈出血，跳下山岩，饿虎舐血后啖食其肉。二兄久不见萨埵，即沿路寻找，终于找见萨埵尸体，惊惶回宫，以萨埵饲虎事告知国王。国王和夫人随即赶至山林，只见萨埵身肉已尽，骸骨狼藉，母扶其头，父捉其手，哀号闷绝。随后二兄收拾遗骨，盛于宝函中起塔供养。

根据这个故事画成的连环画，早期只有两幅，见于第254及第428两窟，以第254窟为最早。此图以单幅画形式出现，共画七个场面：三王子山中见饿虎，萨埵刺颈跳崖饲虎，国王夫人抱尸痛哭，家人收拾遗物遗骨起塔供养。

这幅画宣扬"舍己救众生"思想，佛教把人和虫鱼鸟兽同等看待，抹杀人在阶级社会里的社会属性，要人们去忍受无止境的屈辱和牺牲。这幅画构图别致，它把不同时间的许多不同情节交织在一起，形成了统一而又富于变化的主题鲜明的整体结构。

在情节表现上采取了新的手法，如萨埵舍身饲虎的几个情节：刺颈、跳崖、饲虎连续出现。萨埵被虎啖食以后，"食肉已尽，唯有骸骨，狼藉在地"的情景，画面上没有出现，相反，在饿虎贪馋地啖食时，特别是在白发苍苍的老母抱尸痛哭的场面里，萨埵的形体衣饰完好如故，面色如生，仿佛正在熟睡之中。由于这种新颖的想象手法，冲淡了画面的残忍、恐怖气氛，使画面统一协调。

3. 九色鹿拯救溺人。佛经里说：有一"国民"堕入水中将被淹没，挣扎呼救。时逢九色鹿路过水边，闻声而至，不顾自身安危，跃进水中将溺人驮上岸来。溺人为了感谢九色鹿救命之恩，跪地请求，愿作奴仆，听其使唤。鹿说："无须报恩，但有一件事，千万不要泄露我的住处。"溺人发誓而去。当时此国王后梦中得见一鹿，身毛九色，双角如银，次日即向国王提出，捕来九色鹿，剥取其皮做衣服。于是国王布告悬赏，有捕得九色鹿者，分其国土财宝一半作为赏赐。溺人见利忘义，便来宫廷向国王告密，并领国王入山逮捕九色鹿。

此时九色鹿正高卧山中毫无所知。鹿的好友乌鸦，见国王大兵来临，便长空长鸣，以唤醒九色鹿。当鹿从熟睡中惊醒过来时，四面已被官兵包围，不能脱身。于是九色鹿便在国王面前控诉溺人贪图富贵，出卖救命恩人。国王认为鹿有功于人，放鹿归山，并下令全国禁止捕猎九色鹿。此时，溺人周身生疮，王后亦恚愤而死。这个故事虽然打上了佛教的烙印，仍不失为一则优美的民间寓言。这幅画以传统的横卷式，即两头开始、中间结束的构图，描绘了六个场面。其中溺人告密一场最为精彩，着西域衣冠的国王，踞坐在中国式宫殿中，龟兹装扮的王后，依偎在国王身边，侧身而坐，但又回过头来望着告密的溺人，并将右臂撒娇似的搭在国王肩膀上，翘起的食指，似乎在下意识地扣打，曳地的长裙下露出一只光脚，脚指头好像也在不自觉地晃动。这些妖媚的细节刻画，自然地流露出她正在促使国王为她逮捕九色鹿的隐蔽的内心活动。更值得注意的是九色鹿形象的塑造，一反常规，把经典里的"鹿即长跪问王"和印度、西域壁画雕刻中跪地哀求的九色鹿画成站起来的，并刻画了它理直气壮地在国王面前控诉溺人见利忘义的丑恶行为。这一情节，不仅表现了画家对九色鹿的认识和评价，也表现了画家倾注在九色鹿这一形象上的感情。

4. 沙弥守戒自杀。《贤愚经》里说：有一长者送子受戒为沙弥，师傅训之以清规戒律。一天，师傅命沙弥去另一长者家乞食，时逢长者全家外出赴宴，仅留一位十六岁少女看家。沙弥扣门索食，长者女应声而出，一见沙弥心生爱慕，在沙弥面前作诸娇媚，倾吐衷情。沙弥"坚摄威仪，颜色不改"，为了保持清白，持刀自刎而死。印度风俗，沙弥死于白衣家中，须交纳罚金一千，长者即以金银财宝奉献于国王，国王即以香木火化沙弥尸体，起塔供养。

此画共有两幅，见于第257窟和第285窟，主题思想是宣扬宗教禁欲主义，是僧侣修"不净观"的教材。但它在北朝时期的洞窟里一再出现，决非偶然现象。以北方而言，僧尼多不守清规戒律。名僧鸠摩罗什与龟兹王女同居密室，饮酒作乐。后来在长安不住僧房，"别立廨舍"，公开养着十个伎女。昙无谶与鄯善王妹私通后逃至凉州，被沮渠蒙逊尊为"圣人"，并把他的女儿、媳妇送到"圣人"那里去接受"生子术"。

北魏时期，僧尼更加淫滥，洛阳城中，"妃主昼入僧房，子弟夜宿尼室"。当时洛阳有两句民谣："洛阳男儿急束髻，瑶光寺尼争作婿。"所以刘昼指出，寺院里"损胎杀子，其状难言"。这就是沙弥守戒自杀壁画一再出现的社会原因。

两幅《沙弥守戒自杀》，时代不同，画家选取情节、表现方法也不一样。第285窟一幅，不如第257窟的画面完整，但在一些情节表现上，更富于艺术性。如沙弥乞食场面，长者女见沙弥后，内心感情的冲动，没有用妖媚的形象，而是巧妙地运用了衬映的手法，在屋顶上画了一只猕猴，以比拟少女感情上的"心猿意马"，这就比第257窟含蓄深刻。

5.须摩提女请佛。据佛经里说：阿那邠邸长者为儿子娶

16

亲，大张筵席，宴请六千外道。须摩提女见外道丑陋粗野，不信佛法，便闭门高卧，拒不接待宾客。长者无可奈何，只好听从好友之计，令须摩提女请其师释迦牟尼赴斋。果然，须摩提女便盛装登上高楼，焚香请佛，长者一家恭迎于庄外。佛闻香即派使人乾荼负釜飞来，接着十一大弟子次第飞来：

均头沙弥化五百花树飞来。

周利般特乘五百青牛飞来。

罗云乘五百孔雀飞来。

迦匹那乘五百金翅鸟飞来。

优毗迦叶乘五百龙飞来。

须菩提乘五百琉璃山飞来。

迦旃延乘五百鹄（天鹅）飞来。

离越乘五百虎飞来。

阿那律乘五百狮子飞来。

大迦叶乘五百马飞来。

大目犍连乘五百象飞来。

释迦牟尼及诸侍者最后飞至长者家中，运用种种神通变化，征服了外道，须摩提女全家皈依了佛法，做了释迦牟尼的弟子。

这幅画以连环画和组画相结合的形式，描绘了十七个场面，特别是腾空飞来的神变中，对乘骑的刻画，别具匠心。如牛的犷悍，龙的矫健，马的奔腾，象的笨拙，孔雀的翩翩翱翔，天鹅的悠然自得，山岳的凝重沉寂，意趣各不相同。

虽然出于想象，但在各种不同动物性格特点的描写上，颇得其神。

6. 须达拿施象。佛经里说：叶波国王有个太子名须达拿，乐善好施，驰誉邻国。他曾发誓："凡有求索，不逆人意。"国王有一白象叫须檀延，力大善斗，单身能战胜六十只象，凡与诸国交战，无不胜利。时有敌国怨家，惧此白象，遂买通婆罗门八人，长途跋涉到叶波国，向太子乞象。太子没有违背"不逆人意"的誓言，遂将白象施与婆罗门。国中大臣即向国王报告：太子布施无度，库藏将空，现在又将国家赖以却敌的神象，施与敌国怨家。国王闻言，大为震怒，遂将太子驱逐出国。太子即与妃子辞别国王、夫人，将所有财物布施民众，然后携子出宫。人民闻太子被逐，都来相送，垂泪而归。太子一家乘车自驶而去。途中遇一婆罗门来向太子乞马，太子即以马与之，自入辕中挽车而去。又有一婆罗门前来乞车，太子即以车与之。又一婆罗门前来乞衣服，太子即以衣服与之。太子步行到旷泽中，见一化城，城中市民以伎乐衣服饮食相迎。行至山中，见仙人学道，太子即止此山中，以流泉瓜果为饮食，又采取树枝作小屋三间，妃子一间，两个儿子共住一间，自居一间。二子时与猕猴、狮子相戏乐。妃子采摘瓜果供给饮食。不久又来一婆罗门，向太子乞其二子为其妻子作奴仆，太子即以水洗婆罗门手，以绳缚二子交给婆罗门。二子留恋父母不愿离去，太子即以鞭捶打，血流于地。等到妃子采果回来，不见两个儿子，呼号悲哀，痛不欲生。后来婆罗门牵二子长街出卖，正好被国王买入宫廷。国王见了两个孙儿，得知太子下落，便派大臣入山迎太子回国。

这幅画以"己"形连环式构图，描绘了从施象到施子等十七个场面，人物形象，衣冠服饰，均为中原式，并以山峦、树木、房屋作为故事情节的间隔和连接，把人物活动放在一定的环境之中，使画面富于生活气息，这是早期故事画受到中原绘画影响后的一个新发展。

7. 五百强盗成佛。佛经里讲：摩伽陀国有五百个强盗，经常拦路抢劫行人，致使"王路断绝"。国王派大军进剿，强盗战败被捕。国王开庭审讯，处以残酷刑罚：割鼻、削耳、挖眼睛，然后逐放山林。强盗悲哀号恸之声，为佛所闻，佛以"神通力"吹香山药使五百盲贼眼目复明，并为强盗说法。五百强盗即皈依佛法，出家为僧，隐居深山，参禅入定。

第285窟的《五百强盗成佛图》，共画了八个场面，画面以激烈的战斗开始，最后以"强盗"战败被俘出家告终。

强盗成佛故事画在西魏北周时代一再出现，和北魏后期以来风起云涌的农民起义有密切的关系。河西也受到农民起义的威胁。特别是瓜州城民张保杀刺史陈庆，晋昌人吕兴杀郡守郭肆，直接威胁到驻守瓜州的东阳王元荣的统治，他忧心忡忡地说："天地妖荒，王路否塞，君臣失礼，于兹多载。"可见农民起义军截断了从敦煌去洛阳的道路，闹得元荣朝拜主子、履行"君臣之礼"都不可能。因此就大造佛窟，大写佛经，乞灵于宗教，希望"四方附化，恶贼退散"，以保障他们的安宁。

8. 释迦牟尼传。北周第290窟的佛传图，是以《修行本起经》为主画成的。经里说：摩耶夫人夜梦菩萨乘白象，在音乐声中自天而降，夫人突然惊觉，国王即请相师占卜。相师说，此是"神圣入胎"。夫人有妊，诸小国王都来祝贺。十月已满，夫人出游，于园中手攀无忧树，太子自右胁出生。太子初生行七步，步步生莲。九条龙为太子喷水沐浴。夫人抱太子乘交龙车还宫，天人奏乐，诸神护送，国王百官列队出迎。国王下马礼拜太子，抱太子入神庙。相师为太子起名悉达，太子还宫现三十二祥瑞：巷道自净，臭处更香；箧笥衣帔，自然满架；千川万流，一时澄清；风雨过去，天气晴明；殿堂神珠，闪闪发光；五百牛马，同时生驹；八方诸神，奉宝来献；七宝露车，天神奉献；五百狮子，罗住城门；龙王诸女，绕宫而住；地狱皆休，无有苦毒；毒虫隐伏，祥鸟飞鸣；猎夫渔户，一时慈心；一切怨恶，悉皆消除；优昙现狮，威慑百灵。接着阿夷仙人飞来宫前，门监入宫禀告，仙人沐浴更衣会见国王，求见太子，仙人占相为王祝贺。国王为太子起四时殿，选五百名伎女弹琴歌舞，娱乐太子。五百仆人陪太子读书。太子回宫终日不乐，国王召大臣为太子议婚，聘娶须波佛王女为媳。王女令诸国太子竞技，优胜者许婚。悉达携带弓箭出城比试，时有白象堵门无法通行，太子举手掷象门外，力大无穷。太子与从弟难陀相扑，一举得胜。太子挽弓射穿七重铁鼓。太子抛掷珠串，直落王女裘夷身上，便与裘夷结为夫妇。婚后仍然闷闷不乐，国王又召大臣商议，为太子再次选妃，太子再娶二女。宫居既久，国王令太子出城游观，出东门路遇老人，出南门路遇病人，出西门见人出殡，出北门路遇沙弥。游观农务，感虫鸟相食，生命无常。于是静坐树下，思维解脱生老病死之苦。夜里，辗转不能入睡，遂令车匿备白马，太子在天神护卫下，乘白马夜半逾城。出城后，犍陟吻脚辞别，车匿牵马还宫，裘夷抱马痛哭，举宫忧悲。太子出城后步入山林，与众仙人交换衣服，坐娑罗树下，舍家苦修。

第290窟的佛传图是一幅长达二十五米的连环画，主要场面约八十个，互相衔接紧密地连成一气，内容丰富、完整，是我国早期佛传故事画保存最完整的一幅。

就艺术而言，首先在风格上进一步民族化，人物衣冠多为汉晋遗制，印度的净饭王变成了中国皇帝，摩耶夫人穿上了汉晋后妃的服装。太子还宫时所乘的交龙车，就是顾恺之《洛神赋图》中的云车，不仅车上有龙头华盖，车旁还有文鳐卫护。线描造型，人物晕染，亦全属中原手法。在内容表现上采用了一些含蓄的手法，如路遇死人并不开门见山摆出死人，而是画出殡丧车。对主体人物的处理亦打破了成规，如太子降生时是婴儿，行七步时就成了大人。在仙人占相时是抱在手中的婴儿，回家时又成了大人。这都是适应画面需要的变通处理，也是一种艺术想象。

9.微妙比丘尼现身说法。佛经里说：微妙与一位门当户对的梵志结了婚，已生一子，妻子又妊娠。丈夫护送微妙回娘家，不料中途分娩，露宿树下。夜里，丈夫为毒蛇咬死。微妙在悲痛中携子继续前行，至一河边，须涉水渡过。微妙先将初生婴儿送至对岸，回来再接大子。大子见母回来，急忙迎上前去，不料失足堕水，为大水淹没。微妙猛一回头，又见饿狼正在啖食婴儿，夫亡子丧，悲痛欲绝。此时，于途中偶遇娘家相知的一位老梵志，微妙向他打听娘家近况，老梵志说：昨夜娘家失火，父母均被烧死。微妙无家可归，只好寄居老梵志家。不久便与邻家一梵志结为夫妇，梵志不务正业，一日醉归，时逢微妙卧床分娩，无法开门。梵志便破门而入，怒打微妙，并以油煎婴儿逼令微妙啖食亲生儿子。微妙迫不得已，夜半出走。忽至一墓园中，有一长者子留恋亡妻，守墓悲泣，二人难中相遇，又结为夫妇。不幸，长者子七日病故，当时印度风俗，丈夫死妻必殉葬，微妙即被活埋。夜间群贼盗墓，微妙侥幸复活，贼帅又看中微妙，娶为妻子。不久贼帅事发，被判处杀头之罪，微妙又被活埋。荒野中饿狼发冢，偷吃死人，微妙又得复活。于是裸体见佛，诉说一生苦难遭遇，被度为比丘尼。

这幅画突出地宣传因果报应，第一个画面便是微妙前世以针刺死大妇儿子，以示"业因"。然后，以上下交错的横卷形式，叙述一生遭遇，逐步进入高潮，在第二次被活埋的悲惨时刻结束，点出应得"果报"。微妙三次被迫改嫁，两次不幸被活埋，家破人亡，走投无路，反映了处于社会底层的妇女，在封建制度的迫害摧残下的悲惨遭遇。

10. 善事太子入海求珠。佛经里说：宝铠国王无有儿子，便入深山请求两位仙人投胎为嗣。仙人感其至诚，同声应诺。金色仙人至第一夫人处投胎，生一男，取名"善事"；另一仙人至第二夫人处投胎，亦生一男，起名"恶事"。国王、夫人均钟爱善事，为之起三时殿，冬居温殿，夏居凉殿，春秋居中殿。善事乘象舆出宫游玩，人民夹道欢迎，登楼观看。太子于道旁见老人、病人和乞儿，心生怜恤。见屠宰牲畜，鸟食虫蛇，狩猎鸟兽，张网捕鱼等，"杀害群生以供衣食"，忧念不乐。太子向国王请求，打开库藏，布施济众。布施日久，国库将空，大臣颇有烦言。太子与众人商议，入海向龙王索取摩尼宝珠。恶事得知，要求与善事同去。由于恶事贪得无厌，船载过重，船破落水，几乎被淹死。善事深入龙宫，取得龙王摩尼宝珠，藏于发髻中。登岸后，恶事询知善事已得宝珠，心生恶念，寻得竹刺，刺瞎善事双目，夺取宝珠逃回国中。善事仆伏地下，昏迷不醒，幸有牛王及牧人相救，治好创伤，又买琴相赠，善事不愿累及牧人，便沿街弹琴乞食。当时国王果园鸟雀甚多，啄食花果。园监雇用善事看守果园，手牵长绳，击铃驱鸟。暇时便弹琴自娱。一日王女入园游玩，得见善事，一见钟情，同食同住，形影不离。王女向国王说，不嫁一切王子，愿为守园盲人之妇。国王不好违背女儿意志，善事便与王女结为夫妻。

这幅画仅描绘了故事的前半，共三十多个场面。整个故事在善与恶这两个象征性的对立人物矛盾中发展。所谓善恶，不同阶级有不同的解释和标准。善事是佛教思想的化身，在他看来，穷困、疾病、为自身"业缘"所造成，农耕、屠宰、狩猎、捕鱼等生产劳动是犯罪。因而他感叹："杀害众生，供俟身口，殃罪日滋，后报何如？"他解决这一社会矛盾的方法，是乞求神的力量和统治者的恩赐。这幅画只画了故事的一半，后半还有很长的篇幅画师们没有描写。现在的结局，只描写了善事太子在千难万险之后，于恋爱中结婚，这是不符合原经本意的。

11. 睒子行孝。佛经里说，迦夷国中有盲父母，生一子名睒子，"至孝仁慈，奉行十善"。成年后随父母入山修行，结草庐自居，采野果汲流泉以供饮食。一天，迦夷国王入山狩猎，沿溪追赶群鹿。时逢睒子披鹿皮衣在溪边汲水，国王拔箭射鹿，误中睒子。睒子大呼："一箭杀三道人！"国王闻声来看睒子，睒子倾诉山中修行二十年经过。国王悔恨自责。随即入山至盲父母处，告知睒子被射经过，并引盲父母至睒子处。盲父母见睒子已死，伏尸恸哭，痛不欲生。由于睒子孝顺父母，感动天地，天神以药灌睒子口中，毒箭自拔，生命复活。

这幅画共画了八个场面，情节逐步深入，在最后一个场面，盲父母抱尸痛哭，生离死别，悲痛欲绝的高潮中，以幻想的"神通力"解决了这一悲剧矛盾，使睒子复活，在皆大欢喜中结束。这幅画结构谨严，主题鲜明，人物活动与山峦、树木、流泉等自然环境紧密结合，加强了画面的生活真实感。全画充满封建社会"忠君孝亲"思想。在国王毒箭射中睒子，悔恨交集之际，睒子说："非王之过，自我宿缘所至。"佛教和其他宗教一样，始终是封建统治者的辩护士。

12. 须阇提割肉奉亲。佛经里说：特义尸利国王有十个太子，各领一小国，时有大臣罗睺，叛杀大王，自立为主，并派兵剪除国王诸子。国王最小子名善住，为边远小国王。一日突然有夜叉前来告知，罗睺大臣派兵前来杀王。善住王惊恐万状，准备了七日粮食，仓皇逾城携妻和子逃走。由于恐惧，误入十四日道，缺粮七日，善住王欲杀其妻，以保存自身和儿子。须阇提见父举剑欲杀其母，便向王说："勿害我母，愿以己肉供养父母逃至邻国。"此后每日在须阇提身上割肉三份，充饥济命。邻国闻太子慈孝，迎入宫中款待，并派兵马护送善住王及太子返回本国，诛灭罗睺，立须阇提为王。

这幅画以顺序式结构，描绘了夜叉报信，逾城逃走，误入歧途，国王杀妻，太子献肉，邻国来迎，发兵复国等七个场面，自然连贯一气，突出了割肉奉亲，以孝慈复国的主题。

北周虽然是鲜卑政权，崇儒无异于中原。周武帝在三教中以儒家为先，道教次之，佛教为后。他认为"礼义忠孝于世有宜"，父母恩重，而沙门不孝，"国法不容"，他还命令沙门还俗回家去孝顺父母。在北周时期的壁画中忠君孝亲故事画三次出现，与儒家忠君孝亲思想不无关系。

上述故事画，多以单幅画、组画、连环画形式表现，既有画又有榜题，它们继承并发展了汉晋民族绘画传统"左图右史"的形式。

在早期故事画中，绝大多数的主题思想是所谓"忍辱牺牲"，表现为生离、死别、水淹、火烧、蛇咬、狼吃、虎啖、自刎、投岩、挖眼、钉钉、杀头、活埋、油煎等等悲剧场面。这类画面大量出现不是偶然现象，正是南北朝时代分裂割据，战争频仍，横征暴敛，徭役无度，"死者蔽野，白骨成聚"的现实社会的折光反映。

除了上述苦难生活情景而外，还有另外一些现实生活场面，如耕地、狩猎、捕鱼、屠宰、造塔、修庙、井饮、灌驼、赶车、骑兵、汲水、采果、射靶、相扑、舟渡、治病、读书、亲迎、出殡、奏乐、舞蹈、卜巫占相、宫廷议事、乘轿出行、胡商往来等等。这些片断画面，客观而生动地反映了当时现实社会生活的某些侧面，因此这些壁画不仅是艺术，也是历史。

三、民族传统神话题材主要画在第249、285窟顶部。中心为倒斗形藻井，四面斜坡上部画神仙云气以示天，下部画山林野兽以表地，形成一个具有空间感的画面。第249窟南顶画三凤驾车，车中坐一女神，高髻大袖长袍，旁立一持缰御者，这是西王母。北顶画四龙驾车，车中坐一男神，笼冠大袖长袍，也有持缰御者，这是东王公。车顶均置重盖，车前有乘龙骑凤扬幡持节方士引导，车旁有鲸鲵文鳐腾跃，车后旌旗飞扬。

人头龙身的"开明"神兽尾随于后,形成浩浩荡荡的行进行列。

第 285 窟东顶画伏羲女娲,南北相对,人首蛇身,头束鬓髻,着交领大袖襦,胸前画日月,肩上披长巾。伏羲一手持矩,一手持墨斗。女娲两手擎规,双袖飘举,奔腾活跃。此外,还有龟蛇相交的玄武,昂首奔驰的白虎,振翅欲飞的朱雀等守护四方之神;还有旋转连鼓的"雷公",挥舞铁砧的"霹电",头似鹿、背有翼的"飞廉",兽头鸟爪嘴喷云雾的"雨师"等古代神话传说中的"自然神";还有人头鸟身的"禺强",兽头人身的"乌获",竖耳羽臂的"羽人"等等。与仙鹤共翱翔,随彩云而飞动。

顶部的下方一周,画山峦树木和各种动物:奔驰的野牛,饮水的黄羊,号叫的白熊,带仔的野猪,攀缘的猕猴,惊悸的麋鹿,贪馋的虎,拴缚在树上的马,以及射虎、追羊、杀野猪、射野牛等地上人间的活动。这种象征宇宙的壁画,在屈原的《天问》中早已提到。王逸说:屈原之作《天问》是因为见楚国先王之庙及公卿祠堂,"图画天地、山川、神灵及古贤、怪物所行事"。王延寿《鲁灵光殿赋》中也说:"图画天地,品类群生,杂物奇怪,山神海灵……遂古之初,五龙比翼,伏羲鳞身,女娲蛇躯。"这些壁画已随着古代建筑的毁灭而无从目睹了,但我们在墓葬中却发现了许多具体而生动的形象:马王堆出土帛画中的各种神怪,洛阳卜千秋墓中的伏羲女娲,汉代画像砖画像石中的东王公、西王母,河西魏晋墓画中的四神和伏羲女娲等题材。特别是近年在酒泉丁家闸发现的十六国壁画墓，顶部呈覆斗形，中部为展瓣莲花藻井，东西顶画东王公、西王母，南北顶画神兽羽人，顶的下方一周画山林野兽。墓室的建筑形制、壁画内容布局和表现方法，均与敦煌第249、285等窟顶部非常相似。这一发现有力地说明：敦煌壁画中的神话题材，与墓室壁画有密切的关系。

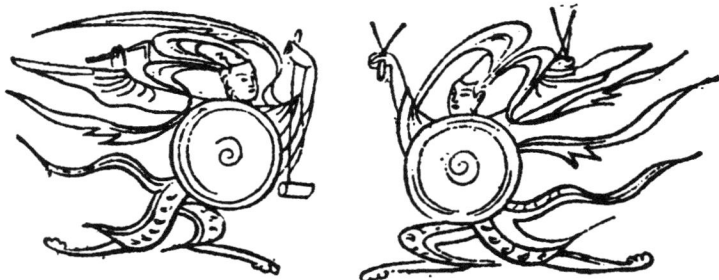

伏羲　女娲　莫高窟第285窟

伏羲　女娲　嘉峪关新城16号墓棺盖

这类传统神话题材，从祠堂、宫殿而进入坟墓，已失去了原始神话的意义，而成为保护死者安宁或引导死者升天的仙人。在第 290 窟《佛传图》中出殡的丧车上就画有乘凤持节的方士形象，第 249、285 窟顶部的壁画中，也有大量的这类人物。这类土生土长的题材经常与佛教故事画在一起，形成了"中西结合"的画面。第 249 窟西顶画着赤身四目、手擎日月的阿修罗王。阿修罗背后，有高耸的须弥山，山上有"天城"，雉堞巍峨，宫门半开，是佛教中的"忉利天宫"。《法华经》上说，一个人虔诚地书写佛经，"是人命终，当生忉利天上"。这种把佛经中的"天堂"拿来代替道家的"仙山琼阁"，和南朝墓室壁画中既有"四神"、"羽人乘龙"、"羽人戏虎"等题材，又有飞天、伎乐天、莲花等佛教内容一样，是把道家的"羽化升天"和佛教的"极乐世界"合为一体，这正是魏晋南北朝时代外来的佛教逐渐"民族化"，和道家、儒家思想互相融合的反映。

四、装饰图案主要是平棋和藻井，它是我国古代建筑顶部的装饰。莫高窟现存最早的洞窟第 268 窟，顶部用泥塑叠涩平棋一排，与沂南汉墓石刻平棋基本相同，都从木构建筑脱胎而来。藻井是我国古代宫殿建筑中象征"天井"的装饰。所谓"交木为井，画以藻文"，"殿屋之有圜泉方井兼施荷花者"谓之藻井。第 272 窟就是莫高窟现存第一个叠涩式藻井。无论是平棋还是藻井，都是在中心方井里倒悬一朵大莲花，这就是建筑上所谓"反植荷蕖"。

到了北魏晚期，藻井一变而为华盖。华盖是"天子"和王公大臣的"伞"。佛教传入我国以后，掺杂了具有封建色彩的内容和形式。"设华盖以祀佛图老子"，在汉代已经出现，第285窟的藻井就是一顶典型的汉式华盖。除中心垂莲外，四边桁条上装饰着忍冬、云气、火焰、彩铃、垂幔等纹样，四角悬挂着兽面、玉佩、流苏、羽葆。这就是《东京赋》里所谓"树翠羽之高盖"，它是莫高窟首创的具有民族特色的装饰形式。

除了藻井和平棋之外，还有龛楣、边饰和椽间图案。尽管形式各不相同，纹样则是共通的。主要纹样有莲荷纹、忍冬纹、云气纹、火焰纹、星象纹、棋格纹、鸟兽纹以及神怪飞天等。

莲花是我国古老的装饰纹样之一，春秋时代青铜莲鹤壶上已经出现了展瓣莲花、汉墓中已有完整的莲花藻井，这说明在我国佛教艺术兴起之前，莲花已被广泛使用。佛教也利用莲花作为"净土"的象征。所以佛教艺术兴起以后，莲花图案大量出现。莲花的变形和赋彩越来越丰富、精致，成为历代敦煌图案不可缺少的题材。

忍冬是一种植物变形纹样，洛阳卜千秋墓壁画的云彩中出现了最早的忍冬纹，武威东汉墓出土的屏风也用忍冬纹作装饰，民丰东汉墓出土的丝织物上绣着忍冬的形象。到了魏晋南北朝时代，忍冬纹成为佛教石窟主要的装饰纹样之一。敦煌早期石窟是忍冬纹的大本营，从十六国一直延续到唐初，才逐渐为新的纹样所代替。古代的工匠们，巧妙地运用反复、连续、对称、均衡、多样统一、动静结合等形式美的规律，把三瓣忍冬组成了波状形、圆圈形、方形、菱形、心形、龟背形等各种各样的边饰，还把忍冬变为缠枝藤蔓，作为鸽子、鹦鹉、孔雀、鸵鸟栖歇的林木。甚至把忍冬与莲花结合起来，组成自由图案，作为伎乐的背景。总之，把简单的题材，变成了丰富多彩的图案，并且充分体现了我国民族民间装饰图案主次分明、形象精练、构图完整、变形巧妙、赋彩明快、朴实厚重等特色，大大地丰富和发展了装饰图案的内容和形式。

五、供养人画像。供养人画像属于肖像画范畴。在早期洞窟里，并非重大题材，一般画在主要壁画下方，排列成行，少则十数身、数十身，多则成百上千，北周第428窟就有供养人画像一千二百多身。每一身像均有榜题，书写本人姓名，有的还署明籍贯。

供养人画像，是当时真人的肖像，也是宗教"功德像"。一画即成十上百，不能不采取程式化办法，主要表现其民族特征、等级身份和虔诚的宗教热忱，尽管都有题名，但不一定肖似本人，明显地看出来"千人一面"的倾向。

早期供养人画像中，有大量的僧侣像，也有不少的王公贵族像和侍从奴婢像，还有大量的少数民族人物像。

凡供养人行列，僧侣必居其首，这大概是当时宗教生活的仪式。王公贵族像的位置比较显著，而且与奴婢组合在一起。第288窟有两幅供养像：男像，头戴笼冠，身穿大袖长袍，曲领、白纱中单，腰束蔽膝，脚穿笏头履，长裾曳地，后有僮仆提携。另有侍者张障扇伞盖。奴仆均着袴褶。女像，头束高髻，穿大袖襦，兼色长裙，前有婢捧侍鲜花，后有婢持障扇障蔽风日。尽管两身像的榜题均已消失，但从衣冠服饰和出行场面，可以判断他们是享有高官厚禄的豪门贵族。

第285窟有许多少数民族人物像，戴毡帽，穿袴褶，腰束革带，挂着水壶、绳子、打火石、小刀等生活用具。有的脑后垂小辫。榜题上有滑黑奴、殷安归、史崇姬等胡姓，多为少数民族，其中大量的是鲜卑族，形象虽小，表情动态却饶有风趣。

值得注意的是第290窟驯马的胡人像，高鼻大眼，头戴白毡帽，身穿小袖褶，脚登长�靴，一手持缰，一手扬鞭，两眼盯着那匹桀骜不驯的红马，在富有经验的圉人面前，马因畏惧而退缩，充分表现了胡人的沉着勇敢。

北周时代的供养人画像，内容日益丰富。第297窟里出现了舞乐图，画一群人在树荫下弹琴歌舞。乐器中有琵琶、箜篌、笙，舞伎二人，擎手扭腰，纵横腾踏，从乐器到舞姿都可以看出它是当时流行于河西的胡乐、胡舞。但这些歌舞伎并不是供养人，而是施主媚佛的"供品"。

供养人画像不仅是艺术作品，也是重要的历史资料。题记中提供了大量的历史线索。由于衣冠服饰以真人为蓝本，"朝衣野服，古今不失"，所以它又是研究服饰史的形象资料。

敦煌石窟艺术虽然是外来种子，但它是在中国的土壤里生长起来，接受了中华民族传统文化雨露阳光的抚育，开放出来的绚丽多姿的花朵，一开始就具有鲜明的中国特色和民族风格。

首先，保持了用线塑造形象的民族艺术优良传统。线描，具有高度的概括能力。以简练的笔墨，可以塑造出真实、生动、性格鲜明的人物形象。

早期壁画的线描，是在汉晋绘画线描基础上发展起来的，一般多用粗壮有力的土红线起稿，勾出人物头面肢体轮廓，然后赋彩，最后，再描一次墨线完成。由于壁画画在石窟里长期供人瞻仰，还要通过艺术形象去吸引人、感染人，以达到使"观者信"的目的，一般说来都比墓画严整精致，所以在上色完成后，还要普遍描一次定形线，把人物的形体和精神面貌显示出来，以加强形象的艺术魅力。

早期壁画的线描如"春蚕吐丝"，遒劲而圆润，适合于描写沉静温婉的人物性格。第272、263等窟的线描，是早期铁线描的典型，技巧之纯熟，差不多达到"炉火纯青"的境地。北朝晚期，壁画中出现了动的意境，线描亦随之而略有变化。一般运笔，压力大速度快。特别是蜿蜒曲折而又顺势的长线条，运笔之快，颇有"风趋电疾"之感。正如张怀瓘评陆探微的画时所说，陆公参灵酌妙，动与神会，笔迹劲利，如锥刀焉。随着陆探微一派"秀骨清像"的传入敦煌，线描较前更为遒劲潇洒，富于动的韵律感。

用线塑造形象，充分体现了"以形写神"的美学思想。敦煌早期艺术的形象有两类：一类是"神"的形象，比较富于想象成分，并笼罩着一层宗教神秘感；一类是世俗人物形象，具有较多的现实性和生活气息。

塑造形象，对于人物的身份地位十分注意。无论是神或者人的形象，无例外地按照不同的身份地位，采用不同的角度，如以正面像和佛经里规定的"手印"和坐式，表现庄严神圣的佛像；以富于变化的半侧面像，表现姿态优美的菩萨，胡人则多用侧面，大概是由于身份卑微和易于表现高鼻深目的特点。

在造型中，对人体比例、姿态也很考究，早期形象的比例时有变化。以头为标准，从一比四，逐步发展到一比六、一比七，因而菩萨的身段，越来越苗条秀丽，飞天的舞姿也越来越妩媚妖娆。人体比例上的夸张，西魏时代达到了高峰。菩萨的手指、脚趾，都经过提炼加工，加长指节，美化手势，往往超过了生理常态，但由于"夸而有节"、"饰而不诬"，反而增强了艺术形象的美感。如第249窟龛侧的菩萨，头与身体的比例为一比七，柔软的肢体，加上忸怩的姿态，显得更加温婉妩媚。又如第257窟《鹿王本生》中的马的形象，弯曲的脖子，细长的躯体，特别是腿部，富有弹力的蹄胫，弯曲的程度，已违反生理解剖规律，但它符合艺术夸张和想象的科学规律，因而步履轻捷、英姿飒爽的白马、绿马脱壁而出。

在塑造神的形象时，借助于想象，联想和幻想的地方更多，刘勰在《文心雕龙·神思篇》里所说的"寂然凝虑，思接千载；悄焉动容，视通万里"，就是想象，也就是顾恺之所说的"迁想"。"迁想妙得"是顾恺之艺术思想的精华。敦煌早期艺术中体现了这一思想，创作了许多来源于现实生活，又超越于现实生活的形象。如第249、285等窟的顶部，人面九首龙身的开明神兽，人头蛇身、胸护日月的伏羲女娲，兽头人身鸟爪旋转连鼓的雷公，人面鸟身的禺强等等，奔腾活跃于太空之中。这些古代的神话人物，都是用"想象和借助于想象以征服自然力，支配自然力，把自然力加以形象化"的产物。而敦煌壁画中想象力的最高结晶则是飞天。早期的飞天，不长翅膀，不腾云彩，凭借两条舞带飘扬的动势，体现了"意欲奋六翮，排雾凌紫虚"的意境。把弹琴奏乐、散花喷香、给人以幸福愉快的神,尽情美化。而对另外一类形象，如《降魔变》中的魔军、魔女和力士，则是兽头人身，赤眉绿眼，或以腹为头，乳为目，脐为口。或化为骷髅，口中吐火，奇形怪状，丑陋狞恶。又把佛教的反面人物百般丑化，使美与丑形成了鲜明的对比。汉代文艺理论家王充说得好，他说："誉人不增其美，则闻者不快其意；毁人不益其恶，则听者不惬于心。"敦煌早期艺术中充分运用了这一美学理论。

　　塑造形象的最终目的是传神，即赋予艺术形象以生命或者灵魂。艺术形象的"神"，主要表现在面部，陆机说："信情貌之不差，故每变而在颜。"所以敦煌彩塑和壁画都特别重视人物头部的塑造。彩塑的菩萨头像，大半都是预制的，因而颜面五官塑造得很精致。壁画也特别注意人物面相的刻画。但是，表达人物内心思想感情的关键还在眼睛。所以顾恺之曾深有体会地说："手挥五弦易，目送归鸿难。"当时的敦煌学者刘昞也说："微神见貌,情发于目。""目为心候,应心而发。"他把心与目的关系讲得十分透彻,发展了顾恺之的传神论。

敦煌艺术一开始就注意了眉目传情,敦煌艺术家们在长期的艺术创作实践中积累了丰富的经验,创造了一套表现喜、怒、哀、乐的程式,用这些程式创造各种典型形象,赋予各种不同人物以不同的类型性格。如菩萨的温婉庄静,天王力士的威武雄壮,供养人的虔诚恭敬,飞天伎乐的自由活泼等等。在同一类型人物中也不是千篇一律,而是各有特点,如第260窟的彩塑菩萨,倾身俯视,沉思默想。第290窟的菩萨,妩媚婉丽,微露笑容。壁画中如第275窟的菩萨,挺然直立,庄严肃穆。第285窟的菩萨则与此相反,而是潇洒开朗,嫣然含笑。在同一类型人物中又表现了各不相同的心理状态。

由于继承了线描造型和以形写神等民族艺术优良传统,又汲取了外来艺术的有益因素,逐步地创造了敦煌早期石窟艺术崭新的具有时代特色的民族风格。

早期艺术经历了四个历史时期,随着不同时期政治、经济、思想意识和审美理想的变化,以及艺术技法的发展,艺术风格也各具不同特点。

十六国及北魏前期,内容简单,造型朴拙,色彩淳厚,线描苍劲,人物比例适度,面相丰圆,神情庄静恬淡。菩萨一般头戴宝冠,上身半裸,披巾长裙。在衣冠服饰上还保留着西域和印度、波斯的风习。加上凹凸晕染法所形成的立体感和土红地色所形成的温暖浑厚的色调,形成了与魏晋艺术迥然不同的静的境界和形式风格，这种风格明显地受到西域佛教艺术的影响，因而不妨称为西域式风格。

北魏晚期，孝文帝太和改制以后，特别是西魏时代，民族传统神话题材等新的内容也进入了石窟，突破了土红涂地所形成的浓重淳厚的色调和静的境界，出现了爽朗明快、生机勃勃的生动意趣。特别是面貌清瘦、眉目开朗、嫣然含笑、衣裙飞扬人物形象的出现，形成了潇洒飘逸的风格。这种风格来自内地，简称中原风格。

上述两种风格，在北魏晚期、西魏、北周的洞窟里同时并存，西魏第285窟就是一个典型例证，西壁是原有动中寓静的淳厚含蓄的西域风格，南北东三壁为豪放爽朗、飞扬动荡的中原风格，顶部则两种风格互见杂呈，逐渐融合。

北周时代，随着北方民族大融合和南北文化交流，两种不同的艺术风格从并存而融合。在造型上，中原式秀骨清像与西域式丰圆脸型互相结合而产生了"面短而艳"的新形象，在晕染上，中原式染色法与西域式明暗法互相结合而产生了表现立体感的新晕染法，在人物精神面貌上，淳朴庄静与潇洒飘逸相结合而产生了温婉娴雅、富于内在生命力的新形象。整个雕塑和壁画使人感到更浓厚的社会生活气息，这就是北周时代艺术的新风貌。

早期艺术的两种不同风格，各有其产生的社会基础。

西域式风格，主要来自龟兹石窟艺术，但决不是原样照搬，而是与当时敦煌的历史环境、时代思潮和审美理想密切结合的产物。西晋灭亡之后，中原混乱不堪，凉州被誉为"避乱之国"。中原人迁往酒泉、敦煌者千家万户，文人学士也拥入凉州作暂时的"依柱观"，因而中原的封建文化，特别是儒家思想大行于河西（包括高昌在内）。当时凉州是河西的经济文化中心，而凉州儒学则多出自敦煌。宋纤、张湛、阚骃、索敞、刘昞等都是敦煌有名的儒学家，尤其是刘昞，号称"河西硕儒"。李暠也是"通涉经史，又善文义"的儒士。他做凉公后，便在敦煌城南门外起靖恭堂、谦德堂、嘉纳堂，"图赞自古圣帝明王、忠臣孝子、烈士贞女，玄盛亲为序颂，以鉴戒之义，当时文武群僚亦皆图焉"。完全仿照中原"明堂"之制。敦煌、吐鲁番出土的大量儒家经典和魏晋十六国的墓画，都说明儒家思想早已深入人心。

作为外来的宗教艺术，进入这样的地区不能不在题材内容、主题思想和艺术风格上受到当地思想文化的影响，适应当地的风土人情，否则不能扎根生长。所以在西域还相当流行的印度式"丰乳细腰大臀"的裸体舞女和菩萨，一到敦煌便消踪匿迹，代之以"非男非女"的菩萨、飞天和伎乐的形象。这是适应儒家审美观又不违背佛教思想的高度想象力的产物，也是外来佛教艺术中国化的一个方面。

更重要的是在雕塑和壁画中出现了仪容端庄、挺然直立、神情静穆和表现手法朴实的艺术风格。如第 259 窟的禅定像，正襟危坐，深入禅定，目张而凝视空茫，嘴角深陷处露出发自心灵深处的微笑，表现了禅定中恬静的心境。加上单纯的色彩，圆润的阳刻线，形成淳厚的装饰美。第272窟龛内的菩萨，俯首沉思，默默无语，诚挚而宁静。这种淳和庄静的人物风采，是佛教和儒家一致的要求。

佛教宣扬"仁慈"，故佛经里称佛为"仁者"；孔子讲"仁学"，故儒家称有德者为"仁人"。佛教提倡"虚心乐静"为"仁明"，《论语》里说"知者动，仁者静"。所以"仁"和"静"是佛教和儒家共同的修养准则。敦煌学者刘昞，在他注释的《人物志》中大力宣扬儒家的品德修养，从精神、筋骨、气色、仪容、言谈等等方面提出了许多要求，归结起来是：为人要"质素平淡、中睿外朗，声清色怿、仪正容直"，最终还得要有"温柔之色"。敦煌早期艺术深受这种思想的熏陶，在艺术的内容和风格上，或多或少都刷上了一层儒家思想的色彩。因而这种西域式风格，已具有浓厚的敦煌乡土特色。

中原风格，是指始于顾恺之、戴逵，成于陆探微"秀骨清像"的一派南朝画风，它是以魏晋南朝士大夫的生活、思想和审美理想为基础的。南方的门阀世族和文人雅士，享有世袭的高官厚禄、拥有大量的田园奴婢，过着穷奢极欲放荡不羁的生活。吃药、喝酒、赋诗、清谈、学神仙、穿宽大的衣服，并以此为高逸，风流相仿，相因成习，对于这样一种生活态度和风姿仪采，在《世说新语》和《晋书》里有许多品评和赞誉。

如评阮籍："傲然独得，任性不羁。"评阮瞻："神气冲和，而不知向人所在。"评嵇康："身长七尺"，"风姿清秀"，"恬静寡欲"，"超然独达"。评陆机："风鉴澄爽，神情俊迈。"

评戴逵："少有清操，恬和通任"，"清风弥劭"。他们终日追求这种通脱潇洒、飘飘欲仙的生活，并以清瘦为美，有人赞誉王恭的风采，"濯濯春月柳"，形容王恭之清瘦苗条，像春天刚长叶的柳条在春风中飘荡那样潇洒。为了追求清瘦之美，"竹林七贤"之一的王戎还有一段笑话。《晋书》里说：王戎之子王万"有美号而太肥"，不美。于是王戎令其吃糠，希望能瘦一点，结果事与愿违，吃了糠不是瘦了，"而肥愈甚"，可见要求清瘦之心甚切。梁朝士大夫此风更盛，"褒衣博带"，"大冠高履"，"熏衣剃面，傅粉施朱"，身体羸瘦，弱不禁风，这就是"秀骨清像"一派风格的社会基础。这种画风，在北魏晚期风靡全国，成为南北统一的时代风格。

上述两种不同的风格，既有不同的社会基础，也有来自不同方面的影响。西域式风格，是接受了西域佛教艺术影响而形成的。以壁画而论，形成敦煌早期壁画风格的各方面都与西域龟兹克孜尔、高昌吐峪沟等石窟壁画有密切的关系。

在内容结构上，大量借鉴于克孜尔石窟壁画，如菱形山纹中的本生故事《尸毗王割肉贸鸽》，国王头戴宝冠，上身半裸，坐胡床，手护一鸽，一人持刀割肉。这种菱形故事画到了高昌吐峪沟石窟就变成了方形单幅画，并有墨书榜题，书写内容。显然这是因为高昌自张轨建郡以来多为汉人政权，素受中原文化熏陶，因而龟兹菱形故事画，被赋予了中原汉画"左图右史"的形式。而敦煌第 275 窟的《尸毗王本生》，与吐峪沟第二洞的《尸毗王本生》如出一辙。《萨埵舍身饲虎》

也是如此。克孜尔石窟的《萨埵舍身饲虎》，画一外国王子横卧地上，一只饿虎贪馋啖食，敦煌早期饲虎图情节有所发展，但主体形象与龟兹壁画无异。又如克孜尔石窟拱顶中脊两端有乘轮车驾四马的西方日月神，敦煌西魏第285窟亦有此神，与龟兹壁画几乎完全一样，可见这种流行于希腊、罗马、波斯、印度的日月神，通过佛教艺术也传到了敦煌，并与中国固有的日月神——伏羲女娲共存于同一窟中，但它们的艺术想象和艺术风格，则完全不同。

　　人物造型和传神亦与西域佛教艺术多有共同之处。克孜尔石窟的菩萨像，面相丰圆，鼻直眼小，五官聚集在面部中央。人体比例较短，身躯丰肥拙朴，人物表情沉静恬淡。其中包括丰乳细腰大臀的裸体或半裸体的印度式菩萨、伎乐和飞天。这类形象，在敦煌壁画中已不存在，但西域佛教艺术造型和传神的基本特征仍然保留在十六国和北魏早期的壁画中。

飞天　克孜尔石窟第47窟　　　　飞天　莫高窟第272窟

　　壁画表现技法，特别是表现人物立体感的明暗法，即以

朱色层层叠染，再以白粉画鼻梁、眼睛和眉棱，以示隆起。这种办法画史上称为"凹凸法"，传自印度。西域各族吸收以后，为之一变，创造了一面染、两面染等新方法，赋予了西域民族特色。敦煌壁画直接接受了这种晕染法，便形成了规格化的圆圈叠染，此法一直沿用了一百六十多年，并流行于河西各石窟。

衣冠服饰，无论是菩萨、天女或故事画中的国王、太子、大富长者，一般都头戴宝冠，上身半裸，帔巾长裙，跣脚。这种混杂印度、波斯风习的服饰在西域诸石窟中普遍存在，北魏太和改制以前的敦煌壁画中，基本上沿用了这种服饰。故事画中的妇女形象如《鹿王本生》中的王后，《降魔变》中的魔女，《沙弥守戒自杀》中的少女，《尸毗王本生》中的眷属等，均戴宝冠，披大巾，穿半袖衫、褙子、长裙。这种服装，在克孜尔石窟中比比皆是，特别是须摩提女的服装，龟兹壁画与敦煌壁画几乎完全相同，这种西域装（或者叫龟兹装）不见于敦煌以东。

总而言之，敦煌壁画中的西域式风格，虽然有明显的本土色彩，但是西域影响却是多方面的，主要是西域少数民族佛教艺术的影响，同时也与中亚、西亚、南亚佛教艺术有交光互影的关系。

中原风格，不言而喻是受中原艺术影响形成的。敦煌佛教艺术一开始也受到来自东面的影响，西晋时代号称"敦煌菩萨"的名僧竺法护的传记里说"寺庙图像，虽崇京邑……"，似乎当时已有来自中原的图像，但当时还没有石窟，而且至今敦煌还没有发现过晋代的佛教寺庙遗址，无从证实。创建莫高窟的沙门乐僔与法良，一个"西游至此"，一个"从东届此"，他们都是"戒行清虚，执心恬静"的禅僧，很显然，这种禅学已经涂上了中原道家思想的色彩，但乐僔窟至今尚未发现。十六国晚期，凉州是河西佛教活动中心，沮渠蒙逊创建了凉州石窟，即"州南百里"的天梯山石窟。该石窟规模颇大，可惜坍塌严重。现存洞窟不多，所存最早洞窟为中心柱式和金刚宝座式，壁画重叠达四层之多，最下面一层为北凉时代，画风与敦煌第 275 窟及北凉石塔相似。鉴于北魏灭北凉时沮渠牧犍西奔高昌和北凉佛塔遍布酒泉、敦煌、高昌各地，且多有纪年题记，如承玄元年（428 年）、延和三年（434 年）、太延二年（436 年）、承阳二年（426 年）等等，因此，北凉石窟艺术，不仅可能影响敦煌，还可能影响高昌。但是，北凉石窟艺术并没有突破西域佛教艺术体系，没有改变敦煌艺术的风格。对敦煌早期艺术影响最大，触及到艺术的思想内容和形式风格的，那是太和以后中原的佛教艺术。

魏孝文帝元宏亲政以后，大力推行汉化政策，迁都洛阳，"定礼崇儒"，任用南朝儒士制定礼乐制度，改革鲜卑旧习，禁穿鲜卑服，并"班赐冠服"（汉装），"禁用鲜卑语"，一从正音（汉语），大力吸收南朝文化，洛阳逐步成为"礼乐宪章之盛，凌百王而独高"和"人物殷阜"的城市，北魏王朝亦在此封建化过程中强大起来。

孝文帝元宏崇佛胜过了前代，他说："先朝之世经营六合，未遑内范，遂令皇庭阙高邈之容，紫闼简超俗之仪，于钦善之理，福田之资，良为未足。"因而他经常召高僧入宫议事，并下令以僧祇粟供养和尚讲经传道。由于统治者的提倡，北方佛教便迅速地发展起来，洛阳佛寺猛增到一千三百六十七所，北魏境内佛寺三万有余，僧尼达二百万之多。南朝高僧不断北来，"负锡持经，适兹乐土"的"百国沙门"三千余人。"西域远者乃至大秦"。当时的洛阳已成为我国佛教活动中心，被外国僧侣誉为"佛国"，此后，中原佛教艺术便不断地影响河西走廊和西域。

中原佛教的发展，与南方的影响有关，不仅南方重义理的风气传入北方，"博览经史"又"好老庄"的北魏统治者，还经常召请沙门及谈玄之士"与论理要"，促使儒释道三教思想进一步融合。与此同时，南方的佛教与神仙思想相结合的艺术也不断影响北方，并沿着"丝绸之路"向西流传。

太和（477—499 年）以后的云冈石窟和龙门石窟的雕刻中面貌清瘦、褒衣博带、性格爽朗、风神飘逸的风格，代替了北魏早期面相丰圆、肢体肥壮、神态温静的风格。

飞天　洛阳
龙门宾阳洞

景明三年（502 年）前后，麦积山石窟的雕塑和壁画，为"秀骨清像"风格所统一，面带笑容的佛像，潇洒风流的菩萨已不是神的形象，而是中原士大夫和南朝闺秀的写照。

飞天　麦积山石窟第127窟

延昌二年（513年）前后，炳灵寺石窟雕刻中的菩萨脸型细长而略方，眉目疏朗，鼻长嘴翘，"秀骨清像"已发展到畸形的地步。

北魏晚期的天梯山石窟也出现了清瘦的飞天，额广颐窄，潇洒秀丽，形象色彩都与河南邓县画像砖墓的飞天相似。

孝昌三年（527年）前后，敦煌石窟中出现了大量的"秀骨清像"：塑像中的菩萨、飞天，壁画中的国王、王子、夫人，大臣、侍从武士、供养人物等等，与原有西域式风格形成鲜明的对比：一壮一瘦，一静一动，一裸体一着衣，一立体感强一装饰性重。

飞天　莫高窟第249窟

　　"秀骨清像"是南朝艺术风格，近几年来在江苏南京、丹阳，福建闽侯等地发掘了一批东晋南朝墓葬，出土了大量的砖刻画，其中有"竹林七贤"、"骑马乐队"、"侍从武士"、"羽人戏龙"、"羽人戏虎"、"羽化升天"、"供养比丘"、"羽人飞天"等顾恺之、陆探微一派风格的作品，太和以后，这类南朝风格传播于北方，在北方艺术中引起了普遍的反响。河南邓县彩色画像砖墓中的"孝子故事"、"骑马乐队"等，便是南朝艺术风格在中原墓室壁画中的反映，而且是当时"秀骨清像"风格的典型。

飞天　江苏丹阳

　　这类中原风格出现于敦煌石窟，与"建平东阳弘其迹"分不开。孝昌三年，东阳王元荣出任瓜州刺史，从洛阳来到敦煌。北周武帝建德元年（572 年）前，建平公于义从中原出任瓜州刺史。在他们统治的年代里出现了许多大型洞窟，武周李君碑中说："复有刺史建平公、东阳王等各修一大窟，而后合州黎庶，造作相仍，实神秀之幽岩，灵奇之净域也。"东阳王、建平公所带来的中原艺术，使敦煌石窟艺术发生了很大的变化。

　　（一）佛教石窟里出现了非佛教的民族神话题材，这类题材是在佛教和儒家、道家思想进一步融合过程中，从墓室进入石窟，丰富了石窟艺术的内容。

　　（二）促进了敦煌石窟艺术的进一步民族化，在佛、菩萨形象中，在故事画中，出现了中原汉装或南朝名士的形象，出现了潇洒飘逸的精神风貌，在静的境界里增添了动的情趣，突破了西域佛教艺术规范，形成了中国式佛教艺术体系。

唐代前期的莫高窟艺术

　　唐代敦煌地区的历史，可以划分为三个时期：1. 唐朝中央政府直接控制时期（武德初至建中二年，618—781 年）；2. 吐蕃占领时期（建中二年至大中二年，781—848 年）；3. 张议潮统治时期（大中二年至唐末，848—907 年）。如果从敦煌艺术的角度来划分，上述第一时期可称为前期，第二、三时期可称为后期。

　　唐代是我国历史上封建社会经济、政治、文化发展的高峰。唐代由盛入衰，玄宗天宝十四载（755 年）的安史之乱是历史学者公认的分界线。在此以前为社会上升发展时期。从唐高祖李渊开国以来，唐太宗李世民统治二十三年的贞观之治，为这个王朝奠定了坚实的基础，嗣后又经武后和玄宗两朝的发展，国势乃臻于极盛。敦煌艺术史上的唐代前期，即大体相当于唐代的这一上升发展时期。

　　唐代的中央政权对"丝绸之路"的咽喉河西走廊一开始就十分重视。当时的重臣褚遂良说："河西者，中国之心腹。"足以代表统治集团的看法。因此，俟关中稍定，唐军便挥戈西进，平定了兰州薛举、凉州李轨等地方割据势力；又于武德六年（623年）镇压了沙州张护、李通的叛乱，控制了整个河西。贞观十四年（640年），侯君集进军高昌，逐步统一了西域，保证了丝绸之路的全线畅通。

随着军事、政治力量的巩固，中央政权又在河西地区推行了一系列有力的经济措施，劝农桑，辟屯田，尽水陆之利，使农业生产得到很大的发展，"桑麻翳野，天下称富"。今日敦煌，即当年的沙州，扼河西走廊的要冲，其繁盛的情况，在唐人诗歌和文献里，不乏生动的记载。

敦煌莫高窟艺术的发展，不能不取决于佛教势力的增长状况。

有唐一代，兼崇释老，两教之间的斗争一直没有停止过。唐初武德年间，由于傅奕的极力辟佛，唐高祖曾下过《沙汰僧道诏》。唐太宗继位后，也曾公开表示过"至于佛教，意非所遵"，实际上不过要把道教摆在佛教之前，决无废佛之意，相反却是对佛教一向"情深护持"。到了后来，特别是玄奘求法归来之后，他的态度就有了更明显的转变。综观武德、贞观两朝，佛教确曾受到一些压抑，但这种压抑并没有达到阻碍佛教传播的程度。事实上，佛教在隋文帝父子的大力提倡下，早已形成了一股强大的社会力量。在民间广泛信仰的基础上，佛教一直缓慢而平稳地发展着。

宗教斗争常常和政治斗争联系在一起。北朝的释老之争与胡汉之争有关，初唐的释老之争则有武、李两族争夺政权的背景。唐朝皇帝姓李，自己附会为李老君之后。及至武后当权，欲取代李氏王朝而自立，就大造符瑞图谶以为舆论准备。僧人怀义、法朗等造《大云经疏》，称武则天是弥勒下世。所以，当她一旦登位，立即以诏令形式规定佛教地位在道教之上，并且大造佛寺，广度僧尼。况且，佛教本身在调和阶级矛盾、巩固封建统治方面确实具有不容忽视的作用，诚如李节所说："俗既病矣，人既愁矣，不有释氏使安其分，勇者将奋而思斗，知者将静而思谋，则阡陌之人，皆纷纷而群起矣。"因此，武周之年，在强大的政治力量推动下，佛教振兴，各个宗派争奇斗胜，浮屠道场遍于天下。

敦煌地近西域，本来就是佛教的圣地，到了这时，佛寺更如雨后春笋一样地出现。仅莫高窟现存题记中有名者，就有龙兴寺、大云寺、普光寺、金光明寺等。这里唐代后期的十六大寺，也多半始建于前期。许多有名的高僧从长安前来弘扬佛法，代表人物例如昙旷，在敦煌居住了十九年，撰写了不少解释大乘佛学的著作。

唐代前期的敦煌石窟艺术，就是在这样的背景下达到了自身历史的顶峰。

一

唐代前期是敦煌莫高窟造窟最多的时代，现存洞窟一百二十七个。这些洞窟，同中原地区的寺院一样，体现了大乘佛教思想，展示了佛教和佛教艺术全盛时期的面貌。

唐代前期洞窟有不少保存着纪年题记，其中一部分是建窟或造像的纪年。如：

贞观十六年（642年）　　第220窟

上元二年（675年）　　　第386窟

垂拱二年（686年）　　　第335窟

延载二年（695年）　　　第96窟

万岁三年（697年）　　　第123窟

圣历元年（698年）　　　第332窟

开元九年（721年）　　　第130窟

开元十四年（726年）　　第41窟

天宝七年（748年）　　　第180窟

天宝八年（749年）　　　第185窟

大历十一年（776年）　　第148窟

据推断，第148窟大约建于大历六年（771年）前后。此外，还有一些洞窟的年代可以推断出来，如：

贞观二十二年（648年）　　第431窟

载初前后（690年前后）　　第323窟

神龙年间（705—707年）　　第217窟

有了这些可靠的年代，进而探索石窟形制、内容和艺术风格的递嬗演变的规律，就很便利。

　　唐代洞窟一般都有前后室。前室平面多为横长方形，室外多有木构建筑。木构建筑今已无存。据史籍记载，那些建筑"上下云矗，构以飞阁，南北霞连"，"悉有虚槛通连"，因而石窟外观雄伟壮丽。鸣沙山下，宕泉河畔的莫高窟，"目极远山，前流长河，波映重阁，风鸣道树"，在当年茫茫戈壁滩中的旅人看来，景色有如神迹。

　　石窟后室（主室）平面呈方形，覆斗藻井窟顶，室内有宽敞的活动空间，供善男信女巡礼、瞻仰、参拜和斋会，即所谓"殿堂式"，或称"覆斗顶式"。这是唐代前期最普遍的窟形。只有第332、39等个别窟保留着前代的中心柱和人字披顶形式。殿堂式窟大都是单龛窟，仅很少数的窟开有三龛（如第46、225、386等窟）。单龛窟中，承袭隋代双层龛口遗制的，只剩下与隋代窟接邻的第57、322等几个窟。单龛窟都是在西壁（正壁）开龛造像。个别窟（如第205窟），在窟室中心设佛坛（佛床），坛上塑像，从洞窟形制看，已具有晚期的因素。

　　各窟内的彩塑和壁画，大多有周密的整体设计，突破了旧的格局，出现了新的意境。一般的规格是：正龛（西壁龛）内置成铺塑像，龛内画菩萨和十大弟子、龙天诸神，帐门两侧画菩萨或小型《维摩诘经变》，或文殊、普贤，或佛传《乘象入胎》、《逾城出家》等。南北两壁画大型经变，如《阿弥陀经变》、《观无量寿经变》、《弥勒经变》、《法华经变》、《药师经变》等；东壁则利用被门洞一剖为二的壁面，呈现左右对称的两组画面，常见的是《维摩诘经变》，门洞上方画说法图，三佛、二佛并坐等构图精炼而严整的画像。覆斗形窟顶中部为华盖式藻井，四披画千佛或说法相，也画经变。地面铺莲花砖。整个洞窟形成一个"净土世界"，这与当时两京寺观中的"净土院"、"菩提院"具有相同的性质。至于彩塑和壁画的丰富内容及艺术成就，则需要分别加以具体的叙述。

二

唐代前期的彩塑，在隋代三十余年间努力探索的基础上进入了新的历史阶段。首先，全部塑像已都是圆塑，浮塑已很少见到，在形式上大大超越了影塑、浮塑、圆塑三者互相配合的阶段。其次，在艺术技巧上有了重大的发展，写实手法大大提高，进入了人物内心刻画的新领域。

整铺的群像是唐代彩塑的主要形式，有说法相和涅槃像。

说法相以佛为中心，由近至远，按身份等级侍列成对的弟子、菩萨、天王、力士以及胡跪的供养菩萨。一铺像少则七身，多则十余身。龛内壁画往往作为塑像的补充，例如阿难、迦叶身后画八位高僧合为十大弟子，弟子之外又画菩萨、诸天等，组成圣众行列，扩大了龛内的空间，构成了全窟的重心。

有的龛内，塑、画结合成经变的形式，如第 180 窟正龛即是一铺完整的《弥勒经变》。

主尊佛像的坐式，一般为结跏趺坐或善跏坐。中国式的方领大袍代替了早期"曹衣出水"式的天竺袈裟。原来风流潇洒、儒雅清高的名士风度，已变成雍容华贵、庄严肃穆的神圣气概。

弟子塑像，庄重练达的老迦叶与聪敏睿智的小阿难，性格的对比更加鲜明。现存唐代前期十几身弟子像各有风姿，表现出塑工的卓绝技艺，其中第 328 窟和第 45 窟的弟子像更是杰出的作品。

菩萨塑像可分两类：一类是出现于唐初，多少还保留着隋末的余风，体态修长，亭亭玉立，璎珞严身，长裙覆脚，神情庄静，第 41 窟开元十四年的小身菩萨是此类造型风格的代表。另一类菩萨面相丰腴，长眉入鬓，肌肤洁白如玉，身姿婀娜，体态呈"S"形扭曲，神情温婉而妩媚，有如贵妇人的仪态；这一类都是盛唐作品，第 45 窟的两身菩萨是突出的典型。

唐代前期窟内正龛南北两侧的天王塑像，或可认为是南方毗琉璃天王和北方毗沙门天王。有西域式的形象，如初唐第 322 窟高鼻大眼、八字胡、顶盔贯甲的天王。也有来自中原的形式，如盛唐第 46 窟天王，头顶束髻，身穿光彩耀目的金甲，攥拳怒目，气势威猛。被天王踏在脚下的恶鬼，往往变形巧妙，粗短有力。

这样的一组彩塑群像，每身像各具不同身份，动态、神情和外貌各异，互相呼应，融为整体，展现出唐代雕塑艺术的高度造诣。群像的形式和组合是多样化的。如圣历元年（698年）建造的第332窟。窟内"冲浮宝刹，后起涅槃"，"傍列金姿"。所谓宝刹，即中心柱，柱前（包括南、北壁前部）设三铺立佛说法相，以示一佛三身；柱后在后壁塑涅槃像，是敦煌现存彩塑涅槃像中最早的一铺。

小型涅槃像中已有"佛母下天"和"舍利弗先佛入灭"等较简单的情节。大型涅槃像莫如大历六年（771年）前后的李太宾窟（即第148窟），已将石窟建筑、彩塑和壁画三者有机地结合起来，形成了巨大的涅槃变。可惜，长达十六米的大卧佛及其门徒群像，均被清代改塑、重妆，已非当年的旧貌了。

除群像塑造方面的成就之外，唐代前期莫高窟彩塑的又一个显著的特点是巨型佛像的出现。

社会经济力量空前发展，政治力量空前强大，于是雄伟、壮丽成为艺术家所追求的时代风貌。在敦煌，巨型造像应运而生。据《旧唐书》记载，武则天在载初元年（690年）命令天下各州建造大云寺，延载元年（694年）又令薛怀义造夹纻大像。敦煌莫高窟第156窟壁题《莫高窟记》明载："至延载二年禅师灵隐共居士阴祖等造北大像，高一百卌尺。"这尊巨大的善跏坐弥勒像的出现，与武则天的上述诏令显然有关，而不是偶然的巧合。《莫高窟记》又记："开元年中，僧处谚与乡人马思忠等造南大像，高一百廿尺。"现存莫高窟第96窟和第130窟各塑善跏坐弥勒像，分别高三十三米和二十六米，应当就是《莫高窟记》所称的北大像和南大像。北大像一再经晚唐张淮深、宋初曹元忠和夫人翟氏以及清代的富户出资重塑妆銮，其手势、衣纹、色彩均非原作，只有头部还保存着初唐丰满圆润的旧貌。南大像除右手为后加者外，基本上保存原状，比例适当，躯体健壮，曲眉丰颐，神态庄静，充分显示出盛唐风格。方锥形的洞窟，下大上小，与佛像造型恰相适应，使佛像显得很稳定，并有宏伟的气势。南大像与同样建造于开元年间的四川乐山嘉定大佛（高七十三米）相比，规模上虽远远不逮，但在艺术成就上似更为精湛。

三

莫高窟唐代前期的壁画，从内容到形式都有了划时代的变化和发展。从内容上分，大体可归为五大类，分述如下：

1. 佛像画

此类壁画除了同塑像结合为说法相构成窟室的主体而外，还有各式各样的说法图。大大小小的说法图中画有佛、弟子、菩萨、天王、龙王、阿修罗王、乾闼婆等诸天圣众及金刚力士。初唐第334、321等窟还有十一面八臂的观音说法相。

唐代单身的佛、菩萨像日益增多，观音、势至从经变画中独立出来。在净土思想弥漫全国的形势下，观音、势至地位渐渐显赫，正如唐代变文所咏："念观音，求势至，极乐门开随取意。一弹指顷到西方，大圣弥陀见欢喜。"观世音菩萨已经成为人们在现实苦难中寻求解脱并寄托美好愿望的尊神。

菩萨像中，还有新出现的文殊、普贤左右对称的画像，多绘于四壁龛外帐门两侧。第331窟中，文殊跨青狮，普贤骑白象，乘骑之下都有飞天托足，天人奏乐，自碧空飘荡而下。第172窟的文殊、普贤，则腾云驾雾，飞行于江海之上，构图上已逐渐形成了以文殊、普贤为主体的天人簇拥的行进行列。

2. 经变画

初唐的经变画，是在隋代雏形的基础上发展起来的，至贞观中期趋于成熟，形成一部经一壁画的巨型结构。唐代前期现存经变主要有八种：

阿弥陀经变	28 壁
法华经变	20 壁
观无量寿经变	17 壁
弥勒经变	17 壁
维摩诘经变	11 壁
东方药师经变	6 壁

涅槃变	5壁
劳度叉斗圣变	1壁

《阿弥陀经变》，亦称《西方净土变》，是唐代前期现存各种经变画中最多的一种。画面以《佛说阿弥陀经》为依据，着重表现佛国世界的华丽与欢乐。这一经变经过漫长的发展阶段，至唐初武德年间还只有一些小型的构图，其内容仅比说法图多了宝池和乐舞，到了贞观年间变得完备了。第220窟贞观十六年（642年）南壁的一铺，是规模最大而且保存最好的《阿弥陀经变》。图中有碧波荡漾的宝池，池中莲花盛开，化生童子自莲花中出，阿弥陀佛结跏趺坐于池中央莲台上，观音、势至胁侍左右，四周拥绕众多菩萨。宝池前有平台雕栏，东西两侧楼阁耸峙。平台上乐队坐于两厢，中间一对舞伎，宝冠璎珞，穿石榴裙，挥动长巾，翩翩起舞，与此同时上上下下的孔雀、鹦鹉、仙鹤、迦陵频伽、共命鸟等，也都振动双翼，应弦而动。上部则是一片碧空，彩云与乐器飘游天际，不鼓自鸣。密密匝匝的构图把"但受诸乐无有众苦"的西方净土表现得非常充分。这可算是《阿弥陀经变》的典型形式。

《法华经变》以《妙法莲华经》为依据。此经共有二十八品，北朝时期只表现了其中个别品，如《见宝塔品》。隋代有所发展，出现了《序品》、《譬喻品》、《普门品》等大幅画面。《法华经变》在唐代前期已形成完整的巨型结构，它和别的经变一样，以佛及《序品》为中心，四周环绕着各品的故事情节。构图形式不一。《化城喻品》、《普门品》、《法师品》和《譬喻品》等在构图中占有显著地位。由于观音信仰流行，唐代前期依据观音《普门品》逐渐发展成为独立的观音经变，画观世音菩萨像、救济八难和三十三现身。法华经变在大乘经变相中内容最为丰富，其中包括了行旅、航船、战争、刑法、盗贼、医疗、宅院和宗教活动等现实生活画面。它们在唐代前期洞窟里十分常见，个别的洞窟，例如第23窟，几乎成了"法华窟"。

《观无量寿佛经》的变相，最早出现于初唐第431窟，画出《未生怨》、《十六观》和《九品往生》，但还没有完整统一的结构。盛唐时期开始定型，形成三个固定的部分：中间是西方净土，两侧为对联形式的立轴画，分别画《未生怨》和《十六观》。《未生怨》是出自《观无量寿佛经》中的故事。经中说：国王频婆娑罗年迈，求子心切，闻知修行人命终后即来投胎，遂害死了修行人和修行人转世的白兔，于是王后有孕，果然生子。相师曾预言，此子因生前结怨，日后必害其父。王子长大后，杀死国王并幽禁母后。《未生怨》图中自下而上画王子执父、送蜜欲弑母后以及母后礼佛等各个场面。《十六观》也同出于这个故事，王后目睹种种苦难，对此恶浊世界心生觉悟，在佛的启示下，采用日想观、水想观（即对日、对水沉思默想）等十六观的修行方法，终于得到解脱，进入了佛国净土。十六观图自上而下画王后修行的十六个场面。开元、天宝以降《观无量寿经变》盛行，至今完好地保存在第 172、320 等窟中。

《弥勒经变》有两种。一种已见于隋代壁画，以《弥勒上生经》为依据，构图简单，画弥勒菩萨头戴宝冠，交脚坐于宫殿内，两侧重楼高阁之中有天女歌舞奏乐，表现的是弥勒上生兜率天宫的情景。唐代的多数《弥勒经变》以《弥勒下生成佛经》为主要依据，图中画善跏坐弥勒佛像，上有宝盖悬空，左右圣众围绕。不少的《弥勒经变》将上述两种合为一幅，上部画弥勒菩萨上生兜率天，下部画弥勒下生成佛，例如第 445、148 等窟。弥勒佛以下画婆罗门拆毁"七宝幢"（图中画作楼阁建筑），以此比喻人生无常，同时宣扬涅槃最乐。图两侧画儴佉王及王子、彩女、大臣剃度出家，以及弥勒净土的各种美妙事物，诸如山喷香气，地涌甜泉，雨泽随时，一种七收，树上生衣，随意取用，路不拾遗，夜不闭户，罗刹扫地，龙王洒水，以及人寿八万四千岁和女人五百岁始婚嫁等等。值得特别注意的是图中穿插的情节，多方面地反映了当时的现实生活。例如一种七收的画面上，有耕田、播种、收割、扬场、入仓等整个农业生产过程；又例如许多生动的嫁娶图。对于历史研究者来说，都是足资参考的形象资料。

《维摩诘经变》是以《维摩诘所说经》为依据的，记载中最早见于东晋，现存实物最早的是永靖炳灵寺西秦建弘元年（420 年）的小型壁画，在敦煌莫高窟则始于隋代，但多是正龛帐门两侧的小幅装饰。唐代贞观年间才形成整壁的结构。唐代前期的《维摩诘经变》，一般都在东壁的门洞两侧，现存最大的画面约二十平方米。构图以文殊师利《问疾品》为主体，文殊和维摩诘各率徒众、从属分列于左右两侧，相互对称。维摩诘坐方帐内，头戴纶巾，身穿鹤氅裘，并无"清羸示病"之容，而是神采奕奕的长者。显然，这是唐代人同东晋人具有不同审美理想的缘故。文殊坐于狮子宝座上，他和维摩诘身旁的人众，表现国王、大臣、长者、居士、婆罗门及诸族王子与官属前来问疾，甚为壮观。图中又描绘了种种神通变化，诸如三万二千狮子座从天而降（《不思议品》），化菩萨施香饭（《香积品》），天女散花（《观众生品》）等等，已经不限于《问疾品》的内容。整个画面通过渲染这位拥有妻子、儿女，奴婢和田园宅第的在家居士，宣扬了大乘思想。

《东方药师经变》所依据的是《药师琉璃光七佛本愿功德经》和《药师琉璃光如来本愿功德经》两种经文。第220窟北壁的《东方药师经变》，即以强调供养七佛的前一种经文为依据，画面主体为七身药师佛，周围描绘东方药师净土。画的下部，中间有灯楼，两侧立灯树，树层层作圆轮形；左右有规模宏大的乐舞场面，两厢列置乐队，乐器中有来自中原的筝、方响等，有西域的羌笛、羯鼓、腰鼓、铜钹等，还有外国传入的琵琶、筚篥等；两对舞伎，各在小圆毯子上旋转腾踏，巾帛飞扬，大约就是唐代流行的胡旋舞或胡腾舞。

画的上部，"天花遍覆，天乐常鸣"。以后一种经文为依据的《东方药师经变》，出现于天宝以后，画面与其他净土变相似，也是对极乐世界极尽渲染，唯经变主体结构的两侧，以对联形式的立轴画，表现药师经中的《十二大愿》和《九横死》。这两种经变都是宣扬人们只要一心奉佛，就可以超脱人间的苦难，并使各种美好愿望得到满足。

《涅槃变》，在唐代前期多为大乘涅槃，主要依据《大般涅槃经后分》、《大智度论》和《菩萨处胎经》等，其内容有双林入灭、迦叶礼足、舍利弗先佛入灭、佛母下天、现身说法以及金棺出城幢幡供养、香楼涂毗火自棺出、八王兴兵竞争舍利、优波吉均分舍利等场面。圣历元年的第322窟和大历年间的第148窟，画面均极宏伟。第322窟南壁上部的《八王争舍利图》，描写西域骑兵在山野流水间鏖战，形象生动，颇有古战场的气氛。

唐代前期的《劳度叉斗圣变》还只是刚刚出现，在第335窟69龛内两侧，北侧画舍利弗，南侧画劳度叉，虽然尚未形成大幅的构图，但分置两侧大体对称的格局已经确定。这一表现佛弟子与外道斗法的变相出自《贤愚经》。

3. 佛教史迹画和戒律画

在武则天大力弘扬佛教的时期，莫高窟第323窟出现了一批佛教史迹画。这些壁画里，有真实的历史人物和历史事件，同时也有佛徒们的虚构，每一场面均有榜题书写内容。

史迹画位于第 323 窟的南北两壁上部，画面约分八组，有释迦牟尼晒衣、阿育王拜塔，又有发生在中国的主要佛教史迹故事。如：

汉武帝诣甘泉宫礼拜金人，并派遣张骞出使西域，至大夏问金人（佛）名号。张骞使西域是历史上有名的大事，与佛教本无关联，唐代佛徒虚拟这样的故事，意在抬高佛教在与道教竞争中的地位。

三国时期名僧康僧会自海路来至江东传播佛教。画面表现了康僧会等乘小舟过茫茫江海到建康传教、孙权得舍利并下令造建初寺，孙皓恭迎康僧会等情景。

西晋时吴淞口石佛浮江。

东晋时杨都高悝得金像。

后赵佛图澄神异事迹：幽州灭火，池边洗肠，听铃声预测吉凶。

隋代昙延法师祈雨。画了三个场面：隋文帝郊迎昙延、宫廷讲经、登台祈雨。

上述故事由西汉直到隋代，备述帝王崇佛事迹，掺杂了大量的虚构和感应之说，显然是佛教徒为了争取中央政权的支持并巩固和发展其政治地位而创作出来的，其中不乏生动而精彩的画面。

第 323 窟东壁门洞两侧画佛教戒律画，将佛教的戒律，几乎逐条地加以图解。

4. 供养人画像

唐代前期,"写真"画家辈出,不仅有著名的凌烟阁功臣肖像,在两京寺观里还有许多历史或现实人物的写真,如"明皇像"、"梁武帝"、"玄奘像"、"于阗国王像"等。当时知名的宗教画家如阎立本、吴道子、韩滉、周昉、李果奴等同时都是肖像画家。敦煌莫高窟的供养人画像,虽然不同于"写真",但仍应属于肖像画的范畴,尤其到了唐代,艺术表现上逐步打破了千人一面的模式,愈来愈多地刻画出不同人物的特点和个性供养人的形象,已不仅限于表达对宗教的恭敬与虔诚,而且还用以显示氏族门庭以及宗族的谱系。莫高窟有一些由地位显赫的宗族世代经营的洞窟,例如贞观年间始建的第 220 窟,通常被人们称作"翟家窟",便可以说是翟玄、翟思远、翟通、翟奉达等数代人不断营造修饰的家庙。

在初唐,供养人画像多排列在洞窟四壁的下部:有的一主数仆、三五成群,有的排成整齐的队列,绕窟一周。盛唐时,开始把供养人画到甬道的两侧,形象愈画愈大,都面向主室内正壁所塑主尊,手捧莲花,虔敬供养。

画像中有王公大臣、地方官吏、贵族妇女、僧侣居士以及侍从奴婢、圉人车户等各类人物,描绘愈益精湛。第 329 窟东壁南侧的一身初唐女供养人画像,头束椎髻,身穿露胸窄袖衫,束长裙,体态秀美,长跪祈祷。窄袖衫裙是唐初流行的服式,看来至少已经传到了河西及敦煌。男供养人则如第220窟西壁龛下的道公翟思远像，戴莲花冠，穿大袖裙襦，属于上层人物的形象。盛唐第130窟天宝年间的乐庭瓌全家供养像，则已是等身的巨像。甬道北壁画乐庭瓌戴幞头，着襕衫，腰带搭笏，榜题为"朝议大夫使持节都督晋昌郡诸军事守晋昌郡太守兼墨离军使赐紫金鱼袋上柱国乐庭瓌供养"，身后侍立三子及奴仆。南壁画乐庭瓌夫人头饰抛家髻，着碧衫红裙，白罗花帔，手捧香炉，恭敬向佛，榜题为"都督夫人太原王氏一心供养"，身后随二女及侍婢。侍婢们持扇、抱瓶、捧琴，左右顾盼，情态不一。内中有婢作男装，着襕衫，束带，裹透额罗幞头，即如唐诗所咏"新妆巧样画双蛾，漫裹常州透额罗"，与名画《虢国夫人游春图》中的宫廷侍婢一样，均为宫廷里的时世装。背景有垂柳萱，翩翩蜂蝶，在庄重静穆的气氛中，点缀着活跃的生意。这幅女供养人画像，实在是一壁技艺出众的唐人仕女画。

施主形象的后面，奴仆形象中许多是胡人，并常与车马联系在一起。第431窟西壁下部的供养图中，画着三匹骏马，牵马的圉人似乎不堪疲乏困顿而埋头沉沉入睡了。这样世俗化的形象说明民间艺术家在刻画宗教内容的同时，仍在努力挖掘现实生活中的情趣。在这一方面，唐代前期的供养人画像也取得了前所未有的成就。

5. 装饰图案

随着洞窟形制的变化，唐代前期的装饰图案与石窟建筑之间的关系，已不如前代密切。在殿堂式洞窟内，最主要的装饰是覆斗顶上的藻井，其次是边饰，同时还增加了许多与建筑无关的新的装饰，诸如华盖、莲座、幡幢、地毯和服饰花纹等。其图案纹样从前代以仙灵神异为主演变为以植物纹和几何纹为主，例如莲荷纹、葡萄纹、石榴纹、茶花纹、卷草纹、宝相花纹、团花纹、方胜纹、回纹、菱纹、连珠纹、垂鳞纹、云头纹、垂角纹、游龙对凤纹、化生飞天纹，以及绫锦花纹。

初唐的藻井，均为华盖式，"圆盖象天"，高悬窟顶，华丽庄严。华盖本是由古代帝王的"繖（伞）"演变而来，作为建筑物上天井的装饰，这也是石窟寺进一步中国化的表现之一。藻井的井心多饰垂莲或团花，绿色的宝池已逐渐变为蔚蓝的天空，四边镶着层层花边，最外层是伞的垂帷，缀饰着排列整齐的彩铃和飘带。

藻井的图案新意迭出。第209窟藻井，在宽敞的方井中，描绘葡萄纹和石榴纹，藤蔓交错，巧妙地构成了象征丰收的图案，打破了以莲花为主体的单一格式。第329窟藻井，井心莲花的花心画成转轮形式，莲花四周天空湛蓝、彩云飘荡，飞天翱翔，充满了夺目的光彩和运动的旋律。

盛唐时期，藻井的风格发生了变化，从生动活泼，爽朗明快，转为庄重严整、浓艳富丽。第320窟的藻井，是开元、天宝年间的代表作，井心画团花，层层边饰疏密有致，严整而又有变化，色调热烈、艳丽，显示了辉煌灿烂的盛唐风格。

唐代前期的顶光已变成精雕细镂的圆盘形装饰，纹样多变化，也体现出唐代装饰艺术的成就。第188窟的一个顶光，中央绘白莲，周围环绕石榴卷草，枝叶卷曲，如激流中的旋涡，回转起伏，富有音乐的节奏感。盛唐第444窟的一个顶光，由莲花、葡萄、石榴、荷叶、蓓蕾、藤蔓等多种植物形象组成图案，石榴中出莲蕾，莲叶里生葡萄，藤蔓环环相扣、交织如网。结构繁而不乱，构思巧妙，变幻无穷。

　　装饰图案中最绚丽豪华的莫过于服装纹饰。不论是塑像或壁画，罗汉的山水衲、百褶锦裙，菩萨的僧祇支、绣花罗裙，供养人衫裙帔帛上的织绣缬染花纹，华美的纹样如石榴卷草、团花、棋格、折枝花卉和孔雀羽随处可见，特别是那些缕金锦纹，金光闪闪，富丽堂皇。

　　唐代服饰花纹很多来自绫锦，与近年来吐鲁番出土的唐代丝绸花纹相似。可见敦煌石窟的装饰艺术进一步接近现实生活，减少了宗教的神秘感，愈益富有个性化的特点。

四

　　唐代的文化艺术，不论是诗歌、散文、音乐、舞蹈、绘画、书法，都取得了极其伟大的成就。敦煌莫高窟的唐代艺术，是这个整体的一个组成部分。

　　如前面所说，由于政府的扶持，佛教得到发展，上自首都长安，下至穷乡僻壤，无不寺院林立。造型艺术的主要形式——塑像和壁画，也多出现在寺院。许许多多的无名匠师是那些宗教艺术品的创作者。与此同时，以吴道子为代表的画家和以杨惠之为代表的雕塑家也以寺院作为他们发挥才能的主要场所之一。寺院、石窟里的壁画和塑像，不仅是宗教的宣传品，同时也是艺术的展览品。著名的艺术家和无名的匠师各以自己的艺术实践争奇斗艳，交相促进，将唐代佛教艺术的发展推向了高峰。

自隋代统一中国以后，中原文化对敦煌石窟的影响与日俱增。唐代建国以后，僧侣、商贾和使者的往还更加频繁，中原寺院的壁画样稿不断传到敦煌。藏经洞（第17窟）曾出大批经变画的粉本，如《弥勒下生经变》、《劳度叉斗圣变》等，虽然逸笔草草，但人物形状和故事梗概都已毕具，画工即以此作为创作的依据或参考。另外，这一时期敦煌经变画中，水上的亭台楼阁，热带植物芭蕉、棕榈，还有各式各样的船只以及着南方衣冠的船工形象，这些都足以证明，南北统一以后，中原文化所产生的巨大影响。

此外，随着中外友好往来和文化交流的扩大，吸收外国优秀文化成果也成为唐代文化艺术发展的一个不容忽视的因素。贞观年间，玄奘从印度带回大量经像；王玄策四次出使印度，携回图本；著名画家尉迟乙僧等来自西域，"画外国及菩萨"声誉很高。唐代前期的敦煌艺术直接或间接地受到了中印度笈多王朝艺术的影响，其表现在菩萨像的装束、姿态以及表现形体凹凸的晕染方法上。

然而借鉴和影响不能代替创造，千佛洞的艺术之花毕竟是生长在敦煌的沃土上的。在这里，起决定作用的是敦煌这个丝路重镇上无比丰富的生活的源泉，是敦煌艺术自身的深厚传统和艺术家的辛勤劳动。敦煌艺术，既是整个唐代文艺的组成部分，却又具有自己鲜明的个性，取得了独特的成就。以下就五个方面试作论述。

1. 造型

敦煌艺术早期的人物形象，较多夸张和想象的成分。经过隋代近四十年的探索，唐代的雕塑和画像均趋于写实，并以比例适度、面相丰腴、体态健美、庄严沉静为造型风格特点。宋代人董逌谈到唐代绘画时说："人物丰穰,肌胜于骨……此固唐世所尚，尝见诸说太真妃丰肌秀骨，今见于画亦肌胜于骨，昔韩公言曲眉丰颊，便知唐人所尚以丰肌为美。"所述十分真切。这种形象（有人称之为"胖胖型"）出之于现实生活，代表了宫廷贵族和上层社会的审美观，至盛唐乃蔚然成风。不仅敦煌石窟，所有出土的或传世的唐代艺术品中，人物形象莫不如此。

敦煌艺术造型上的另一个特点是菩萨形象的世俗化和女性化。第 205 窟的游戏坐观音、第 45 窟侍立的菩萨和第 217 窟壁画中的菩萨，都是丰腴健美、意态温婉，俨若妇人；而且头束唐人的高髻，佩戴宫嫔的钏饰，着贵妇人的透体罗裙和锦帔，"慈眼视物，无可畏之色"。所以道诚说："造像梵相，宋齐间皆唇厚鼻隆目长颐丰，挺然丈夫之相。自唐来笔工皆端严柔弱，似妓女之貌，故今人夸宫娃如菩萨也。"韩幹在宝应寺所画释梵天女，"悉齐公妓小小等写真也"。可见唐代佛教人物形象，已普遍采用世俗生活中的人物作为蓝本。关于这一点，宋人郭若虚说："今之画者，但贵其姥丽之容，是取悦于众目，不达画之理趣也。"话虽含贬义，却也说明菩萨像的女性化为群众所喜闻乐见，因而得到广泛的支持。

2. 构图

这里主要谈的是经变画。唐代前期巨型经变的构图形式，是艺术家惨淡经营、出新意于法度之中而创造出来的。《维摩诘经变》从小到大，由简至繁;《观无量寿经变》从单独的《未生怨》、《十六观》、《九品往生》，逐步形成完整统一的巨型结构;《法华经变》从一品到多品，甚至遍布一窟，形式慢慢地固定下来。构图形式大体有下列几种：

①图中央画佛及圣众，四周穿插各种故事情节，形如众星捧月，浑然一体。《阿弥陀经变》和《弥勒下生经变》多采用这种构图形式。

②分作左、中、右三栏，中间为表现佛国世界的大幅画面，两条竖行故事画分列两边，主次分明而又有统一的装饰效果。《观无量寿经变》就常常是这样的形式,两侧故事画分别为《未生怨》和《十六观》。又如《东方药师经变》，两侧故事画分别为《十二大愿》和《九横死》;《观音经变》两侧为《八难》和《三十三现身》。

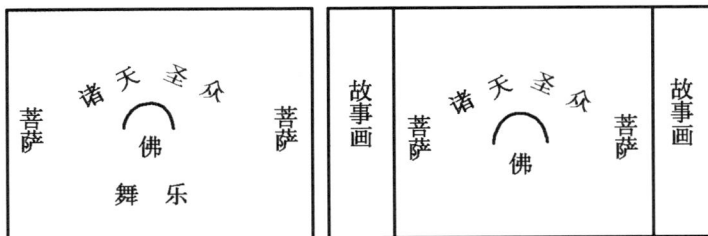

唐代经变画的构图形式之一   唐代经变画的构图形式之二

③上部居中画佛国世界，左右和下部穿插各品故事，以"凹"字形环绕着画面的主体。例如《法华经变》和《观无量寿经变》。《法华经变》上部以《序品》为主体，左右画《化城喻品》和《法师品》，其余情节画在下部。《观无量寿经变》主体为西方净土，两侧为《未生怨》和《十六观》，下部画《九品往生》。

④这是上一种的变体，除主体画面外，凹字形的左、右、下三面划成方格，每格填绘一个情节，与现代的连环画形式十分接近。这种形式为《观无量寿经变》所独有，内容布局如同上述，实例见盛唐第171窟内。

⑤《维摩诘经变》和《劳度叉斗圣变》是特殊构图形式，画面的左部和右部各成主体，表现对立双方（文殊师利和维摩诘，舍利弗和劳度叉）的斗争；围绕着两个主体人物，交织着各种神变情节，这种构图自有其生动活泼，引人入胜之处。

⑥唐初的《涅槃变》画面，呈长方形横幅，情节自左至右，又自右至左，自由布局，突破了早期《涅槃变》的结构形式，显得生动活泼。

佛·圣众
菩萨　菩萨
舞　乐

法师品　　化城喻品

其他诸品

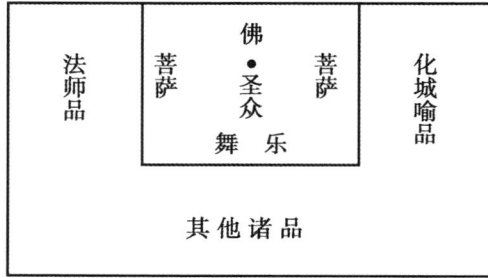

唐代经变画的构图形式之三

佛·圣众
菩萨　菩萨
舞　乐

十六观　　未生怨

九品往生

唐代经变画的构图形式之四

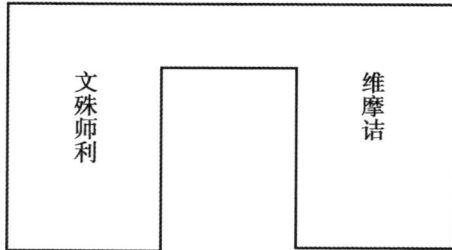

文殊师利　　维摩诘

唐代经变画的构图形式之五

　　以上所有的构图形式，都以突出的地位表现佛国世界，但在基本相同的结构形式中，意境的表现各有不同。初唐《净土变》多于宝池中起平台，菩萨群像及乐舞场面均在平台上展开，下部碧波荡漾，上部一片晴空，意境开朗而豪放。盛唐开始，极乐世界里布满了豪华严整的宫殿楼阁，圣众、舞乐俱在楼台亭榭之中，充满了宫廷生活气氛。净土的宫廷化，体现着神灵生活的世俗化。

盛唐时期经变画的形式发展成熟，构图上的特点主要是满。各铺经变都是内容丰富、人物众多，经文所述主要场景几乎包罗已尽，这样的经变画遍布四壁以至全窟，颇给人以满目缤纷、目不暇接之感，但由于构图上的均衡与稳定，却又显得井然有序，并不使人眼花缭乱。画上的人物和场景布局与配置，已不是早期简单平列的形式，而是主、次、疏、密、聚、散，变化自如，条理清晰，节奏分明。多彩多姿的佛国世界图景使观者感觉身临其境。同时，这样的构图还具有强烈的装饰意味。

构图中的透视画法也很值得重视。除一般采用的散点透视外，已经使用了鸟瞰与焦点透视相结合的办法，画面上初次出现了视平线，创造了"远岫与云容交接,遥天共水色交光"的辽阔的境界，例如第217窟的溪山行旅，又如第323窟的康僧会扬帆入建康和高悝得金像等图中，作为人物故事背景的山水画，山峦起伏，水波浩渺，"咫尺之图，写千里之景"，中国传统山水画的"三远法"已在创作实践中逐渐形成。此外，经变画中建筑界画的透视技法亦有很高的造诣。

3. 线描

敦煌早期壁画用线主要是铁线描。隋代在继续运用铁线描的同时，逐渐产生了自由奔放的兰叶描。兰叶描至唐代大盛，吴道子便是使用这种线描的杰出人物。敦煌壁画盛唐第45窟南壁的《观音变》，即是兰叶描的典型作品。

唐代壁画的线描，分起稿线、定形线、提神线、装饰线等，各属于作画的不同步骤。起稿线墨色淡黑，用来勾出完整的形象，例如第201窟的白描菩萨像，其实就是未曾上色的画稿。赋彩以后，用深黑线定形。然后，有的还要在人物面部描一次朱红线，以示金檀色感；又在衣裙、飘带转折处描上流畅的白粉线，以突出舒展飘扬的动势，这叫做提神线。人们可以在第220、217等窟壁画中，看到用线造型的全部过程。

唐代画师已经注意到主线与辅线的关系。人物面部及形体的轮廓线为主线，粗而实。衣纹鬓发等则是辅线，较细而虚。由于主辅结合，虚实相生，轻重适宜，遂使形象结实而有立体感。第220窟北壁的神将、第217窟龛内的佛弟子像，不仅由粗壮劲挺的轮廓线刻画了生动的面容，而且还表现出了隐藏在衣服下面的躯体。"骨法用笔"在唐代又有了新的发展。

敦煌的唐代画师善于掌握毛笔的性能，深得用笔三昧，落笔稳、压力大、速度快。顾恺之曾说："轻物宜利其笔。"从第220窟胡旋舞人与第321窟飞天的飘带，可看出运笔的迅疾，恰如苏轼咏吴道子作画诗中所说："当其下手风雨快，笔所未到气已吞。"正是这种高难度的技巧和磅礴的气势，赋予作品以强大的生命力，造成满壁风动的艺术效果。

然而唐人作画行笔亦非一味地快。在描绘凝重的形象，如人物面部轮廓、肢体关节，运笔则比较舒徐缓慢，如同顾恺之所谓："重宜陈其迹。"总之，唐代画师能随形质所需，描绘对象的不同情状，在用笔上，轻重疾徐、抑扬顿挫，像一支成功的乐曲，节奏和旋律，配合得恰到好处。

4. 赋彩

唐代壁画色彩丰富，除各种色相分别具有许多不同色度而外，又有许多调和色。所用颜料有石青、石绿、朱砂、银朱、朱磦、赭石、土红、石黄、藤黄、靛青、蛤粉、白土、金箔、墨等十数种。特别是由于赋彩、渲染技巧发展到了高度纯熟的境地，使唐代前期成为敦煌莫高窟色彩最为富丽、绚烂的时期。今天，在唐初的第322窟、贞观十六年的第220窟和神龙年间的第217窟等，可以看到保存大体完好的当时色彩的原貌。

唐代壁画与早期壁画情趣不同，画面写实，其装饰效果的取得，主要是通过色彩的巧妙配置，不同发展阶段的风貌呈现着明显的差异。唐代画师在地色运用上颇费匠心，有的以土红色涂地，赋彩浓重淳厚，含有前代的余韵；有的以土壁为地，色调温柔谐和，系初唐新风；有的发展了前代以粉壁为地的画法，色彩鲜艳明快，已大体上是盛唐的格调。一幅壁画或整个窟室的色彩效果，很大程度上取决于地色。

唐代赋彩的特点还表现在叠晕和渲染（晕染）。所谓叠晕，是以同一色相的不同色度层层重叠，色阶分明而又有立体感。盛唐时，仅一瓣莲花即叠晕多达十六到二十层，因而使色彩格外丰富、厚重，光耀炫目。渲染多用于表现人物的立体感。早期来自西域与中原的两种染色法，经过隋代的融合、发展，再经过唐代初年的创新，形成了多种新的晕染方式：一种是中原传统晕染法在唐代的新形式，即在颊上染一团红色，如敦煌曲子词中所谓的红脸、莲脸、桃花妆、朝霞妆，其例可见于莫高窟第57、322等窟菩萨形象；另一种是在粉地上以淡色微微渲染，莹润洁白、素面如玉，例如第45、217等窟的菩萨形象；还有一种经过改革的西域式晕染法，如第321、220等窟的佛、菩萨形象，鼻梁上有一条表现高光的白线，保存着来自印度的某些影响。

佛、菩萨像之外，天王、力士、罗汉等形象，筋骨突兀和肌肉起伏，都有很强的立体感，其中第220窟的神将及力士、第217窟的罗汉尤其突出，亦是熟练运用色彩渲染技巧所取得的成就。

5. 传神

唐代前期，敦煌莫高窟的天才匠师们，凭借上述线描和赋彩等卓有效能的手段，塑造和刻画了大量具有生命力的艺术形象。首先，匠师们在当时艺术表现程式化和人物性格类型化的基础上，大胆突破和创新，注意表现人物的个性，并往往在人物的行住坐卧和言谈举止中揭示其内心活动。第71窟壁画《净土变》中的一身思维菩萨，俯首支颐，眼视空茫，凝神默想，内心的澄静和外表的宁谧统一于美好的形象之中。第321窟画在龛顶的赴会菩萨，像一群欢快的少女，来到天宫楼台上，凭栏眺望、俯瞰，身姿绰约、顾盼有情，其心理状态的表现各有不同。第 45 窟开元年间的菩萨塑像，姿态婀娜，丰润健美，眉目间似笑非笑，表情含蓄，耐人寻味。第 194 窟的彩塑菩萨，亭亭玉立，微妙而自然的动态，有助于面部庄静温婉的性格表现。同窟的彩塑天王，北方天王握拳怒目，面对邪魔露出满腔义愤；南方天王则满脸笑意，表现出赳赳武夫的豪爽性格。

其次，唐代壁画还特别注意到了人物之间的关系，使他们互相烘托、彼此呼应，整个画面成为一个有机的统一体。第 130 窟甬道南壁《都督夫人礼佛图》中，侍婢们较为活跃的姿态和各不相同的表情，对比都督夫人的肃穆、虔诚和"一心供养"，突出了主题。第 220 窟《维摩诘经变》中的帝王问疾图亦是一件杰作，图中帝王戴冕旒、着深衣饰十二章，双臂张开，昂首阔步。前行一大臣，鹰鼻吊眼，显出老谋深算的样子。身后簇拥着的侍臣，有的落落大方，有的小心翼翼。各族首领拱手而立，淳朴而憨厚。当时的大画家阎立本的名画《历代帝王图》晚于第 220 窟约三十年，形式上与这幅石窟壁画有相似处，但在场面宏伟及人物形象的活泼自然方面，却逊于壁画。

传神是造型艺术的高标准。从宗教教义出发，通过想象、理想化和精湛的艺术处理，把人间的生动形象加工成天国的神。描绘天国形象的成功，来源于匠师对人间生活的广泛而深入的观察和理解。国家的统一、一个半世纪来的相对安定和社会经济的长足发展，为来自民间的艺术师展开了空前广阔的生活图景，启迪着他们的灵感。通过宗教对天国欢乐的狂热追求，激发着他们的创作激情。这个时期，有条件融会国内各民族的艺术成果，并有选择地吸取外来的营养，东西南北，博采众长，形成了统一的中国风格和中国气派。与此同时，诗歌、散文、音乐、舞蹈和美术携手并进，登上了中国封建社会历史上的文学艺术高峰。敦煌莫高窟的唐代前期艺术，在现存四百九十二个洞窟中居于最突出的地位，数量多，艺术水平高。它的影响，在新疆的库木吐拉等石窟里相当明显。在佛教空前兴盛的唐代，中国的佛教艺术影响及于四邻，西逾葱岭，影响到西亚和印度；又东渡大海，与日本的佛教艺术结下了不解之缘。其中，敦煌艺术家的贡献，具有不灭的光辉。

唐代后期的莫高窟艺术

河西地区于建中二年（781年）开始为吐蕃所统治，是划分唐代河西历史的明显界线。这以后的一段历史共一百二十六年。其间吐蕃统治六十七年（习称中唐），张议潮家族统治五十七年（习称晚唐）。藏汉两个不同民族政权的统治，形成了莫高窟艺术的不同历史特点。本文即按照这两个时期分别对莫高窟艺术加以论述。

一、吐蕃时期——中唐

天宝十四载（755年），安史之乱起，唐朝政府被迫调动河、陇的精锐部队东向以定中原。河西守备空虚，吐蕃乃乘虚而入。沙州守军虽奋力抵抗，在坚守十一年之后，终以寡不敌众，河西走廊全部为吐蕃所占领。

这以后，蕃汉之间，民族矛盾相当尖锐。据敦煌石窟遗书记载，玉关驿户氾国忠等七人起义，大闹沙州城，杀却监使、判咄、节儿等，就是突出的事件。但是在压迫、反抗的同时，人民之间却存在着团结、融合的一面。吐蕃统治者控制这一地区以后，为了巩固自己的统治，也起用汉人和其他少数民族的上层分子为各级行政机构的官吏。详细的情况，具见于新旧《唐书》中的《吐蕃传》和其他有关记载。

吐蕃本来信奉佛教，统治河西时期，这里的佛教大为兴盛，寺院林立，僧尼日增。当时有十六大寺、十七大寺之称，其中多沿用中原寺名，如开元寺、乾元寺、龙兴寺、报恩寺、净土寺、金光明寺、兴善寺、普光寺等。这些寺院和内地一样，都有三纲，并有寺户和土地，不受官府管辖，享有种种特权。

当时沙州僧尼约千数百人。仅建中四年（783年）吐蕃放回了从这里俘虏去的将士僧尼就有八百余人。当时沙州人口不到三万，僧尼所占比例是很大的。唐代后期敦煌名僧辈出，如一直留在敦煌的长安高僧昙旷，传授禅宗的摩诃衍，做了"蕃大德"的法成、洪睿、悟真等。同时，吐蕃统治者还遣使到长安"求沙门之善讲者"至蕃地讲经。"至是遣僧良绣、文素二人行，每人岁一更之"。吐蕃统治者还不断向中原求取佛经，加以翻译。名僧摩诃衍就曾将许多汉藏文经互译流行。吐蕃和中原的关系，自唐初即相当密切，至此乃有了更进一步的发展。

吐蕃占领敦煌之前，河西走廊战争频仍，所以开元、天宝时期有一批洞窟"开凿有人、图素未就"，成窟之后，只塑成一龛或画成一顶，这类洞窟共有十八个。吐蕃占领敦煌之后，社会生活相对安定，这些洞窟的塑像和壁画才逐步完成。吐蕃时期开建的洞窟，现存约四十八个。这两类总计为六十六窟，其数量和规模都超过了盛唐时期。

吐蕃时期只有两窟有明确的建窟纪年题记：一是第365窟，此窟旧称七佛堂，为沙门洪詧所建，龛口坛沿藏文题记载明，赞普可黎可足在位时，阳水鼠年（832年）建此佛殿，阳木虎年（834年）秋"开光承礼"（即洞窟建成）。另一是第231窟，据窟内《大蕃故敦煌郡莫高窟阴处士公修功德记》所载，为己未年，即唐文宗开成四年（839年）阴嘉政所建。此外的其他洞窟，根据供养人题记和画面人物形象，则可推断出相对年代。

吐蕃时期的洞窟形制主要有三种：一种为殿堂式，是吐蕃时期的主要窟形，分前后室。后室（主室）平面成方形，覆斗顶，正壁、西壁开一方形盝顶深龛（亦有少数为双层口龛），继承了盛唐的遗制。另一种为涅槃窟，平面呈横长方形，盝形顶，正壁下为通壁宽的佛床，佛床上塑卧佛。还有一种为隧道窟，平面也大体呈横长方形，圆券顶，正壁下有佛床，佛床后凿通与人等高的隧道，供佛徒们旋绕念经礼佛。后两种形制的洞窟为数很少，都是大型洞窟。

为数众多的殿堂式窟，窟内布局已成固定格式，试举阴家窟（第231窟）为例。阴氏世为敦煌豪族，吐蕃时期兄弟数人均为吐蕃属官，因而所造洞窟规模较大而有谨严的整体设计，前室南、西、北三壁画四大天王，甬道顶画千手千眼观音变相，甬道两侧画供养人。主室覆斗形顶中央作华盖式藻井，周围飞天旋绕。顶四披皆居中画说法图，周围布满千佛。西壁方形深龛内，设马蹄形佛床，存塑像残迹七身。佛床下浮塑壸门。塑像身后龛壁画联屏十扇，画《萨埵饲虎》、《善事太子入海》等本生、因缘故事。盝形龛顶饰平棋图案，四披画瑞像图计四十幅。西壁龛外帐门两侧分别画《文殊变》和《普贤变》。南壁画《天请问经变》、《法华经变》、《观无量寿经变》；北壁画《弥勒净土变》、《华严经变》、《东方药师变》；东壁门南画《报恩经变》；门北画《维摩诘经变》。每一经变下画联屏四扇。屏风内画经变诸品故事。东壁门上画阴嘉政父阴伯伦及其母索氏供养像。窟内《阴处士公修功德记》详尽而如实地记载了此窟的形制和内容。

吐蕃时期的彩塑，承袭唐代前期内容，有释迦像、三世佛、七世佛，有以佛为中心并与两侧的弟子、菩萨、天王、力士等组成的群像，还有巨大的涅槃像。第158窟是吐蕃时期规模最大的洞窟。窟内佛床上彩塑释迦牟尼像长十六米，右胁而卧，安详若睡，面相丰腴，比例适度，通肩袈裟的衣纹随身体的起伏而变化，圆润流畅。这在敦煌大型彩塑佛像中是卓越的代表作品。围绕释迦的诸天圣众均为壁画，作各种悲伤的情态，如同《大智度论》第二及《大般涅槃经·应尽还原品》中所记，亦是壁画艺术的杰作。

吐蕃时期的彩塑是颇有特点的。菩萨像的造型继承了盛唐面相丰腴、曲眉秀眼的传统，肤色莹白，亭亭玉立，逐渐摆脱了印度笈多王朝造像体态作"S"形扭曲的影响，而在典雅含蓄的动态中表现了自然和谐的美，揭示出人物的内心活动，塑像的绘彩亦以清雅、明快的新风格取代了前期金碧辉煌的色调。其代表作如第197窟纯真稚气的形象，又如第159窟含蓄、端凝的两身菩萨，造型上进一步体现出女性化的特征。此外，服饰的塑造和描绘也十分出色。华丽精致的图案纹样与衣料的轻软质感、肢体的起伏变化以及肌肤的白皙细腻都融合在一起，互为衬托，相得益彰。

天王形象脸型宽大、白肤色，头顶束发或戴盔。盔可护面。身穿长身甲，脚登甲靴。下有地神承托。现实中的这种覆蔽周身的甲胄，强弓劲弩不能入，是精良的防身成装，其形象在第154、459窟等处均可见到。它传自于阗，与中原流行的光明鱼鳞等十三种甲颇不相同。

另一种武士装束，身披虎皮，时称大虫皮。按吐蕃制度，凡有战功，生衣其皮，死以旌勇。例如第205窟天王，按剑而立，内着甲，外披大虫皮，以示勇武。总之，这时期的彩塑有着鲜明的时代特色和民族特色。

吐蕃时期的壁画内容，与唐代前期略同，也可分为五类：佛像画、经变画、瑞像画、装饰图案、供养人画像。五类之中仍以经变画为主，兹分述于后。

1. 佛像画

这一时期单身尊像渐少，密教神像大量增加。所见题材除药师佛、四方佛、观世音、势至、地藏菩萨等而外，多为不空绢索观音、如意轮观音、千手千眼观音、千手千钵文殊等密宗图像，其造型一般都刻板地依照佛经。例如，如意轮观音，戴大宝冠，六臂两足，持莲花、如意轮、念珠等等，与不空译《摄无碍经》的描写完全一致。

在这些密宗图像中，出现了两种日月神：一种为甬道两面上方相对作大圆轮，画天人乘五马或坐莲花，这是西方的日天、月天。另一种为须弥山下的龙王手托小圆轮，轮中画玉兔、金乌，这是我国传统的日月神。这种现象，说明了唐代佛教艺术题材的表现上仍然存在着这种"中西合璧"的现象。

2. 经变画

吐蕃占领初期，主要补画完成"图素未就"的盛唐洞窟，一般仍按盛唐时一壁一铺经变的格局。吐蕃中期，新的经变题材不断出现。从一壁一铺增加到一壁三四铺，张家窟（第159窟）有经变九种，阴家窟（第231窟）增加到十二种，这一时期流行的经变题材有：

观无量寿经变	26 铺
弥勒经变	20 铺
东方药师经变	20 铺
阿弥陀经变	17 铺
维摩诘经变	7 铺
法华经变	7 铺
涅槃经变	3 铺

天请问经变	9 铺
金刚经变	7 铺
报恩经变	6 铺
金光明经变	4 铺
华严经变	5 铺
楞伽经变	11 铺
思益梵天问经变	1 铺

后七种是新出现的经变，多种多样的经变题材，是天台宗判教之后宗派林立的反映，它们适应了善男信女们不同的思想和要求，也丰富了石窟艺术的内容，正如《张淮深碑》中所说："四壁涂诸经变一十六铺，参罗万象，表化迹之多门；摄相归真，总三身而无异。方丈室内，化尽十方，一室之内，宛然三界。"

《报恩经》在经目中虽列后汉录而失译人，但通观经文似撷取各经而成，主题在宣扬与儒家相一致的忠孝思想，当是所谓"伪经"，也就是中国人自己纂辑编造的经文。

新出现的经变中，《报恩经变》的内容最丰富，除了居中的《序品》佛说法场面和下部中间婆罗门子肩母乞食之外，一般都在经变四角布置《恶友品》《孝养品》《论议品》《亲近品》等四个主要故事。《恶友品》（善事太子入海故事）《孝养品》（须阇提太子本生）均在敦煌早期石窟里以独立的故事画形式出现过。

《论议品》主要描写鹿女故事。故事说鹿女由仙人抚养成人，被国王聘为夫人。进宫后生一莲花，国王以为不祥，弃置池边。一日，国王在池边发现莲花五百叶下各有一童男，大喜，将五百童男分与五百夫人抚育。五百童男长大后俱有勇力，不动干戈而国土安稳。最后，五百太子又全部出家，成为"辟支佛"。这一故事宣扬了人生如幻如化、如水中影的教义。画面上的宫室、衣冠等等，全部是中国的样式。

《亲近品》描写坚誓狮子的故事。故事说，狮子名坚誓，毛金色，亲近比丘，常听诵经说法。一猎师为求爵禄，诱杀金毛狮子坚誓剥皮献给国王。国王听说以后，暗自思忖，以为若将爵禄赐给这一恶人，则是与此人同为恶事。因此，国王处死猎师，火化狮皮，起塔供养。这一故事宣扬了改恶向善和"忍辱度无极"的思想，同时也对伪善者作了斥责。

《金光明经变》也是吐蕃时期出现的新内容之一，其结构形式与《观无量寿经变》相同，中为佛国法会，两侧纵列故事画。《金光明经》共有十九品，其中主要故事一为《舍身品》，内容与早期的萨埵太子本生无异；一为《长者子流水品》，所述流水长者子救鱼故事。在北周末隋初曾以独立的故事画形式出现于窟顶。现在这两品均以竖构图条幅形式分列经变的两侧。

《华严经》是唐代兴起的华严宗所奉持的主要经典。《华严经变》在吐蕃时期开始出现，经中有"七处九会"，计有：寂灭道场会、普光法堂会、忉利天会、夜摩天会、兜率天会、他化天会、普光法堂重会、普光法堂三会、逝多林会。这九会在画面上整齐地排列成三行，都是说法场面。最下面画大海，名香水海，也就是"莲花庄严世界海"。海中一朵大莲花，海的四周云彩围绕，并有各种各样小车轮、房屋、山峦、乐器、工具等形象，大概就是《华藏世界品》里说的作须弥山形、江形、回转形，或作旋流形、楼阁形等。总之，《华严经变》与《天请问经变》、《楞伽经变》等一样，多属抽象的哲学和神学概念，缺少具体的故事情节和生动的形象，因而在艺术表现上显得贫乏，形式单调。

《维摩诘经变》在这个时期已有所发展，除了在屏风画内增加了《弟子品》、《方便品》诸内容外，最明显的特点是维摩诘帐下的各国王子群像，画成了吐蕃赞普礼佛图。赞普戴红毡高冠，穿左衽长袍长勒乌靴，束腰带，佩长剑，侍者张曲柄伞盖，前有奴婢燃香，后有武士随从，俨然君主。各族王子则退居次要位置，成为赞普的陪衬。这一组人物与壁画另一侧文殊座下的帝王图，形成了分庭抗礼的形式。大中二年（848年）张议潮收复河西之后，吐蕃赞普的形象即从壁画中消失。这种变化，正是当时河西地区的社会政治局面在宗教艺术上的直接反映。

这时窟室壁画的壁画布局，上部为若干铺大幅经变，多数洞窟下部则都是栉比排列着为数众多的屏风画。屏风画的内容多为上部经变各品中的故事，其中也有独立的本生故事和佛传故事。还值得注意的是，《文殊变》和《普贤变》的下方出现了小型的屏风画《五台山图》，五峰耸峙，道路通连，是构图完整的青绿山水（例如第159窟西壁下部）。此图的出现当在长庆四年（824年）吐蕃遣使者求《五台山图》之后。

前述第158窟，以壁画和彩塑相结合的方式，显示了敦煌《涅槃变》的最高水平，不仅规模巨大，而且刻画细腻。卧佛背后西壁上画诸天龙诸学人等举哀，南壁画十大弟子举哀，其形象、动态和神情却各有特点，无一雷同，描绘出许多具有个性和独特内心世界的人物形象。与此同时，这样丰富多彩的艺术表现，又完全服从于一个统一需要的主题。众人狂热的悲痛与卧佛的沉静安详对照鲜明，相反相成，表现出佛涅槃的崇高境界，整个洞窟的中心思想正是"涅槃为乐"。

3. 瑞像图

这是中唐晚期出现的崭新题材。洞窟内正龛盝形顶的四披，原来图绘药师佛像，至开成四年（839年）阴嘉政建造第231窟及第237窟时，代之以瑞像，共计三十七图。瑞像图的排列是有整体设计的，其中大部分来自天竺、尼婆罗、犍陀罗等外国的佛教传说。唐初王玄策的《西国行传》中说"西国瑞像无穷"（《法苑珠林》）。玄奘在他的《大唐西域记》里也多有记载。这些画像也有不少来自于阗、张掖、酒泉等地。外国的，如鹿野苑瑞像画佛像结跏趺坐，着通肩大衣，座下有轮形莲花，花中有佛足迹，双足均有轮相，墨书榜题"中天竺波罗奈国鹿野苑中瑞像"。天竺瑞像，画一善跏坐白佛，榜题为"天竺国白银弥勒像"。中天竺瑞像，为重头菩萨坐像，座前现二半身菩萨像,榜题为"中天竺摩伽陀放光瑞像"。"弥勒瑞像",画菩萨五臂,上举二臂捧日月,中二手持矩,榜题"弥勒菩萨随释迦来淫城□"。指日月像,画一正面立佛像,右手上举,手上有日轮,内画三足鸟;左手下垂,手下有月轮,内有桂树玉兔,榜题"指日月像"。"阿育王造塔瑞像",画一巨手遮蔽日光,下面小塔数座,无榜题,较晚的五代壁画中有榜题"阿育王建八万四千塔"。还有"尼婆罗瑞像(水火池传说)、犍陀罗双身瑞像"。双身瑞像下面的二贫士,均红毡高帽,左衽长袍,为吐蕃装。

日月像　第237窟龛顶

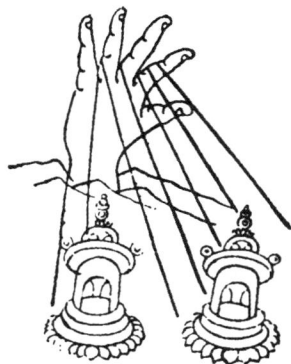

阿育王造塔　第237窟龛顶

有关于阗的有:于阗媲摩城中雕檀瑞像,于阗海眼寺释迦圣容,于阗坎城瑞像,于阗国舍利弗、毗沙门各以锡杖长枪刺海。海上莲花盛开。佛像坐莲花上浮游,上部画一城,一侧画小塔，表现佛命二弟子决海变陆以此立国、建城、造塔寺的故事。在描绘上具有连环故事画的情节表现特点。

关于河西的瑞像有：张掖郡佛影像、酒泉郡释迦牟尼像、番禾县圣容像等。后者即北魏高僧刘萨诃神异事迹。这种佛教瑞像形式，首先是由外国传入，与我国传统的祥瑞和谶纬不免有某种程度的结合，所宣传的佛教感应思想在我国广为流行。与此同时，也创造出不少中国本土的佛教瑞像，这也是佛教从各方面不断中国化的表现。

4. 装饰图案

吐蕃时期，在经变画大量增加的情况下，洞窟内部的整体布局愈显重要，逐渐形成了以边饰组成窟内的框架结构，并以花边镶饰各铺经变，使其排列有序，其整体效果具有均衡齐整、统一和谐的美。

洞窟内的装饰中心仍是藻井，其次是背光和龛顶平棋等。在龛内出现屏风画以后，塑像的背光、头光便逐渐消失。

装饰纹样与前期略有不同，主要有：莲荷纹、石榴纹、茶花、团花、回纹、菱纹、方胜纹、云头纹、垂角纹、圆环连珠纹、雁含威仪纹、双凤衔花纹以及鹦鹉、孔雀、家鸽、蹲狮、共命鸟、迦陵频伽等。特别是衣饰上的各种丝织纹和缬染纹，丰富多彩、绘染精湛，给唐代后期的装饰图案增添了新的光彩。

唐代后期藻井结构严谨，各种边饰多达十余层。方井中多置有如旋转着的卷瓣莲花，花中出蹲狮，大约为"优昙现狮"

之意。四角有鹦鹉、孔雀和鸽子飞翔歌舞，边饰中有富于立体感的绿色回纹，打破了华盖的平面感。以上的表现形成后期藻井的显著特色。

边饰纹样中最为突出的石榴卷草纹，自然延展，有时长达数丈，甚至绕窟一周。它以不甚规则的单位，反复变化，组成波状起伏的运动。石榴树变形而成了卷草，以象征手法将石榴籽显露在皮外，叶片的舒卷像激流中的漩涡，也像天空中变化莫测的云彩。色调清淡、醇和、温馨，给人以抒情诗一般的美感。

5. 供养人画像

吐蕃占领初期，供养人画像极少，中期逐渐增多，出现了巨大的高僧像，如第158窟门侧，有高近二米的僧侣像四身，榜题"大蕃管内三学法师持钵僧宜"。僧侣画像的增大，可能与吐蕃僧侣参政、僧侣地位提高有关。晚期供养人超过盛唐，且常将窟主画像置于东壁门上，面向正龛主尊，遥相礼敬，以显示窟主的特殊身份。

第231窟为敦煌豪族阴嘉政于开成四年（839年）建成。门上一组供养像，女像饰抛家髻，穿缬花衫，长裙帔帛，题名"亡慈妣唐敦煌录事孙索氏同心供养"，为阴嘉政的母亲。男像，幞头靴袍革带，题名"亡考君唐丹州长松府左果毅都尉改"，为阴嘉政的父亲阴伯伦。

第359窟亦是中唐晚期的窟，供养人画像绕窟一周，北壁男像，头戴红高冠，身穿左衽袍，脚登乌靴，全着吐蕃装，榜题字迹不清，不知是吐蕃人还是穿吐蕃装的汉人。南壁女像，衫裙帔帛，全为汉装。第225窟有吐蕃装男像，题名"王沙奴"，形象真切，线描流动，很有生气。第220窟门道发现的小龛西壁有供养人二身，男着吐蕃装，女着汉装。但总的来说，当时供养人画像中，着吐蕃装的毕竟极少。这与《张淮深变文》所说当时河西"独有沙州一郡，人物风华一同内地"的记载是一致的。当是社会生活情况的真实反映。

二、张议潮家族时期——晚唐

沙州被吐蕃统治以后，吐蕃族的劳动人民与汉族及其他少数民族人民之间，阡陌相连，命运与共，出现了"义同一家"的和睦景象。但是吐蕃奴隶主的残暴统治，却给各族人民带来了深重的灾难。沙州的老百姓曾多次进行过反抗斗争。龙舌张氏，世为大族，乃乘机于大中二年（848年）登高一呼，率众起事，占领敦煌、晋昌，自领州事，并修缮甲兵，既耕且战。唐朝中央政府于大中五年（851年）遣使至河西，设立归义军，以张议潮为节度使。咸通四年（863年）张议潮终于克服凉州，打通了通向长安的道路。

张议潮统治河西，维护国家统一，沟通中西交通，发展农业生产。咸通七年（866年）张议潮赴长安入朝，其侄张淮深继守河西，政绩也很突出。前后四十年间，已大体恢复了唐代前期的繁荣局面。然而好景不长，不久出现了这一家族内部的权力争夺。大顺元年（890年），议潮女婿索勋杀张淮深一家，乾宁元年（894年）议潮十四女引军灭了索勋，立议潮孙张承奉为节度使。天祐二年（905年），唐朝将亡，张承奉建"西汉金山国"，自称"白衣天子"。五代后梁乾化元年（911年），这一割据政权又投降回鹘，与回鹘结为父子之国。不久，贞明五、六年（919—920年），张承奉卒，政权转移到曹氏家族手中。

张氏家族笃信佛教，尊礼名僧。汉僧洪䇓、慧苑，吐蕃僧法成等，都受到优待。这一家族不仅控制了政权，同时也控制了神权。在这种情况下，石窟的大量兴建也就是必然的事情。在大中以后的六十余个唐代洞窟中，有确切纪年题记证明属于张议潮家族时期建造的有：

大中五年（851年）洪䇓建第16、17窟

咸通年间（860—874年）翟法荣建第85窟

咸通六年（865年）张淮深建第156窟

咸通十年（869年）索义䇓建第12窟

咸通十二年（871年）奴婢母及女喜和等建第107窟

大顺至景福年间（890—893年）张承奉建第9窟

景福至乾宁年间（892—898年）索勋建第196窟

光化至天祐年间（898—907年）张承奉母阴氏建第138窟

天复三年（903年）建第192窟

天祐三年（906年）建第468窟

　　根据敦煌石窟遗书和供养人题记能推断出相对年代的洞窟尚有不少，但仅就以上这些纪年题记，已经可以把张议潮时期的洞窟时序标志得十分清楚，从而为研究它们的前后关系和风格演变过程提供了方便的条件。

　　张议潮时期的洞窟形制主要有三种：

　　一种是中心佛坛式。有较宽较长的甬道，主室平面呈方形，中央设佛坛，环绕佛坛四周有通道。佛坛前有登道，后有背屏。坛上起马蹄形佛床，佛像列置在佛床上，佛床四周原有栏杆。背屏直通窟顶，犹如宫廷或寺院殿堂建筑的扇面墙，在洞窟里形如佛座背靠。这种洞窟形制模仿了当时寺院建筑的形式。洪䛒所建的第16窟是最早一例，为晚唐的大型洞窟之一。

　　另一种为方形深龛式。与吐蕃时期方龛窟相同，为数最多，多为小型窟。

　　还有一种为中心龛柱式。形状与莫高窟早期中心塔柱窟相似，洞窟主室平面为长方形，前部覆斗顶，后部平顶，中央置方柱。方柱正面开方形盝顶深龛，龛内三壁画屏风，下有马蹄形佛床，实际上是把通常在洞窟正壁的深龛移到了中心方柱的正面（东向面）。这种形制仅第9、14窟等寥寥数例，实际上就是《腊八燃灯分配窟龛名数》上所谓的刹心内龛。

　　张议潮时期的彩塑，大体继承了吐蕃时期的题材和风格。

龛内塑像多为小型，一铺七身或九身。而中心佛坛上的塑像，则规模超过吐蕃时期。索勋所建第196窟佛坛上塑释迦牟尼结跏趺坐于金刚宝座，后靠背屏。背屏上画菩提树，迦叶、阿难二弟子侍立左右，观音、势至二菩萨均作游戏坐，安详自若。此外北侧尚存北方天王一身。北侧游戏坐菩萨造型丰厚壮硕，高达二点六五米，显示出敦煌彩塑技法已臻成熟。

高僧塑像始于张议潮时期，是晚唐彩塑的新题材。第138窟前室有僧窟，内塑禅僧像，银脸、着田相袈裟。大中五年第17窟中的洪䛒禅定像，面如俗人，神采奕奕，身裹山水衲，是彩塑肖像中的杰作。其身后北壁上画菩提双树，树上挂经包、水瓶，树下近侍女及比丘尼手中各执团扇，分立左右。

张议潮时期的壁画主要有下列几类：经变画、故事画、密宗图像、瑞像图、供养人画像和装饰图案，仍以经变画为主。

1. 经变画

除继承吐蕃时期的经变外，晚唐又出现了一些新内容。现将所有的经变列示如下：

东方药师经变　　　30 铺

观无量寿经变　　　22 铺

弥勒经变　　　　　18 铺

阿弥陀经变　　　　16 铺

天请问经变　　　　10 铺

法华经变	9 铺
报恩经变	9 铺
华严经变	9 铺
金刚经变	8 铺
维摩诘经变	5 铺
金光明经变	4 铺
楞伽经变	3 铺
思益梵天问经变	2 铺
报父母恩重经变	1 铺
劳度叉斗圣变	3 铺
降魔变	2 铺
楞严经变	1 铺
密严经变	1 铺

其中自《报父母恩重经变》以下的五种为新增添的内容。经变题材日益丰富，一窟之内竟有十六七种之多。例如咸通六年（865年）完成的第156窟，是张淮深为其叔父歌功颂德而建造的，这个河西统治者张家的功德窟，在晚唐窟中具有代表性。此窟前室顶部已残，现存《降魔变》和《报父母恩重经变》。主室覆头顶四披分别为《楞伽经变》《法华经变》、《弥勒经变》、《华严经变》。西壁帐门两侧为《文殊变》、《普贤变》。南壁为《金刚经变》、《阿弥陀经变》、《思益梵天问经变》、《东方药师经变》、《报恩经变》。东壁为《金光明经变》、

《维摩诘经变》。

张承奉建造的第 9 窟布局颇有特色。覆斗顶仅东披为《弥勒经变》，余三披均用来描绘《华严经变》。东壁两侧画《文殊变》和《普贤变》。在南西北三壁绘制了三铺通壁巨型经变：《劳度叉斗圣变》、《金刚经变》和《维摩诘经变》。

晚唐出现的新经变中，《劳度叉斗圣变》最富有时代特色。这一经变是以《贤愚经》卷十《须达起精舍品》为依据的（纸本有的称《祇园因由记》，有的称《祇园图记》）。这一题材的出现最早见于西千佛洞隋代第 10 窟，惜已残破较甚，现在仅依稀可见狮子啖牛、金刚杵碎山、大风拔树、金翅鸟斗毒龙等场面。其次为莫高窟初唐垂拱二年（686 年）第 335 窟龛口内两侧的《劳度叉斗圣变》，此图舍利弗与劳度叉两个主体人物之间的斗争已经形成，但结构不完整。到张议潮时期才出现了具有完整结构的巨型经变。

晚唐的《劳度叉斗圣变》，第 196 窟和第 9 窟的两幅为最完整。故事发展的经过，如舍利弗与须达沿途寻觅建精舍的地方、大象驮金、黄金布地等都画在下边和两上角，中部画波斯匿王及侍臣正坐在华盖下观看斗法。画面以宏大的篇幅展现舍利弗与劳度叉之间以种种神通变化而进行着的斗争。对阵的双方，舍利弗居左侧，劳度叉居右侧。故事说：劳度叉化作一树，枝叶繁茂；舍利弗化作旋风，吹树拔根。劳度叉化作七宝池；舍利弗化作六牙白象，以鼻吸水，池水干涸。劳度叉化作一山，上有泉池树木；舍利弗化作金刚力士，以金刚杵一指，山即泯灭。劳度叉化作一龙，有十头，作雷电雨宝，振动大地，舍利弗化作金翅鸟王，裂而啖之。劳度叉化作一大牛，奔突前来；舍利弗化作狮子，吞食此牛。劳度叉化作夜叉鬼，赤目长牙，口喷火焰；舍利弗化作毗沙门天王，夜叉恐怖欲退，但三面火起，无路可走，唯有舍利弗一面清凉无火。外道们即时屈服哀求饶命。以上六个回合的斗争，每一回合舍利弗都取得胜利。画面描绘出了劳度叉的惊惶失措和焦急的心情，从而也衬托出舍利弗的泰然自若。壁画作者没有逐一罗列斗争的每一回合，而是抓住了最适合形象表现的场面来刻画经变的主题。全画巧妙地利用风神解开风囊这一情节迅速地展开，一场旋风吹向劳度叉一边，使草木随风倾倒，烈火顺风延烧。大树被拔起，金鼓被刮倒。劳度叉的宝座摇摇欲坠，徒众打桩绳架梯，勉力撑持。外道们被风吹得愁眉苦脸，狼狈不堪，终于相继投降，来到舍利弗的一边，剃发出家，皈依佛法。一场风，将这场神力之争的过程和结局形象鲜明地显示出来，给人以深刻的印象。这是古代画家的卓越成就之一。

《楞伽经变》是以《大乘入楞伽经》为依据的，虽然经中主要讲的是哲学、神学，但在譬喻中却也有一些生动的画面。在壁画上，中心为楞伽佛会，四周围绕六十多个场面。如画一屠夫，掌案卖肉，案下有狗啃骨头，以说明《断肉食品》中"将犬马人牛等肉，为求利故而鬻之，如是杂秽,云何食之"。又如画一人戴幞头着赭袍于镜前照视，以说明《集一切法品二之二》中"譬如明镜,无有分别,随顺众缘,现诸色相"。哲理和神学的抽象内容通过比喻而具体化,又通过绘画加以图解,就容易被信徒接受。

唐代少见的经变——《降魔变》,在咸通六年(865年)的第156窟前顶室部出现了。构图虽与早期相似,但人物的容貌衣冠都已变化。魔王成为中原冠服的老将军,魔女都似汉族嫔妃,三魔女歌舞齐施,企图动摇释迦的情态。释迦施展神通,美女顷刻变成了三个枯瘦老丑的妇人。魔王震怒,指挥部下向释迦进攻,但释迦周围有莲花卫护,兵刃不入。最后魔王冠坠靴脱,狼狈不堪。壁画形象与《破魔变文》的描写完全吻合。

晚唐经变画,内容增多了。如《法华经变》榜题增加到九十四方,《维摩诘经变》榜题增加到五十余方。既增加了大量反映现实生活的场面,也增加了许多含义抽象的说法相。结果,往往造成画面壅塞、庞杂、零乱,反而不如唐代前期经变主题鲜明、结构精练、气魄雄伟。

2. 故事画

独立的故事画在唐代前期大乘教净土思想流行的百余年间一度中断,吐蕃占领之后,又以屏风画的形式再度出现,内容仅有善事太子入海、萨埵太子饲虎等两三种,且画在龛内塑像身后的龛壁上,仅仅起到补壁的作用。张议潮时期,在个别洞窟(第85窟)里出现了以《贤愚经》为依据的屏风故事画。其中如《海神难问船人品》、《恒伽达品》、《七瓶金施品》、《金天品》、《散檀宁品》等近二十种是在敦煌壁画中第一次出现的。

《散檀宁品》画波罗奈国中有仙人山中学道，时值天旱，国中人多饥饿。有一长者名散檀宁，设食供养前来索食的一千"快士"和一千"残废人"，并派五百人为其做食。日久，此五百人颇有怨言。一日，仙人告诉长者，天将下雨，应即耕种。长者即令诸人播种谷物。不多时所种谷物尽变为瓜，成熟后劈开，中间满贮麦粒，收获盈仓，复有剩余分给亲族和全国百姓。五百做食之人见善有善报，乃生改悔之心。仙人听其改悔。最后五百人皆成罗汉。这幅画下部已残，上部尚保存部分情节。

3. 密宗图像

唐朝后期，密宗图像大量出现。初唐曾出现数幅十一面观音像，后又曾以绘塑结合的方式出现于盛唐末大历十一年（776年）前后的第148窟。吐蕃时期逐渐增多，张议潮统一河西之后，蔚为大观。第161、54、14等窟绘满了唐密图像。第161窟的观音像，姿态妩媚，构图自由，别具一格。第14窟排列着成铺的千手千眼观音、千手千钵文殊、如意轮观音、金刚杵观音、十一面观音等。这些尊像都有随从眷属，上部画飞天，四角画天王及菩萨，下部有婆薮仙、功德天及忿怒明王。观音菩萨结跏趺坐在莲座上，十一面，有慈悲相，有忿怒相。每面各于身上生四十手，每手掌中有一慈眼，手中持轮、宝、杵、斧、索、刀、剑等诸法器。莲座下为须弥山，山上悬日月，山腰下有双龙，山下碧波荡漾。画面上的各种人物神态不同，别有一种神秘境界。

《观音经变》中，十一面观音，六臂，两侧画各种"不枉死"。

唐代后期的密宗尊像，造型富于舞蹈性，特别是菩萨，宝冠巍峨、璎珞严身、舞姿优美，手势灵巧，罗裙透体，天衣飘扬，体态略带妖冶。这种新的造型特点，显然包含有来自印度的影响，这与"开元三大士"来长安传播密教，特别是不空三藏游化河西是分不开的。

4. 瑞像图

张议潮时期瑞像图继续有所发展。以前曾经出现过的佛教史迹故事与瑞像结合在一起形成了复杂的构图。这些图像大半画于甬道顶部。甬道中间的平顶画佛教史迹故事，尼婆罗水火池、一手遮天（阿育王造塔）、毗沙门天王决海，以及西晋石佛浮江、东晋高悝得金像和晚唐新出现的牛头山等，合成一铺。两侧的斜披画单身瑞像，为数众多，排列整齐。上述壁画的艺术水平已远不及唐代前期。

5. 供养人画像

这一时期的供养人画像有很大的发展，是与当时豪门世族的统治相关的。当时的河西地区，南阳张氏、广平宋氏、陇西李氏、巨鹿索氏、亳州曹氏等大族，互为姻亲，盘根错节，形成了一个世袭的统治集团。他们控制政权兼而控制神权，把持寺院，百姓出家也要他们批准发给度牒。他们自己出资造窟，图形于窟中为供养人画像，僧侣们也为他们歌功颂德，为之画像。第85窟的张议潮像、第196窟的索勋像就属于后一种情况。

当时的供养人画像，往往一窟内不仅一人一家，而且祖宗三代，姻亲眷属都依次排列在一起。如第156窟东壁门上张议潮一家，其兄张议潭一家和他们的父母，以及僧尼。第138窟甬道张奉承等画像，题名虽已漫漶，主室内女供养人则极其清楚，张承奉夫人胡氏、媳妇、侄女、孙子以及出家为尼的姊妹，同列一窟。供养人画像已不仅是向佛表示虔诚供养，而是列家序谱，光耀门庭。一般甬道两侧为男像，戴幞头，着赭袍，腰揺笏如朝廷贵官。室内则为女像，头束高髻，身穿衫裙帔帛，是上层社会的妇女。随从的奴婢则形象卑小，衣饰简朴，显示尊卑贵贱之别。

位于第156窟南北两壁下部并延展到东壁下部的张议潮夫妇出行图是唐代供养人画像中最杰出的两幅作品。每幅画中人物一百有余，场面宏伟，结构严谨。南壁榜题全文是"河西节度使检校司空兼／御史大夫张议潮统军□／除吐蕃收复河西一道（出）行图"。画面西起画骑士击大鼓，吹画角，两厢有全身盔甲的持戟将士，其中有的是少数民族，随后是"营伎"，乐队十人，演奏琵琶、箜篌、箫笛、腰鼓、大鼓等，应属唐代的立部伎。舞伎八人，分列两行，分着汉装和吐蕃装，挥袖起舞，统一和谐。其后是二骑士持旌节，表明节度使的身份。桥头上则有两排持刀卫士，戴缬花帽，穿袄衣、白裤、乌靴，腋下持陌刀，榜题"银刀官"，大概是唐代的行军仪仗队。

画面中部张议潮，戴幞头，着赭袍，乘白马，正在扬鞭过桥。把主人公置于过桥这一特殊的环境中，适合于显示其身份地位，从而突出了主题。张议潮身后有一群奴婢侍从，榜题所示还有"子弟军"和"麾牙"。最后为狩猎队和载运生活用品的驼马。

张议潮出行图（部分）

在北壁与此相对称的是《张议潮夫人出行图》，榜题称"宋国河内郡夫人宋氏出行图"。西起，画的前头为唐代散乐载竿，乐队四人，一人吹横笛，一人拍板，一人背大鼓，一人擂击。另一健壮伎人，头顶长竿，四小儿于竿上做戏，表演种种惊险动作。接着是音乐舞蹈，乐队七人各持竖笛、琵琶、腰鼓等；

舞伎四人围成方阵,挥袖起舞。其后一白马挽车,榜题为"司空夫人宋氏行李车马"。下方有二骑士纵马奔驰,往来传讯。行李车后有三乘方亭式肩舆,榜题为"小娘子担舆",大约为宋氏之女所乘。其后又有白马挽车,榜题为"坐车",或为宋氏的备用车。中部画夫人宋氏头饰花钗,穿大袖裙衫,骑白马,身后一群骑从,捧奁,持扇,抱琴,持镜,均为侍从奴婢。最后是纵犬追猎的骑士,有驮酒瓮的骆驼,有备好鞍鞯的诞马。这幅画充分反映了贵妇人出行时的豪华奢靡。

张议潮夫妇出行图是反映现实生活的历史人物画,具有完整的构图,其形式继承了汉代以来墓室壁画及画像石的传统,它的内容与佛教无关,因而是赞颂英雄人物的现实主义壁画杰作。

宋国夫人出行图(部分)

三、结语

总起来看,唐代后期的艺术出现了不少与前期不同的特点。若论雄浑健康、生气蓬勃,唐代后期显然不如前期,但是后期艺术是在前期的基础上发展起来的，在局部的某些方面仍有超越前期的成就。例如吐蕃中期的壁画，以线描表现质感，构图严密紧凑，性格刻画深刻细腻，形成了细密精致而秀丽的风格。特别在大型人物画的造型上，如第158窟的《涅槃变》，笔力雄健，神采飞扬，突破了前期的规范，取得了新的成就。总的说来，张议潮时期，壁画内容增多，意境却不很丰富，经变结构的公式化也日益明显，但是像张议潮夫妇出行图这样的作品，也还是前所未有的佳作。

具体来说，唐代后期经变画的构图，基本上继承了前期的几种形式。吐蕃时期又出现了屏风画这一新形式。壁画下部的屏风画内，图绘故事，与上部的整铺经变紧密配合，这种布局一直延续到宋代。

线描也在不断变化，前期气势磅礴的兰叶描，逐渐转向精细柔丽。一般先用淡墨线起稿，再赋彩，最后以浓墨线或土红线定形。运笔婉转自如，潇洒流畅。无论面庞的莹润、肌肤的细腻、飘带的柔软，无不凭借描绘物体质感的纯熟技艺而得到了充分的表现。

色彩上的变化更为显著。天宝年间一批未完成的洞窟，都是中唐之初完成的，大面积使用土红，或土红加黄加黑而配成不同的红色。色彩单调贫乏，后来才逐渐丰富。在第112、159、158、154等窟，色调已是鲜丽、明快、清雅。晚唐时，由于采用土黄色或白土色作地色，壁画色调又趋于柔和温馨。

在人物精神面貌的刻画上，某些方面也有新的发展。如第159窟西壁《文殊变》中的乐天，一组三人，拍板，弹琵琶，吹笙，各具情态。特别是吹笙者，其聚精会神和吹奏时的用力，都描画入微。尤其是长裙下翘起的脚趾，似乎按着乐曲的节拍在动作。欣赏这无声的画面，美妙的音律竟有如耳闻。第159窟《维摩诘经变·弟子品》中的《阿难乞乳》一图，也极传神。庄门外，一位少女正在挤奶，驯良的乳牛站立不动，望着母牛呼唤它的犊儿，急躁的犊儿挣扎着要去吃奶。墙根下一位少年用力制止小牛不让前去。这一场面，在矛盾冲突中深刻地揭示了乳牛和犊儿之间的亲子之情。又如《张议潮夫人出行图》中的载竿表演，头顶长竿的力士，虽然眉目模糊不清，但那注视竿上小儿惊险动作、竭力稳定长竿的紧张神情，栩栩如生。

唐代后期的莫高窟艺术，除上述艺术风格及艺术成就之外，内容上亦具有鲜明的特点，兹分三点略述于后。

1. 洞窟形制模仿宫殿——进一步民族化

吐蕃时期的洞窟形制，基本上继承天宝年间的窟形而有所发展，彩绘帐形龛过渡到实际的帐形盝顶方龛。龛内有低矮的马蹄形佛床，上置塑像，塑像身后画屏风。屏风是汉唐以来帝王公侯起居行事常用之物，多置座位的后方，画人物故事，一般为六扇。显然，佛像身后画屏风是对帝王宫廷生活的模仿。

吐蕃时期这种佛龛形制已成固定格式，一直流行至唐末。

张议潮时期，个别洞窟把盝顶方龛移到窟中央方柱上，成为"刹心内龛"，于是在正壁画巨幅经变。又有少数洞窟在窟中央设置大型佛坛，坛上的马蹄形佛床上安置大型彩塑，主尊身后有背屏通连窟顶。四壁的下部以联屏形式画经变中的故事。背屏既是模仿殿堂里的扇面墙，联屏也是宫殿内部常见的装饰形式。现存辽金以来历代寺院及宫殿里的殿堂内部正中设"须弥座"，座后沿立扇面墙或高大的屏风，与上述窟室布局极为相似。可见，张议潮时期的各种洞窟形制，正是进一步模仿中国木构建筑，特别是宫殿建筑的形式，这是唐代佛教艺术进一步民族化的重要表现。

2. 经变增多是中原佛教宗派林立在敦煌石窟的反映

正如开元四年的残牒上所说："沙州先得帝王恩赐藏经，即今遗失旧本，无可寻觅，欠数却于上都乞求……"中原兴起的各宗派，在唐代前期已通过"赐藏经"、"施写经"、"求遗经"等活动而传至敦煌。中原名僧西来，如玄奘、悟空取道河西前往西域，昙旷、摩诃衍从长安来沙州译经，中京延兴寺沙门常会受请至敦煌讲经，不空在河西传密教，以及中原壁画粉本西来等等，因此中原佛教思想和佛教艺术给敦煌石窟以巨大影响，风行长安的净土思想充满了唐代前期的洞窟。到吐蕃时期，净土宗、律宗、密宗、华严宗、禅宗、唯识宗，甚至延续时间很短的三论宗也都传到了敦煌。因而在唐代后期，洞窟无论大小，都画上了各种经变，甚至难以容身的小窟也常有三四种经变。诚如《张淮深碑》中所说："参罗万象，表化迹之多门"，"一窟之内，宛然三界"。经变增多，内容丰富，从而反映出更广泛的社会生活图景，出现许多富有生活气息的画面，为研究当时的历史和中国佛教派别的状况提供了形象资料。

3. 儒家忠孝思想和正统思想在唐代后期佛教艺术题材中的表现

吐蕃占领前后，敦煌莫高窟出现了《报恩经变》，以后又出现了《报父母恩重经变》和《劳度叉斗圣变》。它们的出现，与当时的历史背景有一定的关系。

开元天宝以来，唐王朝内部已经出现分崩离析的征兆。出于维护封建宗法制度，统治者对于儒家的忠孝伦理思想格外提倡，并进一步把它与佛教思想融合在一起。天竺佛教来到了中国这块儒家思想根深蒂固的土壤，不可避免要受到忠君孝亲思想的浸润。

吐蕃占领河西之后，民族矛盾更趋尖锐。被统治的汉族和各族人民以忠于唐朝君主的口号，展开对于吐蕃贵族的反抗斗争。在特定的政治形势下，河西地区特别是沙州掀起一股鼓吹忠君孝亲思想的热潮。这一思潮对于石窟的开凿带来直接的影响。这就是《报恩经变》和《报父母恩重经变》等产生的历史原因之一。

至于张议潮恢复河西之后，接连出现的《劳度叉斗圣变》，则是封建正统思想的反映。在中国封建社会的漫长年代里，只承认中原汉族政权是正统，边疆少数民族往往被称为"蛮夷戎狄"。这与佛教的正统观念不谋而合。佛教也把同时期的九十六种宗教派别一律视为需要降服的外道。这两种思想在河西特定的历史环境中结合起来了。莫高窟壁画不仅通过《劳度叉斗圣变》曲折地表现抗蕃胜利的激情，还寄希望于长期巩固这一胜利。张氏收复河西之后，仍然是"敦煌郡四面六蕃围"的局面，汉人政权并不巩固。要想抵抗少数民族统治者的入侵，巩固政权，《劳度叉斗圣变》加上变文，是一种极好的宣传方式。《劳度叉斗圣变》在张、曹两世政权期间大量出现，一入西夏政权时期，立刻绝迹。正像吐蕃赞普形象在吐蕃时期列于各民族之首，一旦张议潮收复河西，立刻退居次要。经变题材的兴衰并非偶然，而是与当时当地的社会现实、政治形势有着密切的联系。唐代晚期的莫高窟艺术虽不像前期那样辉煌灿烂，但由于它同现实生活的关联愈趋密切，给我们提出了许多新的课题，更值得我们去做深入的研究。

晚期的莫高窟艺术

　　敦煌莫高窟艺术的晚期，包括五代、宋、西夏、元四个时代，共约四百余年。其间经历了三个不同民族的政权，社会思想及宗教信仰都发生了很大的变化，各时代的石窟艺术在内容和形式上自有不同的特点。因此，本文按大的历史时期划分为两个阶段，分别叙述莫高窟晚期的艺术，即曹氏画院时期和少数民族（党项族和蒙古族）政权时期。

一、曹氏画院时期

　　天祐四年（907 年）李唐王朝瓦解之后，张承奉的西汉金山国不久也随之覆灭。沙州长史权知归义军留后曹议金接替了张氏政权。后唐同光二年（924 年）曹议金正式做了归义军节度使。此后，曹氏五世统治河西，虽然所管辖的地域先后有很大变化，从瓜、沙、伊、西、庭、楼兰、金满等地，到最后只剩瓜、沙二州及紫亭、悬泉、雍归、新城、石城、常乐等六镇，但毕竟控制河西中西交通咽喉之地达一百四十余年之久。曹氏政权一直与中原保持密切的关系，始终使用中原年号，保持着中原的制度和文化。同时，曹氏政权东与甘州回鹘结盟，从父子之国发展为兄弟之邦，西与于阗使者相继。曹议金娶甘州回鹘公主为妻，并将长女嫁与于阗国王李圣天为后。这种政治性的联姻，有助于和平与安定。此外，曹氏政权同北方的辽、金和西州回鹘亦都交往频繁，和睦相处。在曹府以及官酒户的酒帐单上，均可看到于阗使、西州使、甘州使、回鹘使等各路使者往来不绝的情况。这反映了丝路的畅通。当时敦煌变文和曲子词中对曹议金极尽歌颂，虽难免有夸张和阿谀奉承的成分，但毕竟反映了河西地区在曹氏家族统治下出现一度的稳定与繁荣。曹议金把佛教视为"圣力"，认为要安定社会，必须"虔诚佛理，仰仗慈门"。所以他"请本尊于衙庭，结净坛于大厦"。邀请僧侣"开贝叶之金文，诵真言之宝偈"。在他的倡导下，佛教愈益兴盛。曹议金死后，其子曹元德、元深、元忠继其父业，"广荣释教，固谒灵岩，舍珍财于万像之前，炳金灯于千龛之内"。沙州境内寺观林立，见于当时供养人题记和文书的有：圣光寺、龙兴寺、普光寺、报恩寺、永安寺、显德寺、三界寺、乾元寺、金光明寺、安国寺、灵修寺、净土寺、开元寺、相国寺、灵图寺、大云寺、大乘寺、莲台寺、奉唐寺、高妙宝龛寺、高妙归严寺等等。这已超过了《重修北大像记》中所说的十七寺。据于阗文文书记载：于阗太守出使沙州，曾到一百二十一个寺院去上过布施。果如此，纵然其中相当数量属小型"兰若"，寺院的数量也比唐代还要多。

曹氏家族开凿了为数众多规模巨大的洞窟，在长达一公里的露天崖面上绘制壁画，修建窟檐和通道，并重修许多前代洞窟。北宋乾德四年（966年）重修北大像，由西大王曹元忠与凉国夫人浔阳翟氏亲临监督。翟氏还亲自为三百多工人造饭。他们大力经营莫高窟，由后汉乾祐二年（949年）六月二十三日节度押衙张盈润在第108窟前室壁画的题诗，可见曹氏时期莫高窟的繁荣昌盛。

为了营造寺院和石窟，僧尼而外，还需要有一批从事开窟、造像、绘壁画的专门人才。当时曹氏政权仿照中原设立了画院。莫高窟和榆林窟供养人画像题记中有"沙州工匠都勾当画院使"、"节度押衙知画行都料"、"节度押衙□左厢都画匠作"、"节度押衙知画手"、"衙前正兵马使兼绘画手"、"……画匠"、"塑匠"、"节度押衙知左右厢……书手"、"雕板押衙"，以及"社官知打窟"、"押衙知打窟"等等，可知当时画院里包括了石匠、塑匠、画师和管理画院的"都勾当画院使"。当时曹府酒帐单上有"支打窟人"、"支画匠"酒几瓮的记载，在曹府"宴设司"的供应单上还有"大厅设画匠并塑匠用细供"，而其他人员中有用"下中次料"或"下次料"。可见对于画院匠师在生活上有一定的优待。

敦煌石窟遗书中的《节度押衙董保德修功德记》便是一篇曹氏画院的画家传：

……爰自乐僔遥礼，法良起崇，君臣缔构而兴隆，道俗镌妆而信仰。……像迹有维摩之室，金容宝像，晃耀不啻于千龛，月面星仪，挺特有侔于万窟。……乃有往来瞻礼，见灯焰于黄昏，去返巡游，睹香云于白日。疑是观音菩萨，易体经行，萨诃圣人，改形化现。由是山头谷地，佛刹之精丽难名。窟宇途间，梵室之殊严莫喻。厥有节度押衙知画行都料董保德等，谦和作志，温雅为怀。守君子之清风，蕴淑人之励节。故得丹青巧妙，粉墨希奇。手迹及于僧繇，笔势邻于曹氏，画蝇如活，佛铺妙越于前贤，貌影如生，圣绘雅超于后哲，而又经文粗晓，礼乐兼精。……时遇曹王累代，道俗兴平，营善事而无停，增修福而不绝。……（保德）亦厚沾于赏赐，家资丰足，人食有余。乃与上下商宜……君王之恩隆须报，信士之敬重要酬，共修功德……保德自己先依当府子城内北街西横巷东口卑居，联壁形胜之地，创建兰若一所，刹心四廊，图塑诸妙佛铺，结脊四角，垂拽铁索鸣铃，完然具足，新拟弥勒之宫，创似育王之塔……

　　记文将画家董保德与张僧繇、曹仲达相比，对其评价是极高的。

　　由于有一批技艺纯熟的匠师统一规划，集体制作，所以五代、北宋时期开凿石窟具有独特而又统一的风格。

　　现存曹氏画院时期洞窟五十五个，其中有十余窟保存着明确的造窟纪年题记，它们是：

后唐同光年间（923—926年），曹议金为其婿于阗国王李圣天修建的第98窟；

后晋天福年间（936—944年），回鹘公主陇西李氏所建第100窟；

后晋天福五年至开运二年（940—945年），曹元深所建第256窟；

后晋开运二年至北宋开宝七年（945—974年），曹元忠所建第25窟；

后晋开运四年至后周显德四年（947—957年），曹元忠所建第61窟；

后周广顺三年（953年），曹元忠所建第469窟和第53窟；

后周显德四年（957年）前后杜彦弘所建第5窟；

北宋建隆三年（962年）前后曹元忠所建第55窟；

北宋开宝七年至太平兴国五年（974—980年），曹延恭所建第454窟；

北宋太平兴国五年（980年）前后，社人集资所建第449窟；

北宋太平兴国九年（984年）前后，曹延禄所建的天王堂。

此外，还有三处修建窟檐的纪年题记，第427窟为乾德八年（970年），第444窟为开宝九年（976年），第431窟为太平兴国五年（980年）。

由于晚期洞窟保存题记较多，遗书资料也颇丰富，因此这一时期各窟的断代分期问题比较容易解决。

这个时期典型的洞窟形制是起于晚唐的中心佛坛式，平面略呈纵长方形，中心偏后置马蹄形佛坛，前有登道，后有背屏；顶部呈覆斗形，饰藻井。窟顶四角均有凹入的浅窝，画四天王。第100窟属于一种比较特殊的形制，窟顶四角画四天王，而不设中心佛坛和背屏，仍在西壁开一大龛。

中心佛坛窟规模都较大，例如第55、61、98、108、146、256等窟，它是晚唐第16、94、196、138等窟的继续，其内容和布局大体相同。

曹家开窟多在下层，明代正德（1506—1521年）以后，吐鲁番占据敦煌，塑像遭到严重破坏，幸存者极少。具有代表性的唯有第261窟和第55窟。宋代第55窟一铺七躯，主尊结跏趺坐，位居坛上正中，观音、势至半跏坐，面相丰腴，身姿自然；天王则威猛有力，脚踏恶鬼，虽然表现技艺不如唐代精湛，但在造型、布局上仍然保留着唐代余风。

曹氏画院绘制的壁画，基本上承袭晚唐的规范，但内容大大地丰富了。壁画内容主要有六类。

1. 经变画

与晚唐一样，经变画是石窟壁画最主要的题材。主要经变是：

药师经变	29 铺
维摩诘经变	24 铺
弥勒经变	19 铺

华严经变	14 铺
天请问经变	12 铺
观无量寿经变	10 铺
报恩经变	10 铺
劳度叉斗圣变	10 铺
法华经变	9 铺
阿弥陀经变	9 铺
思益梵天问经变	7 铺
楞伽经变	4 铺
金光明经变	3 铺
密严经变	2 铺
报父母恩重经变	2 铺
佛顶尊胜陀罗尼经变	2 铺
涅槃变	1 铺
降魔变	1 铺
观音经变	1 铺

　　上述十九种经变,除了《佛顶尊圣陀罗尼经变》而外,均已在前代流行,但这些经变中所描绘的各品内容及具体情节都有所增加。画院绘壁,在"知画手"完成壁画之后,即由"知书手"书写题榜。第 61 窟的《法华经变》,居中的《序品》,为释迦及圣众八十余人的壮观说法场面,周围穿插各品情节,共约七十个场面,计有榜书六十八条,几乎包括了《妙法莲

华经》二十八品中的各种内容。《譬喻品》的一则榜题用韵文写道:"鹫子忻然悟道初,火宅焚烧不可居,门外宝车须直进,化城犹是小乘余。"这已是说、唱结合的变文形式。此外,《维摩诘经变》有榜书五十九条。《报恩经变》和《华严经变》,榜书也都超过了四十条。内容增多是这一时期经变画的特点之一。另一特点是,描绘的具体内容多以变文为依据。

《劳度叉斗圣变》是曹氏画院经变规模最大的一种,情节丰富,结构严密。第146窟西壁的一铺,榜书多达七十六条,所表现的丰富情节,已超过了《贤愚经·须达起精舍品》的内容。

综上所述,有时画面上径直用变文作榜题。丰富多彩的佛经变相,似乎只有经过演绎和润色的变文,才能与它情致相当。但是,由于种种原因,特别是画院画师们的艺术修养和创造才能的关系,晚期经变画日益流于公式化。

2. 故事画

早期流行的小乘教故事画,敛迹二百多年之后,在吐蕃占领时期以屏风画的形式重又在佛龛内出现,内容则仅有三数种。张议潮时期进一步出现了连屏式《贤愚经》故事画。曹氏画院继承这一题材,形成了规模空前的鸿篇巨制。一窟之内,独立的故事画多达三十余种,形式上与早期的故事画不同,并出现了许多新的内容。

例如,第98窟南壁的恒伽达出家故事,是以《贤愚经·恒伽达品》为依据的。经云:有一辅相无子,入天祠祈祷:"愿赐一子，当以金银校饰天身，及以名香涂治神室；如其无验，当坏汝庙，屎涂汝身。"天神畏惧，由毗沙门天王启奏天帝。时有一天子，临命欲尽，帝释命其死后投生辅相家。辅相乃得子，名恒伽达。年渐长大，志在道法，启父母求索出家。父母不听，说："吾今富贵，产业弘广，唯汝一子，当嗣门户。"恒伽达深自惆怅，便欲舍身，投生他处。于是自堕高崖，投身水中，复饮毒药，竟毫无所伤。又想触犯王法而被杀。一天，国王夫人及彩女们在池中沐浴，脱净服饰挂于树上，恒伽达密入林中偷取抱持而去。国王闻知大怒，便取弓箭亲自射杀恒伽达。谁知，再三射之皆不能中，箭头却回转向国王飞来，国王惊怖，投弓地下，应允恒伽达出家，并亲自领至佛所。

第98窟的屏风画里共画了辅相诣天祠求子，辅相子渐渐长大；恒伽达投崖、跳水；夫人沐浴，恒伽达偷衣；国王愤怒，取弓射之；国王领恒伽达至佛所出家等场面。这一题材虽已见于晚唐第85窟，但此图表现更为丰富而生动。

檀腻鞨奇遇故事也是一种新题材。《贤愚经·檀腻鞨品》云：过去有婆罗门名檀腻鞨，家里贫穷，食不充口。因少有薄田，向他人借牛治理。农作完毕，驱牛还至牛主门口，却忘记当面交付。牛主虽然见牛，以为尚未用毕。两家均未收管，牛便遗失。牛主来索牛，檀腻鞨言早已归还，互相指责。牛主便扭檀腻鞨去请国王评断。刚出门，遇王家牧马人追逐逸马，急唤檀腻鞨为他遮马。檀腻鞨下手得石掷马，竟折断马脚。

牧人亦扭檀腻輢去见国王。行至河边，不知渡口何在。时值一木工以口衔斧抱衣涉水渡河。檀腻輢问木工何处可渡？木工开口答话，斧堕水中，求觅不得，木工亦共捉檀腻輢见王。檀腻輢途中饥渴，向酒家乞酒，上床酢饮，不料将被褥下熟睡小儿压死。酒家母痛斥檀腻輢枉杀其子，捉之见王。行至一墙边，檀腻輢自思众祸横集，若至王所唯有一死，便越墙逃跑，怎知墙下有一织公，被他跳下跷死。织公儿捉得檀腻輢与众人共诣王所。行至林间，有一雉住在树上，向檀腻輢说："我在余树，鸣声不快，若在此树，鸣声哀好，是何缘故？请为我问明国王。"诸债主将檀腻輢押至王宫。国王依次问明情况，分别断曰：檀腻輢还牛不口付，当截其舌；牛主见牛不自收摄，当挑其眼。檀腻輢打折马脚，当断其手；马吏唤他遮马，当截其舌。檀腻輢向木工问话，当截其舌，水土担物不用手而用口衔，当打折前齿。牛主、马吏、木工不愿服刑，各共和解。国王又断：酒家母不该以卧儿覆以被褥，置于酒客坐处，以致被檀腻輢枉杀，二人俱有罪过，当以檀为儿母作婿，令还有儿。儿母便说："我儿已死，听各和解，我不用此饿婆罗门作夫。"国王复断檀腻輢与织公儿作父。织公儿亦不愿，宁可和解。檀腻輢诸事已了，欣喜非常。这时又见二母共争一儿，求王明断。王命二母各挽一手，谁能得者即是其儿。非其母者于儿无慈爱之心，尽力顿牵，其生母于儿慈爱至深，不忍力挽，唯恐伤损。国王鉴明真假，于是儿还其母，各自还家。檀腻輢见国王英明公正，便转告道边树上雌鸟所问。王告檀腻𪚥："所以如此，是因彼树下有大釜金，余处无金，故鸣声不好。你家贫穷，可以掘取树下釜金。"檀腻𪚥意外得金，贸易良田，一切皆有，便为富人。

这个故事情节曲折，但第98窟所画此图，只表现了檀腻𪚥问渡口木工失斧、檀腻𪚥酒店饮酒压死婴、二母争一子等五个场面。

另一个新内容是象护与金象的故事，是根据《贤愚经·象护品》画成的。故事说，摩羯国中有一长者，生一男儿，同时藏中自然出一金象，父母便请相师立名为象护。儿渐长大，象亦随着长大，出入进止常不相离。象大小便，落地成金。象护常与五百诸长者子共行游戏，各自夸耀家内奇事，象护亦讲家中金象之事。时王子阿阇世亦在其中，闻象护所说，心想：我若为王，当夺取之。后来阿阇世果然做了国王，便召象护，令他与金象共诣王宫。象护父说："阿阇世凶暴无道，贪求悭吝，自己父亲尚且虐害，何况余人。如今召唤你，是贪图你的象。"象护说："我这只象，是谁也无法劫夺的。"于是，父子乘象入宫见王。国王令就座，赐予饮食。须臾，象护辞别，王要求留象在此。象护欣然同意，空步与父亲出宫。未久之间，象突然没于地而踊出于宫门外，象护乃得乘象归家。象护畏惧无道国王因此象而加害自己，便远离家乡入山修道。

贤愚经·象护品　第98窟

这个故事寓意颇深。第98窟中此图共画出六个场面：长者得子，家出金象；金象与象护形影相随；象护与诸长者子夸富，阿阇世王设计赚金象，象护父子乘象入宫；象护辞王出宫，金象没于地下又于宫外踊出；象护惧王贪暴，出家学道；世尊说象护宿世因缘。

晚期的佛教故事画，除了新形式的本生、因缘故事而外，值得特别提出的还有第61窟的佛传故事画，在南、西、北三壁的下部，连屏三十三扇，共一百三十一个画面。其中主要有：云童子观花，燃灯佛授记，猎师误射王仙，护明菩萨降胎，摩耶夫人出游，波罗叉树下诞生，击鼓报喜诸王来贺，太子初生步步生莲，龙王喷水为太子沐浴，诸天护卫太子还宫，太子初生七日丧母，姨母养育渐渐长大，太子从师就学，太子马上练武，太子游观农务，太子树下思维，国王为太子起三时殿，宫廷歌舞娱乐太子，诸王子竞技比武，太子箭穿七鼓，贯穿七猪，箭入黄泉，太子掷象过城，太子宫门选妃，太子与大臣女结婚，宫女侍卫太子娱乐，太子出四门观老病死诸苦，太子夜半逾城，车匿持宝冠还宫，太子落发入山，太子与猎师换衣，太子山中六年苦行，村女向太子献乳，金翅鸟王夺钵上天，菩萨横渡尼连禅河，降服魔王波旬，五百众鸟四方飞来，二商主献乳酪蜜面，释迦为五仙人说法，释迦灵鹫山说法，须达祇陀黄金布地为佛立伽蓝，释迦为龙王说法，释迦双树林入灭，须跋陀罗纵火焚身，徒众举哀百兽悲鸣，优波离报信佛母下天，金棺自启现身说法，金棺绕城香木荼毗，均分舍利起塔供养……这是晚期故事画中的鸿篇巨制，不但其中有许多过去佛传故事画中所不见的新内容，每一内容均有墨书榜题，而且进一步显示了中原画风的影响以及中国民族文化艺术的深厚传统。

3. 供养人画像

曹氏统治时期，供养人画像的规模有了巨大的发展。首先供养人画像已从门上、龛下进而占据甬道。五代北宋宽大高敞的甬道两厢，是绘制窟主和宗族显贵画像的地方。最为典型的是第98窟甬道南壁画曹氏父子，北壁画姻亲张氏家族，门内主室东壁画于阗国王、王后及侍从；北侧画回鹘公主及曹氏眷属。南、西、北壁屏风下画小身画像各一排，为曹氏节度使衙门的大小官吏，画像人物范围之广，为前代所未有，画像的内容超出了佛徒发愿供养的意义。第220窟甬道北壁翟奉达"翟家谱"画像，数量不多，规模不大，但很典型。此窟原为初唐贞观十六年建成的"翟家窟"，正龛下画"道公翟思远"和"大云寺僧道口"（俗姓翟氏）像。五代后唐同光三年（925年）翟氏九代曾孙翟奉达画新样文殊时画了一家长幼的像，计有：亡父翟讳信，宗叔翟神德，亡兄翟温子，弟翟温政，亡男翟善口，亡孙翟定子，寥寥数身，已包括了祖孙三代。这些供养人画像使洞窟兼有了家庙和明堂的性质。

画像既多而又高大，但就大多数而言，有着公式化的倾向。男像一般皆戴展脚幞头，襕袍、革带、乌靴，搢笏。汉族女像高髻花钗，面饰花钿，大袖裙襦、画帔、云头履。由于曹氏家族与甘州回鹘、于阗回鹘有联姻关系，画像中颇多回鹘公主，如第61窟东壁南侧曹议金的夫人"北方大回鹘国圣天的子敕授秦国天公主陇西李氏"，头顶高髻，后垂红结绶，翻领窄袖长袍，绣鞋。这是回鹘妇女的礼服。又因曹议金与甘州回鹘可汗兄弟相称，曹议金的女儿也有的称天公主，着回鹘装。一般来说，画像多按尊卑长幼排行列次和确定形象的大小。

第98窟于阗国王、王后及侍从像，是一组具有较高历史价值和艺术价值的画像。于阗国王头戴旒冕，上饰北斗七星，头后垂红绢，高鼻，大眼，蝌蚪式的八字胡，身穿衮龙袍，腰束蔽膝，双脚有天女承托。天女托足，大约是模仿毗沙门天王像的形式，故腊八燃灯节布告中称此像为"大像天王"。另有称作"小像天王"的，在第454窟东壁同一位置上，造型特点及衣饰均相同。画像榜题为"大朝大宝于阗国大圣大明天子……即是窟主"。所谓"即是窟主",就是说并非真正窟主。真正窟主是曹议金。这是他为其女婿开凿的功德窟。于阗国王的服饰,为中原帝王"法服"。高居海《使于阗记》中说"圣天衣冠如中国"。这说明于阗与瓜、沙曹氏以及中原地区的密切关系。皇后头饰花钗冠,穿回汉混合装,画帔,榜题"大朝大于阗国大政大明天册全封至孝皇帝天皇后曹氏一心供养"。这曹氏即曹议金之女。

在第100窟中出现了模仿张议潮夫妇《出行图》形式的曹议金与回鹘公主出行图。南壁出行图的中部为曹议金,戴展脚幞头,着赭袍,穿乌靴,扬鞭乘白马,前有舞乐,后随侍从奴婢和回鹘等各族骑士。北壁出行图回鹘公主扬鞭乘马居主位,戴毡笠,着翻领窄袖袍,前有舞乐,后有奴婢和车马方亭式肩舆。通过这样气势磅礴的出行图可以窥知,曹氏接替张氏政权之后,已形成比较安定的局面。

五代、宋初供养人画像之盛,除去政治和宗教信仰方面的原因之外,也是因为曹氏画院拥有一批擅长写真的画家。在敦煌石窟遗书中有许多写真赞、貌真赞。曹良才画像赞中所谓"丹青绘影,留在日之真仪",是对于画像提出肖似的要求。但通观现存曹氏诸窟画像,除少数颇有个性而外,大多千人一面,缺乏内在的艺术生命力。

4. 佛教史迹故事画

曹氏画院将唐代前期的佛教感应故事画和唐后期的瑞像

等糅合在一起进行构图。例如第454窟,以牛头山为中心,上部画石佛浮江、高悝得金像等海上场面,下部多为泥婆罗火池、纯陀故井、一手遮天、降服毒龙等内容,形成了巨型变相,画于甬道顶部,西侧斜披画单身瑞像数十身。画院画师在牛头山这一主题上颇具匠心,画中由牛嘴架起高耸的阶梯,直通山顶大伽蓝,以瞻仰佛像。《大唐西域记》中记瞿室馂伽山(即牛头山)说:"山峰两起,岩隒四绝,于崖谷间建一伽蓝,其中佛像时烛光明。"与此图大体相符。

还有些瑞像、神僧像也逐步发展成为经变形式,如神僧刘萨诃,有单身像,有单幅故事画,亦有巨型变相。第98窟背屏后,在巨型立佛像下,画一骑士红巾抹额,在山中张弓追猎一鹿;又画一武士牵马,面前一鹿,旁立一僧。此图与刘萨诃起初不敬佛道为人凶顽,曾因猎鹿而被鬼神擒捉的故事应有密切的关系。

第72窟的刘萨诃变相,现存榜题约三十余方,内容有:七里涧圣容像现,圣容像初下无头,天女持花迎本头,架梯安头头还落,刘萨诃发愿修像,圣容像乘云飞来,罗汉礼拜圣容碑,蕃人偷盗佛宝珠,火烧寺天降雷鸣,十方诸佛社会……这些内容,据道宣《集神州三宝感通录》记:

> 太武太延元年(435年),有离石沙门刘萨诃师,备在僧传,历游江表,礼鄮县塔,至金陵开育王舍利,能事将讫,西至凉州西一百七十里番和郡界东北,望御

谷山遥礼而入，莫测其然也。诃曰：此山崖当有像出，灵相具者，则世乐时平，如其有缺，则世乱人苦。经八十七载，至正光元年（520年），因大风雨，雷震山崖，挺出石像，高一丈八尺，形相端严，唯无有首。登即选石命工，安讫还落。魏道陵迟，其言验矣。至周元年，治凉州，城东七里，涧石忽出光，照烛幽显，观者异之，乃像首也，奉安像身，宛然符合。神仪雕（凋）缺四十余年，身首异处二百余里，相好昔亏，一时还备。时有灯光流照，钟声飞响，皆莫委其来也。周保定元年（561年），立为瑞像寺。

与画面大体吻合。但无论此文或《高僧传》《续高僧传》《法苑珠林》以及手写卷本《刘萨诃和尚因缘记》等文献所载，都不及这铺画面的内容丰富。它很可能是根据刘萨诃变文而又大大加以发挥的产物。画面虽然内容丰富，各个情节表现也都生动，但是在构图上没有主体，只是许多单个场景的臻集，整体看去缺乏统一和谐之美。

五台山传说为文殊菩萨居处，自北魏起已深受佛徒景仰，不断前往巡礼供养，留下无数胜迹。《五台山图》也应属于佛教史迹画范围。它的出现，始于唐代。唐高宗李治龙朔年间（661—663年）沙门会赜创制《五台山图》小帐之后，便"广行三辅"。敦煌壁画中出现五台山图始于吐蕃占领时期。在第159、361窟的西壁《文殊变》下方都有屏风画《五台

山图》，时间在开成年间（836—840 年）。它与长庆四年（824
年）吐蕃遣使求《五台山图》当不无关系。第 61 窟西壁《五
台山图》规模空前，共计四十五平方米。图上山峦起伏、五
台并峙；正中一峰最高，榜题"中台之顶"，两侧有"南台
之顶"、"东台之顶"等四座高峰。五台之间遍布大大小小的
寺院和佛塔约六七十处，其中包括"大法华之寺"、"大佛光
之寺"、"大福圣之寺"、"大建安之寺"、"大清凉之寺"、"大
王子之寺"等十六所大寺。中台则有雄伟的"万菩萨楼"和"大
圣文殊真身殿"。如今尚存的佛光寺唐大中十一年所建大殿，
是我国古代建筑的珍贵遗迹。画面下部还画了镇州（今河北
正定）城、太原城和五台县城。其间描绘了千里江山的自然
景色和风土人情，诸如朝山、送贡、行脚、商旅、刈草、饮畜、
推磨、舂米，乃至桥梁、店房等等，形象真切，富有浓郁的
生活气息。其中送贡的行列，前有骑士导引护卫，后有仆从
捧持贡品，榜题为"送贡天使"，又有"湖南送贡使"。文献
记载中屡有帝王遣使送贡到五台山的记载。可见《五台山图》
是以现实为依据，并非完全虚构。

　　第 61 窟的《五台山图》虽然也画了神异感应之类，但
与宗教神秘气氛浓郁的经变画不同，它是一幅历史地图，又
是山水人物名胜的艺术佳构。图里山高水远林木扶疏，道路
纵横，殿宇耸峙，云霭飘漾，瑞鸟飞鸣。风景优美的佛教圣地，
吸引了远近无数巡礼朝圣的行脚僧。日本僧人圆仁于开成四
年巡礼五台山时，还延请画博士为作《五台山现化图》携归

日本。由于《五台山图》东渡日本，西入西域，便成了佛教艺术中的一个重要题材。

5. 佛像画

在曹氏时期有显著特点的佛像画或称尊像画，如：四大天王绘于窟室顶部的四隅，用以"镇窟"；天龙八部整齐地分布在龛内两侧，以示侍卫；巨型的经行佛、接引佛和说法相多在背屏后面；还有新题材八大龙王和毗沙门神赴哪吒会。后者在第 36 窟保存完好，甬道门两侧分列八大龙王，榜题有"大力龙王"、"大吼龙王"、"持花龙女"、"持香龙女"等。龙王作武士形象，龙女作宫女装束，皆人身龙尾，漫游海中。岸上还有高山林莽，飞瀑流泉，这是一种富有神奇意味的作品。此窟壁面为清泰年间（934—936 年）左马步都虞候梁幸德父子发愿所绘。《功德记》中说："其画乃龙王在海，每视津源，洒甘露而应时，行风雨而顺节。"这些尊像画与现实愿望密切结合。

此外，这个洞窟的南北壁绘制大型的《文殊变》和《普贤变》，虽然因为洞窟残破而仅存西侧的小半铺，但是就仅存的部分眷属形象看，亦是五代壁画中具有代表性的精品。

6. 装饰图案

装饰图案，主要表现在藻井、圆光、边饰和壁画中的地毯上。纹样主要有团龙、团凤、鹦鹉、孔雀、狻猊、莲花、团花、三角花、菱纹、回纹、联珠纹、波状缠枝石榴纹等。藻井已超越常制，往往以整个窟顶为一大盖，使石窟结构的整体感更强，更加规矩严整。

五代、北宋时期的曹氏画院，大约延续了百余年，曾一度兴盛，在曹元忠任节度使之后日趋衰落。

二、少数民族政权时期

西夏和元代，都是我国西北少数民族建立的政权。十一世纪党项贵族以灵、夏等州为中心，"西掠吐蕃健马，北收回鹘锐兵"，占领了瓜、沙等十余州，"东尽黄河，西界玉门，南接萧关，北控大漠"，地跨今甘肃、陕西、宁夏等省，是为西夏，立国近二百年。北宋年间，党项攻陷甘州。天圣八年（1030年），瓜州王曹贤顺率千骑前往投降。西夏广运二年（北宋景祐二年，1035年），景宗元昊率兵，取瓜、沙、肃三州，此后瓜沙便归于西夏。

西夏统治者能征善战，一方面以武力征服境内各族，另一方面大力提倡佛教，以浮图安疆。李元昊就是一个"晓浮图学，通蕃汉文字"的人物。西夏统治者曾多次向宋朝请购《大藏经》，并广建寺院佛塔，贮存经藏，又延请各族僧人翻译经文，广为刊行。西夏仁宗仁孝天盛十一年（1159年）从西藏迎来了喇嘛教噶举派迦玛支系初祖都松钦巴的大弟子格西藏琐布，尊为上师。敦煌莫高窟和安西榆林窟大量西夏石窟就是这一时期兴建起来的。

1227年蒙古成吉思汗灭西夏，同年三月破沙州。1279年，元世祖忽必烈以和林（今乌兰巴托）为中心统一了全国，结束了一百多年的分裂状态，建立了一个地跨欧亚的大帝国。至元十七年（1280年）置沙州路总管府，河西走廊完全为蒙古贵族所统治。元朝统治者除了宣扬儒家思想而外，又重视道教，大搞所谓"三教平心"，"以佛活心，以道治身，以儒治世"。此外，甚至对伊斯兰教、基督教、犹太教也都兼收并蓄。在佛教里，又以喇嘛教最受尊崇。西藏名僧八思巴被请来，封为国师，赐玉印，掌管全国的佛教，实际上做了元朝中央政府的顾问。因此，萨迦派密宗流行全国，也流行于河西。马可·波罗游历西北时，见到甘州的佛像，"最大者高有十步，余像较小，有木雕者，有泥塑者，有石刻者，制作皆佳，外傅以金"。他还说："（敦煌）偶像教徒（指佛教徒）自有其语言。"至正八年（1348年）莫高窟六字真言碑上有汉文、西夏文、梵文、藏文、回鹘文、八思巴文。由此可想见当时在敦煌，各族人民和佛教徒聚居共事的情况。碑的施主为西宁王速来蛮及其妃子、太子、公主、驸马。他们在莫高窟重修了皇庆寺，开凿了洞窟。由于密教萨迦派的特殊地位，敦煌的元代洞窟中出现了引人注目的西藏式密教艺术。

西夏和元代在河西的统治近三百年，在莫高窟修建洞窟约八十余窟。其中西夏七十余窟，绝大多数是改造或修缮前代洞窟，新建的极少。元代约有十窟，多是新建的。西夏改造或重修前代洞窟比较彻底，如第263、246窟原来都是北魏窟。第263窟北魏中心柱被改造成三面无龛只在东向面开一大型中心方龛的形式，第246窟中心柱虽保持四面龛，但壁画和塑像全部由西夏重画新塑，俨然一个完整的西夏窟。莫高窟的西夏洞窟，因为大都是利用前代旧式加以修改，在洞窟形制上当然很少西夏时代特点。同时，壁画和塑像内容也都承袭北宋格局。元代新开洞窟的形制有三：一是方形覆斗顶窟，二是主室长方形后部有中心柱的窟，三是主室方形有中心圆坛的窟。后者为敦煌藏密洞窟的典型形式。坛上塑像，四壁绘满密宗图像。

西夏彩塑残存者有佛、弟子、菩萨等，并有释迦、多宝并坐说法相，面貌丰润，衣纹流畅，犹有唐宋余风。20世纪60年代考古发掘中发现的第491窟供养天女像，额头宽阔，相貌朴实，双鬟，大袖襦，云肩，长裙，蔽膝，两侧带旒，名曰"褂衣"，这是当时中原贵族妇女的礼服。造像风格亦如宋代。

西夏、元的壁画数量颇多，主要有四类：尊像画、经变画、供养人画像和装饰图案。

1. 尊像画

尊像画是西夏和元代两个时代将近三百年间的主要石窟壁画题材。这里又分为两类：一类是显教尊像，如药师佛、观音菩萨、十六罗汉、水月观音等。

画水月观音像始于唐代。周昉在西京胜光寺塔东南院画水月观自在菩萨，画史上有周昉"妙创水月之体"的称誉。藏经洞出土绢画中有此题材，壁画中亦不少。画菩萨宝冠峨髻，璎珞严身，于石上结半跏坐，后有圆光，上有新月，下有碧波。白居易赞水月观音像云："净渌水上，虚白光中，一睹其相，万缘皆空。"这十六个字，道出了水月观音画像的宗教神秘境界。

十六罗汉，作为一个洞窟壁画的主题，始见于西夏第97窟。南、北壁各绘八身，共十六幅方形构图，罗汉面相各不相同，其中那些浓眉大眼高鼻深目和各种形态的怪异者，令人联想起画史评五代禅月大师贯休所画十六罗汉"庞眉大目者，朵颐隆鼻者，倚松石者，坐山水者，胡貌梵相，曲尽其态"。这些西夏罗汉像，颇得贯休罗汉像"狂逸"的写意风格。

千手千钵文殊菩萨像，均结跏坐须弥山上，千手各持一钵，钵中各出一化佛，分布如圆轮。须弥山耸峙于大海中，上有双龙缠绕，日月相对。

千手千眼观音，不同时代、不同画工，在表现上有所不同，布局结构，颇不一致。元代至正年间（1341—1368年）第3窟的千手千眼观音像一铺，人物较少。观音十一面，叠头如塔，千臂千手，摆列如轮。"每手掌中有一慈眼"。敦煌变文中说："千眼遥观，千手接应。"上部有飞天，两侧有功德天、吉祥天、婆薮仙、火头金刚、毗那夜迦等，布局严谨，造型真实，多为中原人物形象，有的衣冠如道教神像。线描纯熟，变化丰富，画面以圆润秀劲的铁线勾勒面部和肢体，用折芦描表现厚重的衣纹褶襞，用顿挫分明的丁头鼠尾描表现力士隆起的肌肉，又用轻利飘逸的游丝描画出蓬松的须发。为了刻画出不同的质感，作者使用了多种线描，既使形象更加真切感人，也显示了元代绘画艺术的高度发展。

第 61 窟甬道南壁的巨型炽盛光佛，大约是元代修造窟檐时所绘。图中佛像坐轮车上，右手以一指顶法轮，前有诸天引导，车后龙旌飘扬，金刚力士跟随，上空有众多天人及天宫诸星宿。经云："尔时释迦牟尼佛，住净居天宫告文殊师利菩萨摩诃萨及诸四众八部游宫大天九执七曜十二宫神二十八星日月诸宿，我昔于过去娑罗树王佛所，受此大威德金轮佛顶炽盛光如来消除一切灾难陀罗尼法，于未来世中若有国界，日月五星罗睺计都彗孛妖怪恶星，照临所属本命宫宿及诸星位……一切灾难，自然消灭，不能为害。"此画似与窟内以文殊为主像的内容密切相关。

另一种为西藏式密教图像。第 465 窟壁画为萨迦派密教艺术，内容有以大日如来为中心的五方佛，各种明王忿怒像以及双身合抱像，即所谓欢喜天、欢喜金刚。明王像面貌狞恶，裸体作舞蹈姿态，比例适度，线描细腻，晕染颇有立体感。这批壁画具有明显的来自尼泊尔和印度的影响，又有较多西藏原始宗教本教成分，表现出萨迦派艺术的独特风格。

2. 经变画

西夏以来，经变品种越来越少，仅有《西方阿弥陀净土变》、《药师经变》等两三种，画面呆板，构图缺少变化。前代经变画中一些生动的因素，如楼阁栏楯、音乐舞蹈等均已少见，除非凭借佛的坐式、手印以及化生童子是否出现等微妙的标志，往往几乎无法识别是何经变。显然，大乘教的经变画随着密教的广泛传播而趋向衰落了。

3. 供养人画像

北宋以后，供养人画像少了。西夏中期，出现过一些回鹘族供养像，其中第 409 窟的回鹘王及眷属供养像就是别具风格的肖像画。所画人物面相丰圆，王者戴龙纹白毡高帽，穿团龙袍，长鞲毡靴，腰束革带、悬鞊鞢七事。身后有仆从张伞扇，武士捧持兵器。女像头饰博鬓冠，穿翻领窄袖红袍，与吐鲁番高昌回鹘时代的柏孜克里克石窟壁画中回鹘供养人造型风格几乎相同。西夏时代，回鹘部落遍布河西走廊，东面有甘州回鹘，西面有高昌回鹘、龟兹回鹘，沙州有沙州回鹘。天会五年（1127 年），"沙州回鹘活剌散可汗曾遣使入贡"，石窟里留下了当时的回鹘王供养像亦是重要的文物遗迹。

西夏晚期出现了少数党项族女供养像，面相条长，戴步摇冠或毡冠，穿窄袖衫裙，着弓履。这大体上是从中原汉装改变而来的，即所谓改大汉衣冠。

元代供养人仅一二处，面相宽肥，戴笠帽，穿窄袖袍，六合靴，这就是蒙古民族服装"质孙"（一色服）。女供养人头戴颐姑冠，穿文绣衣，长裙曳地，身后有二女奴提携。这是蒙古贵族妇女的装扮。

西夏和元代的供养人画像虽为数极少，但在人物造型和衣冠服饰上，却鲜明地表现出民族特色。

4. 装饰图案

莫高窟晚期的装饰图案，在曹氏画院基础上加以发展，具有新的时代特点。纹样有：牡丹、石榴、莲荷、三叶、团花等植物纹；有古钱、连环、龟背、锁子、万字、回纹等几何纹；有团龙、翔凤、卷云等祥瑞纹。其中龙凤图案最为突出，在藻井、冠服、旌旗上随处可见组成飞云团龙、二龙戏珠、五龙飞腾、单凤展翅、双凤盘旋等各种图案，且以浮塑贴金手法来加强表现。第130窟顶部就是一顶典型的西夏金龙华盖式藻井。第61窟甬道炽盛光佛画像车后飘扬的龙旗，也是晚期装饰艺术的代表作。

结　语

唐代以后，敦煌莫高窟艺术发展进入了晚期，前后长达四百余年，经历了五代、北宋、西夏、元四个时期和三个不同民族的政权，统治者无不大力提倡佛教，开窟造像未曾间断。石窟艺术的创造者也不止一个民族，其中有汉族画家和塑匠董保德、张弘恩、李园心、王安德、李存遂等，有党项族画家高崇德，有龟兹画家白般缯，还有定居敦煌的中亚画家安存立、印度画家竺保等。这说明，敦煌石窟艺术名符其实地是我国各族人民共同创造并融会了外来影响的艺术宝库。

晚期艺术的两个大的发展阶段都有其突出的成就和显著的特点。

五代开始的曹氏画院，凿造了不少大型中心佛坛式洞窟，窟内塑像和壁画，内容丰富，布局严谨。一些新题材的出现，诸如《刘萨诃变相》、《五台山图》和《新样文殊》等，反映出佛教进一步中国化并和儒、道思想相结合的过程。因经变画情节增多和故事画再度兴起，壁画上呈现出的多种多样的社会生活场面，为研究当时当地的社会历史提供了丰富的形象资料。

画院初期，线描造型颇有魄力，虽然往往失之粗糙，仍然保持着兰叶描豪放、丰润，富于变化的特点。特别在天龙八部、十大弟子等形象的面部塑造上，笔力挺劲，神采飞扬，具有内在的力量。第36窟的龙王和文殊、普贤的眷属，以及第220窟的新样文殊，都是画院壁画的典范作品。只是到了曹元忠之后，无论墨线或土红线，变得柔弱无力，且时有战笔，有人称之为战笔水纹描，其实正是笔墨衰败、艺术修养不足的表现。

值得特别一提的是原来作为人物背景的山水画，从初唐第323窟佛教史迹画中的平远山水到第217窟和第103窟的《化城喻品》，画面出现了深远辽阔的空间感。到了五代第61窟的五台山全景图，则进一步取得了山水画的独立地位。《五台山图》是千年敦煌壁画中最大的山水画面，它把现实与想象结合起来，用鸟瞰式透视法将重峦叠嶂、绵延千里的山川景色和风土人情汇集于一壁，远观有磅礴的气势，近看有真实生动的人物情节。在笔墨上，"笔简形具，得之自然"，在构图上，则善于经营和组织，聚散自如，传统中国山水画的写意情趣，在《五台山图》中已见端倪。

在经变、故事画方面，与早期和唐代壁画相比较，构图和人物形象的公式化日趋明显。榜题的增多使画面显得支离。榜题文字多采用变文的形式，使壁画的图解性质日益增强。由此，艺术境界的创造已被冲淡，艺术感染力因而降低。

曹氏画院以后，莫高窟艺术的内容和形式仍有比较明显的变化，西夏壁画起初继承曹氏画院规范，内容更趋贫乏，形式上满足于装饰效果而不求深入。以后在人物造型上受到回鹘高昌壁画的影响，继而又在进一步汉化的基础上产生了兼有中原风格和党项民族特征的人物造型。

在线描上，除继承曹氏画院的兰叶描外，又接受了中原挺拔有力的折芦描。这种线描约始于梁楷、李公麟，在莫高窟西夏壁画中又有所发展。线条更硬，大约与西夏人用黄羊毛制笔有关。西夏壁画色彩单调，颜料质量差，许多洞窟只剩下涂地的石绿不曾变色，因而以石绿为主的清凉色调，便成了西夏石窟的时代特征之一。

元代壁画中密教题材十分突出，特别是接受了从西藏传来的萨迦派密教艺术，虽然开窟画壁为数不多，但是出现了新的风格，取得了新的成就，打破了莫高窟最后时期的沉寂气氛。

在第 3 窟内，元代甘州画师史小玉以折芦描与铁线描、游丝描、丁头鼠尾描相结合，把线描造型推到极高的水平。壁面设色清淡典雅，纯然中原画风。与此形成对照的是称作

"秘密寺"的第 465 窟，色彩浓重鲜明，美艳之中令人怖畏，艺术效果强烈，别是一番境界。莫高窟的萨迦派藏密艺术几乎仅此一例，但仅此孤例已够使人赞叹。

此后，莫高窟的营建即告中辍。清代虽又一度增补和重修，然内容混杂，技艺低劣，徒然破坏了旧有的艺术效果，实不足道。就石窟艺术的发展而言，为数很少却描绘精湛的元代洞窟正是敦煌莫高窟艺术的尾声。

辑二

敦煌早期壁画的风格特点和艺术成就

一

敦煌早期壁画包括北凉、北魏、西魏、北周和隋五个时代，前后延续近二百年。朝代更替，民族迁徙，政治变革，对于社会思潮、宗教信仰、风俗习惯和人们的审美理想，必然会有程度不同的影响。因而在壁画风格上也必然会出现不同程度的变化。

北凉壁画，是为适应僧侣修禅观像和善男信女巡礼瞻仰之用，主要内容为说法相、佛传故事和本生故事。如《月光王施头千遍》、《尸毗王割肉贸鸽》、《毗楞竭梨王身钉千钉》等，画面情节较简单。人物造型的特点是：身材短而壮，身高四五头，面庞丰圆而略长，直鼻、竖眉、大眼、厚唇、耳轮长垂，手式多样而灵巧、仪态庄静而自然。头戴印度式三珠宝冠或西域式华鬘，肩披波斯大巾，胸膛袒露，悬挂着中国式璎珞，腰裹长裙，足踏莲花，以示自莲花中化生。头后衬托着神的灵光圈。

故事画中的主人公多属国王、王子及其家属，造型朴拙，颇有汉画遗风。但衣冠服饰与菩萨、飞天无异，仅国王夫人的服饰与龟兹贵族妇女相同，头后均饰圆光，世俗人物也步入了佛国世界。

供养人画像，画得较小，一律身着中原汉式大袍或北方民族袴褶，从服装上已反映出胡汉杂居的地方特点。

壁画表现形式和技法，继承了汉晋壁画的传统，特别是敦煌和河西魏晋墓画的传统。如单幅画、组画、横卷式故事画等，每画都有榜题，采取了传统的"左图右史"之制。壁画的构图起稿、描线、赋彩等等，一方面继承了民间壁画的优良传统，同时又吸收了西域壁画成果。如以明暗法（即凹凸法）表现人物的立体感，一般均以奔放的笔触，根据肌理的大面分块，施以圆圈形晕染，并以白粉涂鼻梁和眼球，以表现隆起部分，使人物面部和肢体，在高低明暗的变化中体现出立体感。

北凉壁画是在汉晋文化和绘画传统基础上，直接接受了西域佛教壁画的题材和技法，加以融合和发展，形成了具有敦煌特色的风格。

北魏时代，壁画内容更为丰富，以故事画为主体，有悲剧型的萨埵饲虎、尸毗王贸鸽、沙弥守戒自杀，有寓言型的九色鹿救人，有喜剧型的菩萨降魔，还有带情节性的说法场面等。

北魏中期的壁画出现了新的特点。在造型上，人体比例修长，人物动态亦绰约多姿而富有情致，人物面相丰满，由椭圆变为条方，与魏晋墓画和中原司马金龙墓出土的木板漆画孝子故事中人物形象相近。为了适应民族审美的特性，佛教壁画的造型与汉晋传统绘画的造型进一步结合起来了。

故事画里，西域衣冠的人物中，出现了头戴胡帽、身着汉式深衣大袍的世俗人物，与汉族供养人画像的服饰相同。说明故事画已开始世俗化和本土化。

在戏剧性故事画创作上，取得了突破性的发展，出现了两种不同的构思：一种是主体式"异时同图"结构，它打破了时空界限，把曲折而复杂的情节，巧妙地组合在同一画面上，不用榜题示其内容。这种构图主题鲜明，意蕴深厚。另一种为横卷式连续画，这是汉晋儒家思想故事画形式在佛教壁画上的新发展。全图按故事的缘起、发展、高潮、结束等过程绘制多幅画面，前后衔接，首尾完整，每一情节标以榜题，构成完整的汉式画像带。过去情节简单的画面，已为复杂的连续画面所代替。

人物的晕染，逐步与面部肌肉的起伏相结合，由形式感较强，运笔粗犷豪放的圆圈晕染，变为合理而细腻柔和的晕染，增强了真实感。铁线描更加秀劲莹润，如春蚕吐丝，如行云流水，技巧之纯熟，已达到炉火纯青的境地。但随着岁月的流逝，部分颜色发生了变化，浓重灰暗的色彩，逐渐掩盖了线的形态和造型。产生了另一种浑厚朴拙的艺术效果。

这一时期的绘画由于继承和发展了汉晋壁画传统，西域影响逐渐减少,本土特色日益浓厚。一种造型灵活、色调淳厚、富于平面性装饰美的风格逐渐形成了。

东阳王元荣出任瓜州刺史,带来了中原风格,影响所及,以西魏时代最为显著。这种太和改制以后的南朝画风,迅速地对北方石窟壁画产生了巨大的影响,不仅出现了传统神话题材,而且人物造型上还出现了陆探微一派的"秀骨清像"式的形象。人体修长,人高七头,面貌清瘦,眉目疏朗,嘴角上翘,嫣然含笑,神采俊朗而潇洒,俨然南朝名士风度。在故事画中,除佛像外,帝王、官吏、长者、骑士均着中原衣冠,一派汉族风习,恢复了人物的世俗性,与南京西善桥发现的《竹林七贤图》,丹阳胡桥墓画《铠马骑士图》,以及河南邓县的彩色画像砖墓壁画《孝子图》中的人物造型、服饰、仪容、风度、几乎相同。这种南朝画风,在北魏晚期和西魏、北周时代,曾风靡一时。

由于传统神话题材的出现,洞窟顶部从象征性天井而变成了描写整个天空。画面仙灵飞腾,云气缥缈,充满了动感。顶部均以粉白为底色,青绿朱紫交汇于洁白的粉壁,显得格外虚净而高朗。为了表现动的境界,加强了笔的压力和速度,使线描更加飘逸潇洒,遒劲有力。特别值得注意的是在晕染上运用了我国传统的方法。人物面部多晕染两团红色,既表现面部红润的色泽,又显现出一定的立体感。这与北凉北魏时期传自西域的明暗法,在晕染的部位上和效果上恰恰相反,这两种不同的晕染法,在一批西魏和北周洞窟里长期并存。

这一时期的壁画，在人物造型、表现技法、衣冠服饰，特别是人物造型特征所显示出来的内在气质及所追求的意境方面，都与北凉北魏不同，表现了中原风格。

北周时代，建平公于义继续大倡佛教，壁画得到了全面发展。故事画种类之多样，情节之丰富，形式之完整都达到了前所未有的高度。悲剧型的微妙比丘尼故事，描绘了二十多个画面。传记型的本生故事，描绘了释迦牟尼成道前悲欢离合的宫廷生活。全图描绘了八十几个情节，内容贯通一气，委婉曲折，引人入胜。

人物造型明显地分为两类：一类是原来历代相承的西域式造型与中原"秀骨清像"相结合而产生的"面短而艳"的新形象。故事画中的世俗人物，供养人画像，以及飞天、伎乐均属此类。其主要特点在于人物面部的晕染。经过长期的酝酿，外来的明暗法与民族晕染法互相融合，出现了既染色也体现明暗的新形式。另一类（主要是佛像画）是新出现的西域式形象，身材短壮，上身半裸（个别飞天全裸），着僧祇支（衬衣），肩披大巾，腰裹长裙，面相丰圆，施以圆圈晕染，出现五白特征：白鼻梁、白眉棱、白眼睛、白牙齿、白下巴。有的两颊额际、手臂、腹部均涂以白粉，以示高光，强烈地表现了人物圆浑的立体感。这种风格源于龟兹早期壁画，由于它在敦煌北朝早期的洞窟里出现，致使人们长期以来误认为这些北周窟为北魏窟。

当然，这种画风的重新出现，是有历史原因的。主要是北周武帝通好西域，结姻北狄，聘娶突厥公主阿史那氏为后，随之西域的音乐舞蹈以至美术，不断通过河西传入中原，中原的丝绸和美术品也大量地运往西域。在频繁的经济文化交流中，正值建平公于义在敦煌大力提倡兴建洞窟，龟兹早期壁画的造神形式再次传到敦煌自是情理中事。但是，只限于佛、菩萨的表现。至于西域式的裸体菩萨和裸体舞女，在儒家思想根深蒂固的敦煌，仍然没有流行起来。

自北魏晚期，中原"秀骨清像"进入敦煌石窟，到北周亡，这六七十年时间里，中原风格与西域风格一直并存。从造型上看：一清瘦，一肥壮；一半裸，一着衣；一立体感强，一装饰性重；一庄严沉静，一潇洒飘逸。两种风格对比鲜明。

两种不同风格的出现，是两种社会思潮，两种伦理道德，两种审美理想在宗教壁画中的反映。

西域式风格，主要来自龟兹石窟，但并非原样照搬，而是与当时敦煌的历史环境、宗教思潮和审美理想密切结合的产物。汉晋以来，敦煌出现了许多儒学家，西凉李暠便是"博通经史"的儒士。他曾在敦煌建筑靖恭堂、谦德堂和嘉纳堂，图画"圣帝明君、忠臣孝子、烈士贞女"，"以明鉴戒"，完全仿照中原的明堂之制。另外，敦煌、吐鲁番出土的大量儒家经典、道家文书和魏晋十六国的墓室壁画，都表明儒家道家思想早已深入人心，而且形成了以儒家伦理道德思想为准则的社会秩序。

作为外来的宗教艺术，进入这样的地区，必然要受到当地文化思想的影响而适应当地的风土人情，否则不能扎根生长。所以西域非常流行的印度式的"丰乳、细腰、大臀"、"遍体圆净光"的裸体菩萨和裸体舞女，一到敦煌就受到抵制而销声匿迹，代之以"非男非女"的菩萨、伎乐、飞天的形象。这不仅适应了儒家伦理道德观念和审美习尚，同时又不违背佛教"菩萨无性"思想，是发挥了高度想象力的产物。这可以说是外来佛教艺术中国化的一个方面。

敦煌早期壁画中的菩萨造型，有的形体粗拙，庄严肃立，神思静穆，有的风姿绰约，神情温婉，有的手拈鲜花，沉思默想。佛像则结跏趺坐，慈目下视，默默不语。如此种种人物风神，都是适应儒家与佛教要求的结果。

佛教宣扬"仁慈"，故佛经中称佛为"仁者"。孔子讲"仁学"，所以儒家称有德者为"仁人"。佛教说"虚心乐静"为"仁"，儒家讲"智者动，仁者静"。"仁"和"静"是佛教和儒家共同的修养准则。西凉李暠赞扬敦煌风土人情时说："世笃忠厚，人物敦雅。"北凉时期敦煌学者刘昞，在他注释的《人物志》里，大力宣扬儒家的品德修养，从精神、筋骨、气色、仪容、言谈等方面提出了许多要求。总起来说，为人要"质素平淡，中睿外朗，声清色怿，仪正容直"。最终的要求是"诚仁必有温柔之色"。早期壁画深受这类思想的熏陶，壁画中的人物造型和艺术风格，都注入了儒家思想，因而这种西域式风格，一开始就具有敦煌本土色彩。

中原风格，是指始于顾恺之、戴逵，成于陆探微的"秀骨清像"一派南朝风格。它是以魏晋南朝士大夫的生活、思想和审美理想为基础的。南方的门阀世族，享有世袭的高官厚禄，拥有大量的田园奴婢，过着穷奢极欲、放荡不羁的生活。吃药，喝酒，吟诗，清谈，学神仙吃了五石散，身上发热，因而竞穿宽衣，并以此为高逸，风流相仿，相因成习。对这样的生活态度和仪容风采，《世说新语》和《晋书》多有品评：

阮籍："傲然独得，任性不羁。"

阮瞻："神气冲和，而不知向人所在。"

嵇康："身长七尺八寸，风姿特秀……萧萧肃肃，爽朗清举。"

陆机："风姿鉴爽，神情俊迈。"

戴逵："少有清操，恬和通任"，"清风弥劭"。

他们终日追求通脱潇洒飘飘欲仙的生活，并以清瘦为美。有人称王恭的风采"濯濯如春月柳"。为了追求清瘦之美，竹林七贤之一的王戎还有一段笑话。《晋书》说：王戎之子王万"有美号而太肥"，认为不美。王戎"令其食糠"，希望能瘦一点，结果事与愿违，吃了糠不是瘦了，"而肥愈甚"。可见要求清瘦之心甚切。梁朝士大夫此风更甚，"褒衣博带，大冠高履"，"熏衣剃面，傅粉施朱"，身体羸瘦，飘飘欲仙。这就是"秀骨清像"一派风格的社会基础。这种画风，在北魏孝文帝改制以后，传入北方，风靡全国，成为南北统一的时代风格。

隋代南北统一，壁画内容和艺术形式也逐渐趋于一致。西域风格与中原风格也逐渐融合而成为统一的新的民族风格。

隋代壁画处于过渡时期，内容上故事画日渐减少，经变画正在增多。《法华经变》、《药师变》、《维摩变》、《弥勒变》等相继出现。以汉式宫阙表现弥勒净土，巾帔严身的弥勒菩萨，交脚坐于宫殿内，两侧的重楼高阁中，着霓裳羽衣的天女，弹琴奏乐，载歌载舞，楼阁之外，菩萨摩顶受戒，天女凌空散花，"赋彩制形，皆创新意"，构成一幅幅的新颖画卷。隋代的人物造型，逐步走向写实。其面相丰润而多样，比例适度。上身多着僧祇支，腰束锦裙，衣裙遍饰波斯风织物花纹，金碧辉煌，灿烂夺目，使隋代菩萨别具风采。

隋代线描也处于交替时期，既有劲健而精细的铁线描，又孕育着豪放自由的兰叶描。土红线不仅用于起稿，也用于定形，增添了形象的色彩感。晕染法也发生了新的变化，西域式明暗法与中原式染色法进一步融合，使人物面部的红润色泽与阴阳明暗结合得更为自然和谐。

在隋代统一的民族形式中，也有两种不同的画派：一派自北周画风演变而来，造型简练，线描豪放，赋彩单纯，晕饰简淡，这便是张彦远所说的"迹简意淡而雅正"的疏体，也就是杨子华"简易标美"一派的风格。这一派从开皇到大业，一脉相承，是隋代壁画的主流派。另一种画风，人物造型准确精细，色彩鲜艳富丽，人物活动的环境比较真实。如重楼高阁，回廊院落，山峦树木，流泉动物，错落有致，穿插适宜，富于空间感。《历代名画记》谈中原绘画时所谓"飞观层楼，间以乔林嘉树；碧潭素濑，糅以杂英芳草"的境界与此相近。

这大概就是张彦远所谓"细密精致而臻丽"的密体,即展子虔、郑法士一派画风。

无论是疏体还是密体,都受到中原画风的影响,后者所受影响更为明显。早期敦煌壁画的风格,经历了漫长的历程,显示了中华民族在长期的生活实践中形成的高尚健康的审美理想和艺术风格,同时也显示了中华民族博大的胸怀和善于吸收融化外来文化艺术的强大魄力。

二

敦煌早期壁画的成就是多方面的,主要体现在继承汉晋壁画传统,吸取西域民族和外国佛教艺术的有益营养,创造了各个时代的不同风格。其主要特点有下列几个方面。

造型——作为视觉艺术的敦煌壁画,首要问题是塑造形象。敦煌壁画是宗教艺术,它的形象有两类:一类是神灵形象,如佛、菩萨、天王、力士等;一类是世俗人物形象,如供养人、故事画中人物等。其实"神就是人"。"由于一切宗教的内容是以人为本源",所以塑造佛教神像也是以人为蓝本。由于佛教有所谓"三十二相"、"八十种好",以及行、住、坐、卧的四威仪规定。所以敦煌壁画中的菩萨往往是一个复杂的结合体。他是中国人的形象,却戴着波斯式日月冠,披着波斯大巾,保留着印度半裸服饰和舞姿,而且还明显地保留着异国情调,世俗人物则不然,他完全是中国各民族各阶层人物的艺术反映，具有鲜明的时代特色和浓厚的生活气息。

壁画的形象是平面性的，首先是选择适宜的表现角度。敦煌壁画的人物，不同于埃及壁画和希腊瓶画人物的侧面像，而是继承了汉晋以来的优良传统，选取了半侧面为主兼有正面、侧面的三种角度。佛陀的形象，多为正面像，以显示佛陀的神圣尊严，侧面像极少。绝大多数菩萨、天人和世俗人物均为半侧面像。半侧面像使人物的五官富于变化，具有优美的形态和立体感，并创造了一条富于变化和节奏感的轮廓线，深刻地表现出人物的神情风采。

人物的身材比例和姿态，是表现人物形象内在精神的一个方面。早期壁画人物比例经过了三个阶段的变化，即短壮（十六国北魏）——修长（北魏晚期到西魏）——适度（北周至隋）。

佛像有行、住、坐、卧四威仪的严格规定，不能随意改动。菩萨像比较自由，因而千姿百态，丰富多彩。就其整体风貌而言，有北方豪迈大方的动态，也有南朝潇洒风流的身姿。而西域式狂放不羁的舞姿，被儒家思想所阻止，没有越过西州。人物姿态中，手是"肉体的花朵"。早期壁画中表示各种意念的手式，创造了高度的艺术美。

在造型中一个重大问题是变形。艺术形象来源于生活，又高于生活，作为艺术表现而不是再现，就必须予以适当的夸张和变形。特别是宗教，凭借丰富的想象和幻想，创造理想的神及其活动的世界。早期壁画采取变形的手法，创造了耐人寻味的艺术形象，主要方法有三种。

1. 夸张变形。刘勰说得好："豫入声貌……夸饰恒存。""莫不因夸以成状，沿饰而得奇也。"早期壁画充分运用了这一手法，夸张是对现实生活形象合乎规律地增大或延伸而创造合乎理想的形象。如《鹿王本生》中的白马，脖项弯曲如钩，嘴尖而腹瘦，腿部细长而无关节，显然不合生理规律，但一匹步履轻捷、风姿飒爽的白马脱壁而出。第290窟《胡人驯马图》中的红马，项粗、腰壮、腿短、蹄大，有失常态，但经过艺术夸张，塑造了一匹桀骜不驯的骏马。西魏的菩萨身长七头，面貌清瘦，延颈秀项，是典型的"秀骨清像"，这是纵向延长形成的。北魏药叉，头圆、项粗、腰肥、腿壮，形似侏儒而浑身是力，这是横向夸饰的效果。飞天的腿，延长到身体的两倍，菩萨的手指纤细修长柔软而无节，似乎并非真人之手，却表现了柔软而灵秀之美。照佛教的说法，"手印"是含有道德意味的，称为"灵魂的手势"。但古代的匠师们已经将"道德的美转化为艺术上的美了"。

夸张是我国艺术创作的重要方法之一，没有夸张就没有艺术。所以王充说："为言不益，则美不足称。"但又要"饰穷其要"，才能"心声锋起"。所以敦煌壁画始终掌握"夸而有节，饰而不诬"的原则，体现"以形写神"的审美要求。这就是早期壁画至今仍然保持着巨大艺术魅力的原因之一。

2. 人兽组合形象，则是想象和幻想的产物。如风伯、雨师、雷公、霹电、朱雀、玄武、青龙、白虎、伏羲、女娲等等，它们有的是自然神，是原始社会的神话人物或图腾形象，是自然的人化，或者是人的知力的对象化。正如黑格尔所说，"尽管这些神话，是从风雷雨电等自然出发，却把其中纯自然的方面划分开来，取其自然现象中的内在意义，把它作为一种由精神灌注的力量，用适合的艺术方式，把这种力量个性化为内外两方面力量都具人形的神"。早期壁画中的神圣形象就是这样出现的。这里也分为四种不同类型。

神兽型：青龙、白虎、朱雀、玄武、飞廉等是动物的神化，赋予了人的意志和超人的力量，守护四方。

人兽组合型：如伏羲、女娲，都是远古神话人物。伏羲人头蛇身，手执圆规，画卦结绳以理海内，是个善于创造发明的人物。女娲人头蛇身，远古化生万物的神女，也是创造人类和拯救人类于水火的神。洞窟里所画伏羲、女娲，上半身是人，下半身是蛇，把人的智慧与龙蛇的神变力量结合起来，创造了神的完美形象。

人鸟兽组合型：如雷公、霹电、雨师、乌获等自然神，兽头、人身、鸟爪，头出双角，臂化为羽。这是把兽的威猛有力，人的聪明智慧，鸟的飞翔自如三者集中起来，重新组合的形象，使之成为飞翔太空、震动宇宙的理想之神。

分身幻化型：如恶神阿修罗，赤身，四目四臂，足立大海，身过须弥。摩醯首罗天，三头，正面作天形，右面夜叉形，左面天女形，三眼六臂，以此象征超人的神通力。这是印度教诸神的形象，从人本身分身变形而来。就是说："只有人能帮助人，而那些帮助人的神，就必须具有人的感情和人的需要。"

所有这些神的形象，都是"人心营样之像"。它的特点是神的拟人本质。这类变形的性质远远超过了夸张。它是宗教壁画中的特殊手法，是高度想象力的产物，但它具有鲜明的中国特色。

3. 线描是中国绘画造型的重要手段。富有弹力的中国毛笔，在轻重疾徐、抑扬顿挫的运动中倾注了强烈的感情，塑造出形简意赅、性格鲜明的形象。它是中国壁画的优良传统。敦煌壁画就是在这个传统基础上发展起来的。

北凉、北魏壁画，多以土红减笔描法在泥壁上起稿，勾出人物的头面肢体轮廓，然后赋彩，最后描一次浓墨线或棕色线定形完成。这种创作方法基本上就是顾恺之《论画》中所说的"作人形骨成而制衣服幔之"的方法。

敦煌壁画绘制在石窟里，天天有人巡礼瞻仰。它不仅是善男信女供养祈福的对象，也是广大群众观赏的艺术品。因而在造型上刻意求工，力图以优美的形象征服观众而获得声誉。壁画完成时最后的定形线，则是作品成败的关键。在壁画上到处都可看到赋彩时不断修改的痕迹，往往最后的定形线与起稿线不相吻合。定形的浓墨线是汉晋以来一脉相承的铁线描。顾恺之《女史箴图》便是铁线描的代表作。画史上说顾恺之描线"紧劲连绵，循环超忽，调格逸易，风趋电疾，意存笔先，画尽意在，所以全神气也"。可见，线描的功能

段文杰临本：莫高窟第 36 窟五代壁画《山水》

段文杰临本：莫高窟第 85 窟唐代壁画《乐队》

段文杰临本：莫高窟第 126 窟唐代壁画《莲花童子》藻井

段文杰临本：莫高窟第 129 窟唐代壁画《持花飞天》

段文杰临本：莫高窟第 130 窟唐代壁画《都督夫人礼佛图》

段文杰临本：莫高窟第 194 窟唐代壁画《帝王图》

段文杰临本：莫高窟第 156 窟唐代壁画《张仪潮出行图》局部一

段文杰临本：莫高窟第 156 窟唐代壁画《张仪潮出行图》局部二

段文杰临本：莫高窟第 194 窟唐代壁画《各族王子》

段文杰临本：莫高窟第 205 窟唐代壁画《舞伎》

段文杰临本：莫高窟第 209 窟唐代壁画《葡萄纹》藻井

段文杰临本：莫高窟第 249 窟西魏壁画《猪群》

段文杰临本：莫高窟第 257 窟北魏壁画《佛说法图》

段文杰临本：莫高窟第 285 窟西魏壁画《女供养人》

段文杰临本：莫高窟第 288 窟西魏壁画《天宫伎乐》之一

段文杰临本：莫高窟第 288 窟西魏壁画《天宫伎乐》之二

段文杰临本：莫高窟第 299 窟北周壁画《舞乐》

段文杰临本：莫高窟第 304 窟隋代壁画《天宫伎乐》

段文杰临本：莫高窟第 321 窟唐代壁画《飞天》

段文杰临本：莫高窟第 323 窟唐代壁画《舟渡》

段文杰临本：莫高窟第 328 窟西夏壁画《四菩萨》

段文杰临本：莫高窟第 334 窟唐代壁画《莲花》藻井

段文杰临本：莫高窟第 335 窟唐代壁画《维摩诘变》

段文杰临本：莫高窟第 407 窟隋代壁画《三兔莲花》藻井

段文杰临本：莫高窟第419窟隋代壁画《萨埵本生》局部一

段文杰临本：莫高窟第419窟隋代壁画《萨埵本生》局部二

段文杰临本：莫高窟第 419 窟隋代壁画《须达挐太子本生》

段文杰临本：莫高窟第 420 窟隋代壁画《西域商队》

段文杰临本：莫高窟第 428 窟北周壁画藻井《莲花飞天》

段文杰临本：榆林窟第 25 窟唐代壁画《观无量寿佛经变》

段文杰临本：莫高窟第 130 窟唐代壁画《晋昌郡太守礼佛图》

不次于造型，且与传神直接有关。

北凉壁画，以棕色描定形线，丰润而豪放；北魏的铁线，以浓墨钩描，遒劲而圆润；西魏的线描，工致匀称，外柔逸而内刚劲。西魏以后，底稿一次描成完备的形象，潇洒飘逸的起稿线，也是最后的定形线。道家的神仙进入了佛窟，随之出现了云气缥缈的动境，冲破了寂静的禅境。为了表现动的意境，线描必须落笔准，压力大而速度快，顾恺之所谓"轻物宜利其笔"，说的就是这个道理，只有快才能取得飞扬动荡的艺术效果。北周线描逐渐趋于自由奔放。到了隋代，线描中出现了兰叶描的雏形。

早期壁画的线描有起稿线、定形线，还有提神线。有时起稿线、定形线和提神线并不完全吻合而自然错开，形成了不规则的复线，使形象与墙壁之间有一种若有若无的中间影迹，从而使形象厚重丰满而含蓄。这是早期一些壁画中偶然出现的特有艺术效果。它给人以特殊的审美情趣。

构图——就是组合表达主题思想的画面结构形式。南齐谢赫谓之"经营位置"，顾恺之谓之"置陈布势"，张彦远推许为"画之总要"。它是一幅画成败的关键。敦煌壁画善于构图，形式多样，组合严谨，在汉晋传统的基础上有所发展。总的来说可分为两大类：一类为展现式，一类为连环式。

展现式主要用于描写佛陀说法的场面和道家神仙与佛教天人相结合的天界。天界描写多在洞窟顶部，围绕天盖（藻井）连接四个斜面，造成一个具有空间感的广阔高远的天际。

有的以东王公、西王母为主体。东王公驾龙车，西王母乘凤辇，巡游天界。前有方士持节扬幡，后有神兽尾随，鸾凤翔鸣，龙腾虎跃，旌旗飘荡，云气弥漫。有的画伏羲、女娲，胸悬日月，手持规矩，风雨雷电，奔腾于空际。下面环绕山峦树木，表现地上人间，以实托虚，以地衬天，展现混杂有佛教人物的道家天界幻境。这一庞杂的结构，主题鲜明，境界辽阔，空旷高朗，浩渺深远。打破了西域式"一线天"的构思，创造了具有立体感的天空境界。

连环式是表现有地点、有时间、有情节的故事画形式。因故事内容不同，结构形式也各有特点。分别论述如下：

顺序式：这是按故事的缘起、发展、高潮、结局的历程进行构图，如北周的微妙比丘尼故事便是一例。全图共画二十一个情节，按事件发生的时间、地点先后逐个描绘，从与邻居之子相识结婚开始，三次改嫁，两次活埋，最后狼口余生，裸体见佛。这是一幅情节曲折的表现妇女苦难生涯的悲剧性故事画，具有浓郁的现实生活气息。

两头开始中间结束的形式：典型作品是九色鹿故事。这一寓言型故事画共选取八个情节。从南北两端开始分别向中间发展，在画面中部国王与鹿相遇的高潮中结束。这给观者留下无限的回味和想象的余地。画面上象征性的山水和宫阙，仅仅说明人物活动的环境，而且发展了汉代画像的平面性装饰美。

高潮式：最典型的是五百"强盗"成佛的故事。全图共为八个情节：战斗、被俘、审讯、挖眼、逐放、见佛、出家、修行。画面一开始就是一场围剿性的激烈战斗，官军得胜，"强盗"被俘。画面以狂风暴雨似的节奏开场，逐渐降低调子，最后消失在茫茫旷野中，留下了反抗者的叹息。这是一幅带有强烈政治色彩的悲剧型连环画。

异时同图结构，是北魏时期的新形式。第254窟的萨埵饲虎便是一幅杰出的作品。早期萨埵饲虎共有五幅，四幅为顺序式连环结构，只有这一幅构图别出心裁。以萨埵为主体，以饲虎为主题共选取了八个情节：（一）三王子山间观虎，（二）萨埵刺颈，（三）萨埵跳崖，（四）萨埵饲虎，（五）二兄发现遗骨，（六）二兄回宫报信，（七）父母哭尸，倾听天语；（八）埋葬遗骨，天人供养。在八段情节中萨埵出现了五次，充分显示出主体人物是画面的中心。这幅画的主体结构为"投崖饲虎"。把不同时间、不同地点、不同人物的活动，巧妙地交织在一个画面上，打破了故事中的时空观念。这是一次大胆而成功的创造。画中人物都是神的形象。饲虎场面最大，但不在画面中部，这就突破了对称的旧格式。全图结构严密，穿插合理，繁而不乱，在统一的整体中又富于变化，使人一目了然而又幽深莫测。

萨埵舍身饲虎，用牺牲生命铸造自己高尚的灵魂，以求解脱而成佛，这是唯心消极的一面。摆脱忧悲苦恼成佛后"普济众生"的"仁慈"之心，却包含着积极善良的因素。特别是从舍己救虎的牺牲精神这一点讲，萨埵是一个激动人心应予肯定的正面人物，而宗教壁画中悲剧性的美学价值也正在于此。特别值得注意的，是萨埵饲虎图中细节描写的艺术手法。从山间观察开始，就着意刻画善良英俊的萨埵形象。观虎时的激动，刺颈时的坚决，饲虎时的安详自若，画家无不倾注了颂扬之情。当萨埵投身崖下，被虎啖食之后，佛经里讲："血肉模糊，骨骸狼藉。"但这种残忍恐怖场面，画面上没有出现，画面上的萨埵尸体仍然是完好的形体。这幅画不画萨埵在丧失生命时的极度痛苦，不画饿虎啖食时的残忍恐怖场面，不是没有原因的。儒家中庸之道思想的代表者孔子主张"乐而不淫，哀而不伤"。"丧致乎哀而止"就是哀要适度，也就是后来董仲舒的"中和"之为美。中国古代绘画中没有发现过表现喜怒哀乐激情而把形象歪曲到丑恶不堪入目的作品。这反映了艺术家的审美心理和观众的欣赏习惯。

古代希腊也是这样，"狂怒和绝望"这类激情从来不在古代艺术家作品里出现。表现激情"就要通过对原形进行极丑陋的歪曲……因而失去原来的平静状态中所有的那些美的线条"。"因为哀号会使面孔扭曲，令人恶心"，"歪曲原形在什么时候都是丑的"。所以往往把"忿怒冲淡为严峻"，"哀号降低为叹息"。希腊画家提曼特斯的名作《伊菲革涅亚的牺牲》，在场人都表现出不同的哀悼神情。当时牺牲者的父亲，极其沉痛不宜入画，画家就把他的面孔盖起来，这样就避免了丑。另外，佛教讲"仁慈"，残酷悲惨都是与之不相容的，所以佛经对不顾生命舍己为人而"不求尊荣之乐"的牺牲者，立刻"恢复原形",即恢复原来完美的形象,"把不愿画出来的留给观众去想象"。

其他悲剧性故事画也是如此。尸毗王割尽了身肉,坐入秤盘的不是血肉模糊的骨架,而是健康的裸体童子。割头施人的月光王,头已割下盛在盘子里,但颈上仍然长着原来的头,而且泰然自若。所有这些,都是同一道理,就是在表现痛苦中避免丑,按照造型艺术的法则和规律去创造艺术之美。

构图中的空间感,有两种形式。一种是追求平面装饰美的象征性的空间感,如倾倒的围墙,不画前墙的宫殿和排列整齐的山峦树木,形成一种象征性的空间感。九色鹿本生等画,即属这一类。西魏以后基于画师对现实的认识和把握,以及审美理想的变化,把人物故事都置于自然环境之中来表现,自然环境与人结合在一起,自然形成直观的空间。表现空间感,中国画的透视法不同于西方,不用焦点透视,而是"以大观小"法。沈括说,如人看假山,居高临下,四面环境,历历在目。西魏的《五百"强盗"成佛图》,北周的《睒子变》,均是山峦起伏,林木掩映,流水纵横,创造了开阔的境界,空间感正循着中国透视法的特点,不断发展着。

赋彩——色彩是最通俗的艺术语言。"赋彩鲜丽,观者说情",一语道破了色彩的魅力。汉晋壁画色彩传统至敦煌而巨变,出现了灿烂的色彩,成为敦煌壁画重要特色之一。

"随色象类"、"随类赋彩"是敦煌壁画赋彩的原则。

北凉、北魏时代,土红涂底,色种较少,形成了单纯、明快、浑厚、朴实的暖色调。西魏、北周，主题画以粉壁为地，色彩日益丰富起来。《淮南子》里说："白立而五色成矣。"在粉壁上施青绿朱紫，显得格外清新爽朗和绚丽。隋代色调开始进入金碧辉煌、豪华壮丽的阶段。

早期壁画，仍然追求平面的装饰美。画稿完成后，按物象所需和审美规律一次施布，使画面色彩的主次、轻重、浓淡、强弱配合恰当，以收到统一而稳定的效果。

早期壁画画稿极简略，赋彩则是塑造形象的重要环节，凭着有弹性的毛笔，蘸着颜色，顺着物象肌肉运动的规律，纵情涂抹。色彩、笔力、感情，浑然一体，使一草一木，一笔一画"见其生气"。早期壁画造型富有内在的生命力，就是与赋彩有密切的关系。

早期赋彩，往往不守成规，大胆变色。壁画中出现了粉白色的菩萨，土红色的药叉，绿色的骏马，五彩缤纷的火焰和云彩。中国绘画从来反对形貌彩章、历历俱足和自然主义的描写，而着意追求神似。色彩上的夸张和变化，有助于表达人物内在精神，从而给人以特殊的美感。

早期壁画赋色一个重要的技法是晕染法。传自西域（龟兹）明暗法，即画史上所谓天竺遗法，是以同色深浅晕饰，以表现人物立体感的画法。传入龟兹以后，为之一变，形成了一面染、双面染、渲染、叠晕以及画白鼻、白眼等技法，出现了龟兹特色。传入敦煌后，又为之一变而成了多层次叠晕式圆圈染，由浅入深，色阶分明，这就形成了敦煌的西域式晕染法。

北魏晚期，从中原传来了汉民族绘画传统晕染法，效果与西域式晕染法完全不同。北朝晚期，中原式晕染法与西域式晕染法同时并存，各领风骚数十年。西域式晕染法给敦煌壁画输入了新的血液，使之出现了新的面貌，但这种表现立体感很强的晕染法，不适应一般的欣赏习惯和审美理想，因而逐步地被融化于民族传统的晕染法之中，而形成一种新的画法。

岁月的流逝，带来了色彩的变化，原来人物形象的肉红色变成了灰黑色，晕染色变成了粗壮的黑线，原来并不显著的白眼白鼻梁，现在黑白分明。原来造型刻画精细，色彩鲜明，线描流畅，神情静穆，精致优美的画风，变成了造型粗壮，色彩沉重，线描粗犷，形象怪诞，作风狂放的画风。这样就使早期壁画具有双重性格，给人以两种完全不同的审美感受。

传神——是我国绘画艺术的最高审美要求。这是通过人物外貌表达人物内心活动。即所谓"诚于中而形于外"的神态、神情、神采或灵魂。说得更具体一些，那就是通过人物容貌、姿态、动作，揭示人物心灵深处的思想感情活动。

传神艺术，在我国具有悠久的历史和优良的传统，"虽略于形色，颇得神气"。"风范气韵，极妙参神，但取精灵，遗其骨气"。顾恺之评《神农》一画时说，"神属冥茫，居然有一得之想"。所谓"一得"就是老子的"神得一以灵"。就是说传神已达到通灵的高度。顾恺之总结前人成果，提出了"以形写神"的原则，奠定了我国人物画的理论基础。随着绘画领域的扩大，不仅人物要传神，山水花鸟也要传神。南齐谢赫进一步进行了总结，归结为一句话，叫"气韵生动"，列为六法之首，成为中国绘画创作、欣赏、评论的千古准则。

敦煌壁画继承并发展了这一优良传统，创作了大量栩栩如生的神和人的形象，至今仍然闪耀着艺术生命的光辉。

表露人物风神情采首先在人物颜面。《淮南子》里说："画西施之面，美而不可悦；规孟贲之目，大而不可畏，君形者亡焉。"就说不仅要画得美而且要悦目动人，否则就是没有生气，没有神采。晋代陆机也说："信情貌之不差，故每变而在颜。"就是说情与貌是一致的，如果有变，就要反映在脸上。所以说"只要注意一个人的脸，就能了解这个人的灵魂"。

敦煌壁画是造神的艺术，而神的形象来源于人。菩萨形象的背后便是宫娃、歌伎，天王力士像来源于将军武士，佛陀形象多借助于帝王。通过神的形象，寄托着人的情思，而面部表情关键则是眼睛。孟子早已讲过："存乎人者，莫良乎眸子。""胸中正，则眸子瞭焉；胸中不正，则眸子眊焉。听其言也，观其眸子，人焉廋哉。"这就是说，人的思想感情通过眸子透露出来，这是无法隐藏的。《淮南子》上也说过："孔窍（眼睛等）者，精神之户牖也。"这就是黑格尔所说的眼睛是"灵魂的住所"，"因为灵魂集中在眼睛里，灵魂不仅要通过眼睛去看事物，而且也要通过眼睛才被人看见"。但黑格尔晚于我国孟子两千多年。

顾恺之在绘画创作中十分重视画眼睛，所谓"阿堵传神"，

162

就是指眼睛。张僧繇画龙能点睛，顷刻间雷电交加，画中的龙破壁飞去。这虽是神话，却说明了画眼睛是画家借以传达物象神情的重要手段。当时的敦煌学者刘晒在《人物志》注中说："征神见貌，情发于目，目为心候，应心而发。"这段话把眼睛与心灵的关系讲得十分透彻。这些理论无疑会直接影响到早期壁画人物精神面貌的表现上。例如在人物面部完成后，先以白粉涂眼球，然后在白粉上以墨描眼睑，点眸子，眼睛在面部特别显著。

早期壁画眼睛尚未形成固定程式，但不同类型的性格，已有不同的表现。天王竖眉、圆眼、目光炯炯，表现孔武有力的神情。佛陀和菩萨眼如鱼形，眸子出于正中，神情温静而潇洒。亦有竖眉平眼，露出半个眸子，好像沉浸在沉思默想之中。舞蹈供养的菩萨，把眸子点在眼角上，具有特别的灵俏之趣。

面部表情眼睛虽说重点，但如果没有其他表情部分的适当配合，仍然不能深刻地表达人物的内心情绪。面带笑容的菩萨，如果没有嘴角上翘，就很难表现喜形于色的感情。又如悼念释迦的佛弟子，三角吊眼之下如无微张而下垂的嘴角，悲哀之情就不容易深刻表现出来。但是仅仅依靠眼睛和面部是不够的，还必须借助整个身姿动态和手势相应配合。如第428窟《萨埵饲虎图》中，二兄发现萨埵虎口余骸时，如果没有举手竖发、张口咋舌、猛扑过去等动态的配合时就难以表现出发自肺腑的呼天抢地的惊惧和悲哀。又如第249窟的

163

天宫伎乐，怀抱琵琶，横过脸紧紧地贴在琵琶上挥指弹奏，不如此则不易表现弹奏者倾注全部感情的演奏，和被自己的琴声所陶醉的那种怡然自得的神情。壁画中人物头的俯仰，身姿直立和倾斜，腿的弯曲和舒展，手的各种招式等等，无不关联着人物的内心活动，表露着某种感情。

有一类人物的神情，是在对立的关系中相互依存的。如第249窟的一幅射虎图，描写猛虎向猎人扑来，猎人则纵马冲上山坡，回过身来，张弓搭箭，对准虎的头部引而未发，似乎正在等待更有把握的时机，以虎的凶猛，衬托出猎人的沉着机智和勇敢。

还有一种则以人物与环境相结合，来表现人物的神情。如第428窟《萨埵饲虎图》中，二兄发现萨埵遗骨后，急忙驰马还宫报信。人马过去，道旁树林随风倾倒，这是用情景交融及暗示联想的手法，以显示人物急迫的心情的一例。

另外还有一种人与环境相结合，相反相成的传神法。如第285窟的《禅修图》，为了表现坐在石窟里禅修的禅僧"形如槁木，心如死灰"的静寂心境，特意在山林里布置了杀野猪、捕野羊、野牛奔驰、饿虎吼叫、动乱喧嚣的环境。而禅僧则视而不见，听而不闻，显得更加安静专注。一位坐胡床的禅僧，双目紧闭，吊着八字眉，蓄着小胡子，嘴角微微上翘，愁眉苦脸又带一丝微笑。似乎透露了在禅定中受到动乱干扰，而又想极力排除的无可奈何的心情。这种动静结合、相反相成的艺术效果，正如当时的诗人王籍的名句："蝉噪林愈静，鸟鸣山更幽。"以环境的动乱来反衬出禅修时追求的静寂境界。

这种动静结合相反相成的传神法，也运用到主题画上。如第254窟的《降魔变》，释迦牟尼于菩萨树下深入禅定，即将成道，天魔波旬携三女及魔军肇事扰乱，先以美女诱惑，"菩萨心怡然，不疑亦不怖"。在佛陀的法力下，妖媚的三美女顷刻间变为丑恶的三老妇。魔王见诱惑不成，便调动魔军大举进攻。魔军现出种种狰狞面貌："猪鱼驴马头，驼牛虬虎形，狮子龙象首"，"或一身多头，或身放烟火"；"或长牙利爪"；"执戟持刀剑"；"或呼叫吼唤，恶声震天地"。但是，"菩萨默然观，如看儿童戏"。魔王一再失败，恼羞成怒，号令魔军，再举进攻，但是佛陀略施法力，魔军"抱石不能举，举者不能下，飞矛戟利槊，凝虚而不下，雷震雨大雹，化成五色花，恶龙蛇噀毒，化成香风气"。魔王以不可一世的威力，企图一举毁灭释迦，但是镇静而坚定的佛陀，不动声色，不起于座便降服了魔王。地神赶快从地涌出，高声宣布："我证，我证。"证明魔王失败了。魔王灰溜溜地带领残兵败将退去。

这幅以魔王和魔军的失败，惊惶失措丑态百出，来衬托释迦的镇静和胜利，显示了一定的喜剧性特色。

早期壁画中描写动物的形象也很出色，如第249窟的白描猪群，以夸张变化的手法描绘了母猪带着一群仔猪，奔驰在山野，自由活泼，生气勃勃。第285窟的饿虎捕羊，表现一只饿虎从山谷中走出，阴险而贪馋地注视着对面三只天真而稚气的羔羊，其神态被表现得活灵活现。

总而言之，早期壁画的人物、动物，一花、一木都有生气。充分体现了"以形写神"和"气韵生动"的审美理想。

三

早期壁画，是外来的佛教艺术的种子在中国绘画艺术土壤里开放的花朵。它在长期的发展过程中，逐步地形成了独特的风格和体系，取得了多方面的成就，大体可以归结为三点：

敦煌壁画是宣传佛教思想的艺术，作画的依据是传自外国的佛经，但佛经是唯心主义哲学、神学和文学互相结合的产物，充满了抽象的哲理和异国情调。要把它变成具象的视觉艺术，必然要落脚于现实，因为画师只能根据"身所盘桓，目所绸缪"的现实生活中得来的素材，加以想象进行艺术创造。这就要接触到时代性和民族性等问题。因此壁画就出现了龟兹贵族妇女装扮的皇后，出现了西域式丰圆脸型的菩萨，出现了身着南朝帝王礼服"秀骨清像"的国王，出现了中原贵族妇女仪容服饰的微妙比丘尼，出现了身穿鲜卑袴褶之服的萨埵王子，出现了褒衣博带、大冠高履、南朝名士似的菩萨。总而言之，在适应中国思想意识和风土人情中，敦煌壁画不断地冲淡外来影响，从造型特征、衣冠服饰、仪容风度、生活环境、思想内容上不断深入地中国化，逐渐地形成了具有敦煌特色的艺术体系。

中国绘画（包括壁画和纸、绢画）历史悠久，源远流长，无论创作方法和表现技法，都积累了丰富的经验，形成了系统的理论。汉晋以来画师们在创作实践中逐渐形成了现实主义和浪漫主义相结合的创作方法，他们创作了描绘圣君贤臣、忠臣孝子、节妇烈士以及山神海灵等儒家、道家思想题材的大量壁画，留下了具有鲜明民族特色的珍贵艺术遗产。敦煌的画师们在此基础上接受了外来的佛教艺术，通过模仿改造创新，扩大了壁画题材的领域，这些原来只限于宫廷、明堂和陵墓仅供帝王将相欣赏，或者侍奉死者的壁画，随着佛教寺院的普遍建立，成为弘扬佛法和为广大信众提供朝拜欣赏、形象化地宣传佛教教义的场所。它在客观上等于是一座座宗教艺术展览馆。

佛教艺术的传入，促进了我国壁画艺术的发展，也对我国绘画艺术产生了深远影响，从题材内容到表现技法都有新的启迪。尽管汉晋以来，"寓形寄意"、"以形写神"的主张，特别是在艺术表现上与外国绘画有很多不同。但在长期创作实践中，在各民族艺术的交流及吸收融合外来技法过程中，促进了敦煌壁画的不断创新，形成了具有敦煌特色及民族风格的中国佛教艺术。

作为宗教艺术的敦煌壁画，与世俗绘画性质不同，但它的根源都在人间，所以神的形象来源于人的形象，佛国世界也只是现实世界的折光反映。那么"人的心情必须在神身上显现出来，神就是独立的普遍力量，在人们的内心中起推动和统治作用"。敦煌壁画在过去的历史时代里,以"动人心志"的艺术魅力在宣传佛教教义上发挥过作用。但今天它在世界上之所以享有盛誉,吸引着无数中外观瞻者,主要已不是宗教的感染,而是栩栩如生的艺术。正如费尔巴哈所说:"纯粹的艺术感,看见古代神像,只当作一件艺术品。所以敦煌壁画留给我们今天的不是别的,而是欣赏的对象,是艺术,是美。

莫高窟隋代壁画研究

公元581年，杨坚取代了北周政权，"削平天下，统一海宇"，建立了统一的隋王朝。文帝采取了一系列改革措施，很快出现了"人物殷阜，朝野欢娱"的新局面。当隋文帝平定了南方的陈朝之后，立即进军西北，抗击突厥，打通丝路，经营西域。这不仅解除了来自西北的一大威胁，还打开了中西通道，发展了国际贸易。隋炀帝杨广更是个热衷于经营西域的人物，大业初年便派裴矩至河西联络胡商，开展丝绸贸易，还派裴矩到敦煌招致胡商，并在张掖、武威一带举行盛大的国际交易会，西域二十七国的商旅使者，云集甘凉一带，隋炀帝亲幸河西，会见使者。使者们"着锦绣，佩金玉"，"焚香奏乐，歌舞喧噪"。隋炀帝还命令张掖、武威男女，"盛装纵观"。人骑队伍，"连绵数十里"，展现了河西经济的繁荣景象。繁荣的河西经济正是隋代敦煌佛教文化发展的基础。

隋朝两代帝王都倡佛崇法。隋文帝杨坚出生于冯翊（今陕西大荔县）般若尼寺，小名那罗延（金刚），是神尼智仙抚养大的，自小就受到佛教思想的熏染。杨坚自己说："我兴由于佛法。"所以即位后便大力提倡佛教。短短三十七年的隋代，造立寺塔五千多所，度僧尼五十余万人，塑像五千多尊。隋文帝时期，还修复故像六十余万躯。天台宗创始人智颛，一人就出资造金铜像、画佛像八十万躯。隋代前后写经六藏，十三点二万多卷，隋炀帝一人就写《法华经》一千部。隋文帝还集中全国各派名僧于长安译经讲学，共分五众：涅槃众，地论众，大论众，讲律众，禅门众。各众以名僧为众主，通过辩论、判教，打破了南北对峙的局面，倡导"定慧双修"，特别是天台宗宣扬的"会三归一"、"三谛圆融"等见解，使佛教内部的矛盾得到缓解，最后形成了"盛弘一乘（大乘）"的新局面。这就是"兼通道俗"的智颛创立的中国式佛教宗派——天台宗发挥的政治性作用。

隋朝的统一，得到佛教思想上的助力，所以隋文帝宣布他"尊崇三宝，归向情深，恒愿阐扬大乘，护持正法"，因而被称为"大行菩萨国王"，隋炀帝也被称为"优游于大乘"的"总持菩萨"。文帝皇后受戒后被封为"妙善菩萨"。大臣中还有什么"肖摩诃"、"周罗睺"等等名号，都与佛教联系在一起。宫廷里天天讲经，夜夜行道，与高僧们打得火热。文帝与律师灵藏，"坐必同榻，行必同舆"，还在一起"经纶国务"，实际上僧侣已参与国政。帝王后妃们在长安洛阳出游或外地巡幸，多以僧尼、道士、女官随侍，随时均可开设道场，讲经度僧尼。在历史朝代中，除了崇佛至于亡国的梁武帝外，可与隋炀帝父子相比者不多。最高统治者的提倡是隋代佛教文化繁荣的巨大动力和支柱。

隋朝平定中原之后，很快控制了河西和敦煌，开皇三年就罢永兴郡置瓜州，并将上大将军史万岁谪贬敦煌充成卒。开皇九年（589年）僧善喜在敦煌造讲堂，隋王朝仁寿元年（601年）隋文帝诏令天下造灵塔，并派僧智嶷送舍利到瓜州崇教寺造塔，隋王朝的崇佛活动已直接影响到敦煌。因此，短短的三十余年间，在莫高窟一地就建造了近七十个洞窟，是建窟比例数字最高的朝代。

在莫高窟藏经洞发现的写经中有大量隋经，纪年题记从开皇三年开始，仁寿、大业连年不断。莫高窟隋代洞窟里也有三处纪年题记：第302窟的开皇四年（584年），第305窟的开皇四年、开皇五年（585年）、大业元年（605年），第282窟的大业九年（613年）。这些确凿的年代，不仅是隋代洞窟时代判断和分期的可靠依据，也是艺术风格研究的标尺。

隋代是我国佛教思想转向大乘教一统天下的过渡时期，是佛教人物形象典型化的探索时期，也是统一的民族风格的形成时期。因而在石窟形制、壁画内容和形象塑造上多有新意，是一个富有活力的历史时代。

隋代近七十个洞窟，主要为两种形制：一种中心柱窟，有前后室，主室平面呈方形，偏后有中心柱，四面开龛，显然是承袭北周模式，但已在蜕变之中，如开皇四年的第302窟，中心柱下半保留方形四面龛原样，上半则为圆锥形倒塔，双龙盘绕，象征须弥山。顶画平棋，前部为人字披屋顶，属于北魏遗制。

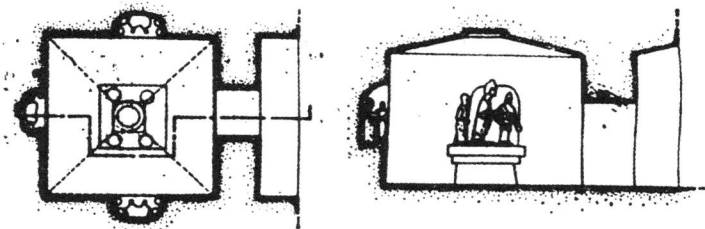

第302窟平剖图

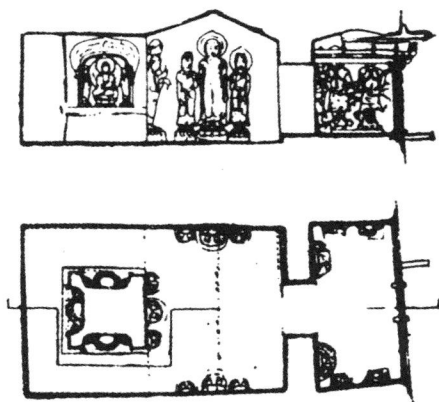

第427窟平剖图

　　另一种为方形倒斗顶窟，正壁双层龛或三面开龛，这是隋代洞窟的主要形制。窟内布局是：正龛塑群像，以佛陀为中心，二弟子、四菩萨。龛内画十大弟子，龛顶画飞天群或神怪，四壁上端饰悬帐，仿中原宫殿装饰。正龛两侧画《维摩变》或佛传中的"乘象入胎"和"夜半逾城"。南北壁中部多为《说法图》，上画千佛，下列供养人画像。东壁《说法图》或四大天王。四壁上端，天宫伎乐和飞天，下端供养人或金刚力士。窟顶华盖式藻井。人字披顶则画主题性故事画和经变，个别洞窟顶部画东王公、西王母、摩尼宝珠，模仿西魏第249窟格式。藻井四披四壁多画小型千佛，形成隋代壁画布局的新特点。

隋代壁画大体可分六类：佛像画、佛经故事画、经变画、供养人画像、装饰图案和民族传统神话题材。

佛像画，主要是佛教崇拜的偶像。佛像有释迦牟尼像、弥勒像、"释迦、多宝并坐"像、三世佛、三身佛、七世佛、禅定千佛等。作为佛的胁侍菩萨，主要有观音、势至、文殊、普贤以及四大天王、十大弟子等。虽然隋代已经出现单独的菩萨像，但仍多寄身于说法场面中。隋代的《说法图》现存五十六幅（其中可能有些是早期《净土变》的雏形），一般均在菩提树下作一佛、二菩萨或四菩萨群像，仍属北魏模式。但也有新样，如第405窟北壁《说法图》，主尊为善跏坐佛像，双层叠涩金刚座后有内弧纹立方形靠背，两侧释象头羊角怪兽，金刚座两侧有力士顶盘，盘中作立狮，狮头前跪一童子，象鼻垂纯，童子挽绳做戏。这种百戏性的装饰，在印度5世纪的雕刻中已出现，可能与密教有关。

佛的侍卫、天龙八部中的紧那罗，在隋代洞窟里已从天宫阁楼中飞腾起来，与乾闼婆汇合在一起，形成了自由的飞天群和绕窟一周的飞天行列，她们千姿百态，自由活泼，有的倚坐在彩云上，有的仰卧于天光中，有的反臂擘箜篌，有的反手倒扣花盆，与天花、流云浑然一体。飞天的形象和神采都发生了变化，进入了新的境界。首先飞天的职能已从为佛陀张伞、抬花环、捧天盖的侍从而成为天国中的欢乐使者，同时又从天国下降人间，进入宫廷侍奉帝王。大业十一年春，隋炀帝于"观文殿前为书室十四间、窗户床褥橱幔，咸极珍丽，每三间开方户，垂锦幔，上设二飞仙，产外地中施机发，帝幸书室，有宫人执香炉，前行践机，则飞仙下，收幔而上，户扉及橱扉皆自启，帝出，则垂闭复故"，飞天的神性冲淡，增添了人间生活情趣。

佛经故事画，和早期一样，分三类：

一、佛传故事，仅存三幅，仅有"乘象入胎"和"夜半逾城"两个情节，多绘于帐门两侧，"乘象入胎"，描写护明菩萨乘六牙白象下降人间，在摩耶夫人右肋入胎的故事。菩萨端坐象背慢步前行，象牙上立二女伎，着袿衣，弹奏琵琶和箜篌。前有天人焚香导引，后有扬幡侍从，彩云浮空，天花乱坠。"夜半逾城"描写悉达多太子逾城出家修行的故事。太子衣饰不一，有的戴梁冠，有的饰鬘髻宝珠，大袖襦裙，高头履，形如中国王子，乘白马，四天童捧马脚腾空飞翔，后有二天人奏乐。有的空中出现长尾大角羊，振翼飞腾以示祥瑞。代表佛陀生平重要事迹的投胎和逾城，从人物造型到衣冠服饰和画面意境，都表现了佛道融合，中外文化交织的复杂内涵。

二、本生故事，共十一种十六幅，计有《萨埵舍身饲虎》、《尸毗王割肉贸鸽》、《须达拿施象》、《睒摩迦孝亲》、《月光王施头》、《快目王施眼》、《毗楞竭梨王身钉千钉》、《婆罗门施身闻半偈》、《流水长者子救鱼》等。有的以组画形式出现，如第302窟顶部八种本生故事联壁，画面有大有小，以内容的繁简而定，互相结合极为自然，这在第275窟本生故事组画基础上又有所发展。故事情节已与自然景色相结合，没有龟兹石窟棱格的限制，也没有高昌土峪沟石窟方框的约束，随内容的需要自由布局。现将几种主要本生图分别论述如下。

《流水长者子救鱼》的故事，是依据《金光明经·流水长者子品》画成的，表现了九个场面：1.长者二子出游；2.树神现半身昭示二子以涸泽鱼难，3.二子观鱼起慈悲心；4.入宫向国王借大象和皮囊；5.大象驮水至涸泽；6.长者子解囊放水，池鱼得救；7.鱼化为飞天腾空而去；8.长者子屋上露宿；9.飞天至皇宫上空散诸珍宝，感谢国王。这是莫高窟最早的一幅《流水长者子本生图》。

《睒子本生》共有两幅，依据是《佛说睒子经》，第302窟开皇四年的《睒子变》最为完好。共画十六个情节：1.国王在宫中命令侍臣准备出猎。2.国王与侍臣乘马入山。3.国王见鹿，命令追猎。4.鹿见猎人惊惶奔逃。5.国王张弓紧追一鹿，鹿向池边逃去。6.睒子身着鹿皮衣池边汲水。7.睒子背后二骑，张弓共追一鹿，鹿亦向池边逃去。8.国王发箭射鹿，误中睒子。国王急至睒子身边询问，睒子备诉山中侍奉盲目父母情由。9.盲父母室中坐禅修行。10.睒子山中采果奉亲。11.国王入山寻找盲父母。12.国王礼拜盲父母，告知睒子被射身亡。13.国王引盲父母至睒子尸边，盲父母抱尸痛哭。14.天人自空中赐神药，睒子复苏。15.睒子复活后漫步山中。16.国王拜别盲父母还官。

　　这幅画描绘情节，比北周《睒子变》多一倍，特别是国王与二骑士两面夹猎的场面，形成画面高潮。均误以为睒子是被追之鹿，故齐奔池边，国王无法分辨，发箭误中睒子。情节生动，寓意含蓄，富于艺术感染力。

　　《萨埵舍身饲虎图》是早期流行的题材。隋代《饲虎图》共有四幅，均采用中原横条模式，以第302窟为例，故事沿着发生、发展、高潮、结束的规律描写了九个情节：1.三王子入山射靶；2.三王子山中观饿虎；3.三王子下马休息，议论饿虎命运；4.二兄乘马离去；5.萨埵舍身跳崖；6.萨埵虎前刺颈；7.饿虎啖食，狼藉满地；8.二兄寻见萨埵遗骨，痛不欲生；9.收拾遗骨起塔供养。此画以山川林木为主题，人物穿插其间，自然与人物浑然一体，改变了以山林树木作为象征性背景的手法。

　　《须达拿施象》，根据《六度集经·须达拿太子本生》绘成，是中外常用题材，隋代共三幅，第419窟的《须达拿本生》，是现存内容最丰富的一幅，虽然与北周一样作"S"形三条重叠，但没有明显界线。这幅画共描写二十五个情节：1.敌国派梵志八人向太子乞象；太子命侍者牵出白象，施与梵志。2.梵志得象，欢腾活跃，乘象而去。3.大臣向国王告发太子将国家神象施与敌国冤家。4.国王愤怒，逐放太子于檀特山。5.太子罄其所有，四处布施，救济贫困。6.太子与妻子曼坻，携二子辞别国王离境入山。7.众人为太子送行惜别。8.曼

176

坻及二子乘车，太子驱车离宫。9.一梵志向太子乞马，太子以马施之，梵志乘马而去，太子挽车前行。10.一梵志向太子乞车，太子以车施之，梵志拉车而去，太子与曼坻肩子前行。11.又一梵志向太子乞衣，太子脱衣施之。12.离境入山，路遇道人，拜师学道。13.曼坻与幼女居一室，太子与幼子居一室，潜心修行学道。14.二子与野兽玩乐嬉戏，互不伤害。15.鸠留梵志有美妇，井边汲水，被恶少讥笑，心生不快。16.鸠留梵志家居，其妇向鸠留索要奴婢。17.鸠留梵志远去檀特山向太子乞子为奴。18.国王派使者为鸠留梵志指路。19.鸠留梵志路遇猎人，猎人斥责鸠留梵志向太子乞子。20.鸠留梵志跪见太子，乞其二子为奴，侍奉其妇。21.太子含泪缚子施与鸠留梵志。22.曼坻山中采果，思子心急，弃果返家。23.途中遇狮子阻挡回路，母子不得相见。24.鸠留梵志驱二子入市出售。25.叶波国王以重金赎二子回宫，家人团聚。此图比北周时的《须达拿本生》增加了七个画面，特别是鸠留梵志美妻受到邻居恶少讥讽调戏的情节，增加了壁画中的生活情趣。这幅画以建筑为主体，穿插以山峦树木，把人物置于林木掩映的楼阁院落之中，人与建筑的比例逐步合理，人物活动与环境的结合亦很自然。

三、因缘故事，只有释迦降服毒龙一幅，据《佛本行集经·迦叶三兄弟品》记载，佛度三迦叶时，路过优楼频螺迦叶聚落，求住宿一夜。彼有一堂，迦叶一弟子因患痢疾致使堂室污秽，家人逼其清除，弟子含恨死去，化为毒龙，住此善堂，伤害人畜。因此，迦叶安置火神以降毒龙。但以火神神力不足，未能降服。如来住此堂内，寂然禅定。毒龙外出觅食归来，见如来便吐火威逼，如来便入火光三昧，身出大火，于是草堂炽燃，火光冲天，迦叶急忙架梯汲水浇洒，而火光不灭。唯独佛陀身边寂静清凉而无火光，毒龙便至佛处，踊身跳入钵中。次日如来以钵示迦叶兄弟，告之毒龙已被降伏。壁画中情节极简单，仅画释迦持钵，钵中一龙，远不如龟兹石窟和云冈石窟同一题材那样丰富和生动。

总体而言，佛经故事画已随着大乘佛教净土思想的发展而逐渐消失。但佛经故事画在洞窟里的位置，故事内容的发展，细节的描写，主题思想的体现，意境的深化，以及人物与大自然的结合等，都大大超过早期。

经变画是随着大乘思想的兴起而出现的新题材，敦煌经变多自隋代开始出现，主要有《维摩变》、《弥勒上生变》、《药师变》、《法华经变》、《阿弥陀净土变》、《涅槃变》等六种三十九幅。由于初创，多数经变都没有形成固定模式。隋代经变和故事画多数画于窟顶。如第433窟顶部同时出现三种经变：《药师变》、《弥勒上生变》和《维摩变》。在大殿中间为《弥勒上生变》，两侧为《维摩变》，东披为《药师变》。

《维摩变》隋代有十一幅之多，有的画在正龛两侧，有的画于窟顶。有的辩论场面在室内，有的在郊外。有的维摩与文殊之间有释迦像，布局不一，大体有四种形式：

一、文殊、维摩树荫对谈。正龛两侧画维摩，文殊立像，笑容相对,亲切交谈,身后衬托着山崖树木,这是最简单的《维摩变》。

二、殿堂式。巨型殿堂中,维摩居胡床,文殊坐金刚宝座,挥扇示意,促膝谈心,从窗户中可见沙弥排列成行,聆听辩论。殿堂两端,天王侍卫,气氛庄重严肃。

三、三殿联合式。中殿为《弥勒上生变》,南殿为文殊,北殿为维摩,遥遥相对。虽然人物都在室内,但不画前墙,可以看到中庭及后院活动,这是中国壁画的一种特殊结构。

四、园林式。如第420窟正龛两侧的《维摩变》,维摩、文殊对坐殿内,文殊侃侃而谈,维摩伏案倾听,殿堂廊道中挤满了四众,殿后树木葱茏,殿前宝池莲花,鸳鸯戏水,孔雀舞翅长鸣,一派园林景色。

《阿弥陀净土变》以第393窟最有新意,西方三圣列坐莲台,宝池中莲花盛开,化生童子静坐莲宫,或从莲花中化出而合十向佛,池畔古木参天,遍地莲花,飞天凌空歌舞,园林式净土境界已具雏形。

《弥勒上生变》现存5幅,内容繁简不一。第423窟人字披西顶是其典型结构,在须弥山上横开五间大殿,象征兜率天宫,弥勒菩萨交脚而坐,四菩萨立侍左右,两侧有楼阁三层,裸衣天女演奏着箜篌、琵琶、横笛和筝等乐器。力士侍卫于侧,南北两侧有菩萨说法授记,供养天、献花天侍列两侧,形成横条画面,大约是传自中原的"台阁式弥勒变"。

《涅槃变》依据是《大般涅槃经后分》,在龟兹石窟中比比皆是，而在敦煌石窟中却是稀有题材。最早出于北周，仅一幅，隋代也只有三幅。构图已成格式，释迦右胁而卧，于双树下入灭，四周弟子举哀。这种格式，早在2世纪时印度雕刻中已经形成，敦煌的《涅槃变》，远鉴印度，近法中原，在中国化的过程中逐渐深化。如第295窟的小型《涅槃变》，举哀弟子极有变化，或"哽咽流泪"，或"捶胸大呼"，或"举手击头自拔发"。还有佛母奔丧述梦，密迹金刚闷绝躃地，痛不欲生。迦叶后到，抱脚痛哭。老婆罗门须跋陀罗于释迦临终前求为弟子，最后受戒。须跋陀罗与舍利弗、目犍连一样，不忍见释迦涅槃，即现火光三昧先佛入灭，还有龙王献宝，天人散花，献璎珞、花环以示悼念等等，大大丰富了画面内容，增强了艺术性。

《法华经变》北朝时期已经出现，但只表现《见宝塔品》，隋代逐渐增多，共有八幅，但也都只表现《法华经》部分内容。第420窟顶部是莫高窟最宏伟的《法华经变》之一，四披各有主题，北披为序品，描写灵鹫山法华会盛况。释迦、多宝二佛并坐说法，天龙云集，四众围绕。《涅槃图》是北披的中心，佛陀横卧于菩提树下七宝床上，四周围绕诸天龙神，举哀悼念。力士举棺时，金棺、银棺、铁棺同时腾空而起。荼毗时弟子们悲泣婉转，痛不欲生，这些情节多是隋代《涅槃图》中的新内容。

西披《方便品》主要描写四众布施，如施象队，施象轿，施驷马宝车，施幡盖珠宝，施音乐舞蹈等。还有佛为大象说法，为野牛、为山羊说法，特别是佛在柳荫下为百鸟说法，凤凰、孔雀、天鹅、鹦鹉等围绕座前，各有姿态。荷塘内莲蕾出水，碧空里苍龙飞腾，以及柳荫鸣蝉等奇妙境界。

南披为《比喻品》中的《火宅喻》，根据"三界火宅"一语画成。画面作大宅院，共分八个大院落，曲廊回环，花木林泉，表现佛经中所谓天界、人界和地狱，豪华壮丽，欢乐无尽。但不幸突然火起，四面延烧，狼狐毒蛇，奔驰逃逸。妖魔鬼怪，啖肉吃人，惊惶恐怖。而长者诸子嬉戏其中，若无其事，比喻人生如居火宅而不自知。长者以三车诱导诸子冲出火宅，门外有羊车、鹿车、牛车，象征小乘、中乘、大乘。最后长者给诸子以大白牛车，象征三乘归一于大乘。

东披为《观音普门品》，描写观音菩萨救苦救难，化身度人。特别是上部胡商遇盗的场面。商主乘马率领商队（骆驼队、毛驴队）满载丝绸，翻山越岭，艰苦跋涉。不幸骆驼滚下山谷，驮夫摔倒在悬崖。忽然路遇强盗，拦路打劫，经过一场恶斗，财物被抢劫一空。这一画面是根据佛经中这样一段话绘成的："若三千大千国土，中满怨贼，有一商主将诸商人齐持重宝经过险路，众商人俱发声言南无观世音菩萨名号，故即得解脱。"此图系画师根据现实生活所创造，比经文丰富、深邃得多，真实地反映了丝绸之路上中国和西方各国人民间经济交往和传播友谊的艰苦历史。另一画作波浪滚滚的大海，两只载人小船，正在过渡，海中出现龙鬼和摩竭鱼（鲸），形如一座小山，张开大嘴，威胁着两船人的生命，于是大家口念观音，即平安得渡。还有牛头阿旁，站在油锅旁边等待罪人到来。这种恐怖场面，均属画师创意，并非佛经中所有。这幅《法华经变》，采撷品数不多，但规模宏大，想象丰富，演绎精彩，是一幅尚未形成固定模式的自由结构，一幅创新之作。

《药师变》共有三幅，依据是《佛说药师如来本愿经》，人物少，结构简单，画面呈横幅。药师琉璃光佛结跏趺坐，双手作说法印，日光和月光遍照菩萨，侍立左右。两外侧胡跪十二药叉神将，佛前置西域灯轮，各九层，层层燃灯。药师经里说"灯轮七层，每层七灯，转如车轮"，灯杆上"悬五色续命神幡"，高高飘扬。隋炀帝正月十五夜在宫中观灯有一首诗："灯树千光照，华焰七枝开。""幡动黄金地，中发琉璃台。"可见，药师佛前的灯也是皇宫里的灯。佛经里说，如"遭厄运可以得渡"，药师佛是佛国里的大医王，可以"救众生之病源，治无明之痼疾"。但这里的病，非人体生理病，而是佛教里所谓"根、性"之病。

《福田经变》莫高窟共两幅，北周和隋各一幅。隋画作于开皇四年，依据是西晋译《佛说诸德福田经》。佛教把做公益事叫布施，也叫种福田，是大乘佛徒修六度的重要"善业"之一。第302窟《福田经变》，作横条连续形式，系按福田七事顺序描绘，但图中只有六事。

一者兴立佛图、僧房、堂阁。图中画伐树运木、修建佛塔和一歇山顶堂阁，有工匠正在墁壁和装饰。

二者果园浴池，树木清凉。图中画果园四面围墙，一股清流注入园中，成一水池，二人在池中沐浴。

三者常施医药，疗治众病。图中画一人仰卧于地，医生正在诊治，旁两人护理；又画一人扶起病人，倚坐树下，另一人煎药。

四者作牢坚船，渡济人民。图中画圆船于水中过渡。

五者安设桥梁，过渡羸弱。图中作栏桥横跨激流，骆驼挽车载人过桥。又作商主乘马率领商队、骆驼队、毛驴队、满载丝绸，胡商驱赶过桥。

六者近道作井，渴乏得饮。图中画方井，桔槔打水饮马，另有两人抱水罐痛饮。

"布施济众以兴福"，是三阶教搞"无尽藏"的目的，信行所创三阶教文献，藏经洞颇有发现，但三阶教经典中没有《佛说诸德福田经》。

隋代经变画在敦煌属于初创阶段，是形成敦煌佛教艺术体系的重要时期，佛经故事画有源可探，而经变画则没有前踪可鉴，纯属我国古代画师呕心沥血的创作，在壁画里营构了一个人们追求幸福生活的幻想世界。

供养人画像历代相承，多画于四壁主题下部，画像多为组像，或一主二仆，或一家一族，祖宗三代，排列成行，以僧尼为首领，实为绕窟诵经宗教仪式的写照。第62窟画施主成陀罗一家三代人的形象，充分说明了洞窟的家庙性质，画像题名如下：

"比丘普济供养"，（领头）着袈裟持香炉。

"亡祖成天赐供养"，画老人衣大袖裙襦，双手捧香炉，身后有侍者。

"亡父成僧奴供养"，画老人戴幞头，绛袍乌靴，袖手持莲，身后有侍者。

"亡兄成保相供养"，画男像，幞头，绛袍乌靴，袖手持莲。

"信士成陀罗供养"，男像，幞头靴袍，袖手持莲，这是开窟造像的施主。

"弟文达供养"，男像，幞头靴袍，袖手持莲。

"亡息阿路仁供养"，男像，幞头靴袍，袖手持莲。

"息清剽供养"，男像，幞头靴袍，袖手持莲。

"孙子张睹仁供养"，男像，幞头靴袍，袖手持莲。

"亡母赵桃根供养"，女像，窄袖衫长裙，高头履，帔帛，袖手持莲。

"妻索玉供养"，女像，窄袖衫长裙，高头履，帔帛，袖手持莲。

"女阿文供养"，女像，窄袖衫长裙，高头履，帔帛，袖手持莲。

"女阿足供养"，女像，窄袖衫长裙，高头履，帔帛，袖手持莲。

"亡女阿内供养"，女像，窄袖衫长裙，高头履，帔帛，袖手持莲。

"亡女须亥供养"，女像，窄袖衫长裙，高头履，帔帛，袖手持莲。

这是一个典型的家族功德窟。

隋代供养人画像，有官吏、贵族、庶民、僧尼、奴婢及音乐舞蹈，马车牛车等。第62窟亡祖成天赐头裹幅巾，身着大袖赭袍，白练长裙，笏头履，身后有持弓箭侍者。第302窟男供养人，头裹幅巾，身着赭袍，外披大裘，脚登长靴，身后侍者三人，此类均属官吏或贵族形象。同窟御者驾牛车，车后四婢，着窄袖衫长裙，袖手随侍，其后诞马二匹，故服侍者四人，并有持杖者。车中人当属贵族妇女。

第218窟大都督王文通像，是署名官员画像，脸圆，唇上有须，一头裹乌巾，额前垂二脚，头后垂二脚，身穿圆领窄袖长袍，腰束革带，垂砺石小刀之类，脚穿长勒乌靴，正是隋朝官员流行的胡服。

妇女形象，方脸、削肩、窄袖衫，长裙。裙腰高束，上窄下宽，形似喇叭，婷婷静立，别具风采。第62窟除了人物还有车马，亡女须亥身后一辆牛车，健壮的黄牛，奋力前进，御者压辕而行，神色紧张。这些奴仆不仅侍候主人，也是主人献给佛陀的供品。

供养人画像属于肖像画，有名有姓有官衔，但并不要求像本人，多属想象的功德像，着重表现施主的虔敬之心，至于时代风习、审美理想，必然随形象以俱来。

民族传统神话题材，隋代继续出现，现存五铺。第305窟顶部模仿第249窟的内容和形式，中心方形华盖，四角垂流苏羽葆,亦如第285窟汉风装饰。南北顶为东王公、西王母,东西顶为摩尼宝珠。东王公乘龙车着汉装伏案而坐,西王母乘凤辇,扶几持麈尾,御者为童子形羽人,竖耳,臂与腿各生羽翼,乌获献花,飞仙起舞,天花流云,飘扬动荡,颇有道家清虚缥缈的境界。

装饰图案隋代表现在平棋、藻井、栏楯、龛楣、佛光、衣冠服饰、地毯、宝盖等建筑和用具上,特别是华盖式藻井,已成为流行模式。其花纹有莲花、忍冬、火焰、宝珠、天花、云气、飞天、神怪、双龙戏珠、蹲狮翔凤、祥禽瑞兽,特别是普遍流行的圆环连珠翼马纹和狩猎,具有鲜明的波斯风采。

第392窟藻井中心,绿色的旋涡中出现二龙戏珠图案。一对青龙,昂首咋舌,张牙舞爪,争夺宝珠。有的藻开中心的莲池已变成蓝天,白云缥缈,飞天歌舞。有的还出现了马头鸟身组合纹和三兔连环追逐等装饰。这些来自印度、波斯和中亚的奇禽异兽纹饰,正是中西文化交流的产

圆环连珠斗虎纹　第402窟

物,它们大大地丰富了隋代图案的内容,促进了风格的创新。

总而言之,隋代壁画内容丰富,形式新颖,已经进入了生机勃勃的融合中西的新阶段。

隋代壁画之新,首先是佛教思想信仰上的融合和转变。北朝时期,敦煌佛教思想已与道家和儒家思想逐渐融合,民

族传统神话题材进入佛窟便是有力证明。隋代释道儒思想的融合进入了更深的层次。费长房在《新译经序》中说"释典宣真，孔教弘俗，老子教不异俗儒"，要世人"遍师孔释，令知内外，备识真俗"。在这个基础上，中原形成的"观慧无碍，禅门不雍"，调和南北，"双弘定慧"的统一的大乘思想，特别是净土思想从中原涌入敦煌，使隋代壁画的题材内容发生了巨大变化。

敦煌早期佛教主要接受西域影响，大乘、小乘沿着南北两路源源传入敦煌，因而在壁画上除禅修形象之外，多为佛经故事画：佛传故事、本生故事和因缘故事。佛传故事宣扬释迦牟尼生平事迹，颂扬他的道德神通；因缘故事描写释迦度脱众生的智慧和功绩；本生故事则是宣扬释迦前世或过去若干世，为国王、为太子、为禽为兽时，舍身饲虎、割肉贸鸽、施头千遍、以眼施人、身钉千钉、舍己救人等善行。由于释迦累世积善，功德圆满，最后成佛。这一点，故事画所依据的佛经中讲得十分清楚。

《菩萨投身饲饿虎起塔因缘经》中，佛说："吾以布施不惜身命，救众生故，超越师前，悬校九劫，今致得佛。"

《太子须达拿经》中，佛说："须达拿者我身是也，勤若如是，无央数劫，作善亦无央数劫，布施不休，自致成佛。"

《佛说睒子经》中，佛说："吾前世为子仁孝，为君慈育，为民奉献，自治得成为三界尊。"

《贤愚经·须阇提品》中，佛说："尔时须阇提太子者，今我身是，由过去世慈心孝顺，供养父母，以持身肉济父厄，缘是功德，自致成佛。"

《佛说九色鹿经》中，佛说："鹿者我身是也，菩萨所行，虽处畜生，不舍于慈，人兽并度，菩萨更勤苦行波罗蜜（波罗蜜意为到彼岸即成佛）。"

这些壁画告诉人们要忍辱牺牲，累世修行，积累功德，才能"同登正觉"，"皆成佛道"。但这样悲惨的牺牲和漫长的积累功德的过程，人们已感到遥远和渺茫。隋代的善男信女在写经、画壁画的发愿文中提出了新的希望，发出了带有儒家重现实思想的呼声。

开皇三年（583 年）武侯帅、都督县为了死去的父亲，写《法华经》、《涅槃经》、《药师经》等以为功德，"愿亡者神游净土"，又愿"家眷大小福庆从心，诸善同臻，诸恶云消，五路开通，贼寇退散，疫气不行，风调雨顺，受苦众生，速蒙解脱"。

开皇十年，清信士董仙妃为亡夫写《天通方广经》一部，"愿亡夫承此善因，游魂净土，面观诸佛"。

开皇十七年，清久优婆夷袁敬姿，节省衣食抄写《华严经》一部，"愿从今以去，灾障殄除，福庆臻来，国界永隆，万民安乐，七世久远，一切生夷……游神净国"。

仁寿三年，清信女令狐妃仁，节省衣食写《大乘方广经》一部，祝愿"七世父母，所生父母，见在家属，命过以后，托生西方无量寿国"。

大业三年，佛弟子苏七宝为亡父母写《大智度论》一部，"愿国祚永隆，五禾丰熟，人民具盛"，还希望七世父母"栖神净土"。

从这些发愿文中可以看出，人们首先希望解脱现实生活中的苦难，希望国泰民安，其次希望过去的祖先和现在的父母、家属，过世之后，托生极乐世界；同时也希望一切生灵俱登正觉，都成佛。

这里值得注意的是，发愿文中明确提出解脱现实苦难和死后进入极乐世界。因此，隋代壁画中忍辱牺牲、积累功德的本生故事逐渐减少，宣扬大乘净土思想的经变大量出现。现存本生故事仅有十一种十六幅，而新出的大乘经变就有七种三十七幅，包括口称名号立即解脱苦难的《观音普门品》在内。至于"灰身灭智，涅槃为乐"、"一切皆空"等思辨性的哲理和世世代代忍辱牺牲以求成佛的思想，已为重现实的儒家思想所代替，佛教与儒家思想得到了进一步的融合，以适应中国封建社会人们不断发展的善良愿望。

隋代壁画在新的信仰思潮中还接受了来自中原和西域两方面的有益营养，形成了不同于前代的特色。首先在北周时代兼收并蓄，不断融合的基础上，得到中原艺术巨大的推动力。隋文帝号召"雕刻灵相，图写真容"，并将中外南北画家召集到长安，实行兼收并蓄，各显所长。当时的巨匠展子虔和董伯仁，便是应诏从河北和江南来的。郑法士、田僧亮、阎毗、杨契丹、杨子华以及于阗的尉迟跋支那、跋魔，天竺画家迦佛陀、昙摩拙义等，荟萃长安，西域画家与中原画家大显身手，在寺院里画了大量佛教壁画，掀起了竞赛之风。一次，郑法士、杨契丹和田僧亮同在长安光明寺画塔，各画一壁，各极其妙，当时称为三绝。但杨契丹作画时用竹席遮掩，不让人看，郑法士偷看时对杨说："君画终不可学，何劳障蔽？"又要求看杨的画稿，杨引郑至朝堂，指着宫阙、人物、车马说："此吾之画本也。"郑深为叹服。由于画家们的互相切磋，不断交流，不仅促进了隋代艺术水平的提高和发展，也促进了统一的民族风格的形成。

维摩变　麦积山第127窟东壁（左壁）

隋代的敦煌壁画，无论是题材或风格，都直接间接地接受内地艺术的影响，因而各种经变都比内地晚出，而且大量吸收了中原艺术的成就，这一点反映在题材的流传和意境的创造等各方面。如《维摩变》，自东晋顾恺之首创《维摩诘》之后，袁倩、张墨、张僧繇都画过《维摩变》。云冈、龙门等石窟的雕刻中早已出现，麦积山第127窟北魏晚期的《维摩变》已经是通壁巨制，文殊与维摩在城外林中展开了辩论，帝王出行，各国王子赴会，遥遥相对，已形成《维摩变》固定模式。又如《净土变》，也在麦积山第 127 窟出现，与《维摩变》遥遥相对。中部画大殿，阿弥陀佛结跏趺坐，两侧耸立重层阁楼，古木参天，浓荫蔽日，菩萨伫立树下，合掌礼敬。大殿前一场舞乐，乐队排列如八字，乐工席地演奏，正中树建鼓，二人对面杖击，两侧天人着南朝衣冠，挥袖起舞，悠扬婉转，潇洒轻盈，纯属汉晋歌舞。至此中国式《净土变》已经形成；敦煌所有经变的语息或样本都来自中原，而且传向西域。

西方净土变　麦积山第127窟西壁（右壁）

　　到隋代，壁画虽然已经过一个半世纪的中国化，但丝绸之路这条文化大运河波澜起伏，川流不息。犍陀罗艺术的余波，笈多王朝艺术的漩涡，希腊罗马艺术的涟漪，都对隋代壁画继续有所影响，而最突出的则是波斯艺术，特别是波斯装饰纹样。汉唐以来，波斯一直是中国丝绸的转手贸易者，中国与波斯结下了深厚的友谊。北周时代，波斯萨珊朝国王库思老二世阿奴细尔在位时，周武帝曾遣使者赠送天青绣锦袍一件，其光彩华丽夺目，上有金丝绣群臣朝拜波斯王图和美人图，如在暗中观看，其光四射，给人以特殊的美感。隋文帝杨坚在位时，波斯王遣使入朝，回赠金绵锦袍，色彩花纹精美华丽，文帝命御府监何稠仿制，制成后比波斯所赠者更佳，说明织锦技术隋代仍居世界第一。中波两国通过友好往来促进了文化交流。

考古发现证明，5、6世纪时，波斯艺术和波斯锦流行于中亚和西域（新疆地区）。在阿富汗巴米羊（即巴米扬）石窟壁画中，在苏联撒马尔罕寺院遗址的壁画中，波斯特有的圆环连珠翼马纹、对雁纹、狩猎纹、人面纹以及马头鸟身纹等，多有发现。这些纹样很快进入了西域，在克孜尔石窟壁画中，龟兹供养人身着圆环连珠纹锦袍，在吐鲁番古墓中出土了大量波斯锦，有圆环连珠对雁纹、猪头纹、贵字对孔雀纹和套环连珠贵字纹。斯坦因还在敦煌劫去了圆环连珠对羊纹残锦。所有这些波斯式锦绮纹，大都出现在隋代壁画上，它给隋代壁画装点出新的风采和时代特色。

隋代壁画，在北周壁画融会中西的基础上又有新的发展，既接受了中原艺术的题材和风格，同时又接受了西方艺术的新影响，特别是波斯纹样，在中国壁画的创作方法和表现技法基础上，又吸收了从西域传来的技法，融合中西于一炉，逐步形成了具有敦煌特色和民族风格的隋代壁画。

隋代壁画不断地提高了现实与想象相结合的创作方法，在人物造型上向写实迈进了一大步，人体比例接近真人，但这不是形式上的比例匀称，而是对人体构造、生理规律的理解和艺术掌握，如人物面相的中国化，肌肉内在的坚实感，关节转动的自然感，手指纤巧灵活的真实感，对人体美的表现注入了内在的生命力，已经达到了中原画家"动笔形似，画外有情"的境地。

线的运用,更为简练、粗壮、遒劲而豪放。有的等身巨像,以粗壮的土红线起稿,一次定型,有的以浓墨线描眉画眼,使人物形象神采奕奕。起稿的土红线,有粗有细,有长有短,有主有辅,有实有虚,巧妙地组合成各种不同的形象。线的形态也在变化,衣纹的长线中已孕育着圆润飘逸而富有变化的兰叶描。许多装饰图案,以白粉线描花纹,有的描线后再点色,土红线和白粉线在画面上发挥了不同的造型功能和审美情趣。

色彩上有两派:一派简淡,一派富丽。富丽者,以青绿为主调,土红涂地,贴金晕彩,辉煌灿烂,展现了新的绚丽之美。简淡者以土红为主调,棕绿为辅,表现了朴质浑厚之美,二者各有千秋。

立体感的表现方法有四种:一种,中西合璧晕染法,以肉红色为地,朱红叠晕,染眉棱、鼻梁、两颊、两鬓、下巴,层次多,立体感强,如第420窟的菩萨。一种,中国传统晕染法,以淡赭为地,以赭红晕染两颊及上眼睑,简单明快,既有色感,亦有立体感,这就是展子虔的色晕法,使人物面部神采如生,意度具足。一种,中国式素面,白粉涂地,不施晕染,如第276窟的菩萨。最后一种,天竺遗法,以肉红涂地,朱红圆环叠染,最后以白粉涂鼻梁和眼球,变色后为黑脸白鼻梁,白眼睑,呈小字脸型。这类晕染已不多见。隋代画师将西域式晕染法融合于民族晕染之中,创造了新的立体感表现手法。

北魏　菩萨
敦煌式西域
晕染法
第435窟

西魏　菩萨
中原式秀骨
清像晕染法
第285窟

隋　菩萨
隋代造型和
晕染的融合
第420窟

意境创造在佛教艺术上的特色是：普遍追求宁静与清净。佛教修持的就是"澄心静虑"、"自性清静"，菩萨的形与神多表现了这种自在境界。主题性故事画中的人物活动，多与自然环境相结合，形成了和谐而自然的特殊境界。大乘经变画尚在初创阶段，象征性很强，如《西方净土变》，就是《说法图》加宝池莲花；《药师变》，就是《说法图》加灯轮和十二神将；《弥勒变》，须弥山上楼阁歌舞；《维摩变》，殿堂、宝池，林木以象征净土、净国。但佛经中所描述的广阔无垠、可感可入的仙山琼阁、歌舞楼台式的极乐世界，在隋代敦煌壁画中尚未出现。

隋代画师已开始典型的探索。宗教人物多属想象形象，富于异域风采，但隋代已逐渐变化，佛、菩萨的庄严慈祥、温柔敦厚的共同特征，多属东方型中国人面容和表情，而衣冠则多属外来式。宝珠冠，上身半裸或着僧祇支，璎珞环钏严身，披巾长垂，重裙赤脚，身姿微倾，如"S"形。这里明显地保留着印度、波斯菩萨造型影响，但在恬静的神态中，女性化程度日益明显，中国式菩萨的模式已逐渐形成。迦叶，是苦行出身的外道，"大行渊广"，是接受释迦袈裟的传法弟子，知识渊博，聪俊慧敏。为了与老迦叶相对应，画师们塑造了一位少年英俊的汉僧形象。他们都是集结佛经有功的高僧，因而他们的画像总是侍立在佛陀左右，而且永为定式。中国式佛教人物的典型形象，大多在隋代酝酿形成。

隋 菩萨
向唐初统一的民族风格过渡
第278窟

隋代壁画无论是宗教人物还是世俗人物，都在类型性格基础上表现了个性，展示了人物内心情思。如第276窟的观音菩萨，一手持柳枝，一手提净瓶，目光下视，庄严肃穆，女性的温静中又颇有男子气概。同窟另一观音，一手捉瓶，一手托钵，眼前视，嘴紧闭，含蓄地透露出内心的愉悦之情和女性的妩媚之态。同窟的迦叶，眼微闭，嘴微张，面带笑容，开朗而憨厚，第244窟的迦叶则蹙眉张目，定睛注视，庄严肃穆。第267窟的维摩居士，纶巾羽扇，满面笑容，"如说之唇"似乎发出铿锵的语音，风神爽朗。而第420窟的维摩居士瘦骨嶙峋，沉着镇静，手挥麈尾，伏案倾听。从上述数例看，同一人物在不同画师笔下各有不同形貌和神情风采。

正像北魏人所记黄花寺壁画中所说："形本是画，画以象真，真之所示，即乃有神。"虽然这是画史上妙画通神的神话，但它却说明通过真实的艺术形象，才能表现人物的生命和灵魂，所以，传神是中国古代艺术审美的最高标准。

隋代壁画继承了重形似、重想象、重神似的传统和一系列民族绘画的表现技法，使壁画具有鲜明的民族风格。但它不是汉晋传统简单的继承，而是吸取其精华，结合现实大胆创造，更重要的是融合了西域民族佛教艺术和中亚、南亚、西亚，特别是波斯艺术的营养，在"统一"这个时代精神和审美时潮中，熔铸而成的新的民族风格。

敦煌是中西文化交流交汇点，虽然形成了统一的时代风格和民族风格，但仍然比较明显地存在着两种风格，即疏体与密体。

疏体是沿着西魏、北周时期延续下来的"迹简意淡而雅正"的早期画派。从开皇到大业，一脉相承，作画时首先作总体设计，安排各种画的部位，然后以土红在粉壁上弹线起稿，如《说法图》，定好主尊的位置后即用土红弹出纵横交错的定位线，特别是主尊的中轴线，以便画出庄严肃穆的正面形象，然后以较粗壮的土红线起稿，画稿的造型是很准确的。有的在土红线外沿描一道浓墨线定型，使土红线有一定晕染的效果，墨线与粉壁之间多一道赭红中间色，以增强画面的和谐感，有的起稿线也是定型线，大业时期第 267 窟的维摩诘和文殊师利均以土红线一次完成，简练概括，人物形象"笔才一二，像以应焉"，造型的准确性，传神的深刻性，以及赋彩的简单、明快和淳朴，都继承和发扬了早期北方壁画朴实浑厚的风格。

密体，即"细密精致而臻丽"的展、郑一派的中原画风。展子虔、郑法士都是当时著名佛教画家，在京师寺院中作画很多，如《药师变》、《涅槃变》、《法华变》、《维摩变》、《弥勒变》菩萨、鬼神以及道经变相。展子虔擅长楼阁、人物、车马和山水，郑法士也擅长"飞观层楼，间以乔林嘉树，碧潭素濑，糅以杂英芳草"。这种画风，在开皇后期便出现在第427、419、420等窟故事画中，如《须达拿本生》，情节丰富，人物众多，布局紧密，以殿堂、宅院、楼阁、回廊等建筑物为画面主体，穿插着山陵树木，流泉塘池，飞禽走兽，形成了一片辽阔而幽深的自然环境，人物就活动在这个特定的环境中，使人与山泉、蕉柳、狮、虎、麋鹿同在一起，形成了佛教所追求的众生和谐的境界。

又如《法华经·火宅喻》，整个画面以建筑为主体，"五步严楼，十步一阁，廊腰漫回，檐牙雕琢，各抱地势，勾心斗角"。这一精心营构，充分地描写了富豪的大宅院——火宅这个主题。所有院落的屋顶都已升起了火苗，但长者家中的儿子们却安详自在，嬉戏如故，直到大火延烧，光焰冲天，梁栋倾塌，鬼怪横行，眼看人间乐园顷刻变成悲惨地狱，长者又以三车引诱他们冲出火宅，免遭灾难，但在画面上庭院建筑完整无损。可以想象董、展画风对敦煌壁画的影响。

对佛、菩萨等神灵形象的描绘，造型真实，线描精细，装饰繁复，色彩绚丽。菩萨的宝冠、环钏多以金饰，身披波斯天衣，精致富丽，与疏体形成两种不同的审美情趣。

隋代壁画既体现了共同的时代精神和新的民族风格，又具有不同画派风格，这正是隋代画师探索时期的特色，也是隋代壁画风格多样化的新成就。

敦煌石窟初唐壁画概况

　　唐朝是我国封建时代政治、经济和文化发展的最高峰，也是当时世界上最先进的国家之一。

　　历时近三百年的唐王朝，初唐八十余年是最富有生命力的上升时期。胸怀雄心壮志的唐太宗李世民，汲取了隋朝灭亡的历史教训，考虑到人民疾苦而励精图治，采取了一系列改革措施：轻徭役，薄赋税，行均田，勤农桑，选用廉吏，广开言路，破除"贵中华，贱夷狄"的民族政策，吸收各族首领及有战功者入仕长安。据历史记载，当时布列朝廷的各民族官员，"五品以上百余人"。正月初一朝贺皇帝者"常数百千人"，因而取得了"四海宁一"的大好局面。同时，重新打开了西域通道。丝绸之路上"伊吾之右，波斯以东，朝贡不绝，商旅相继"。大大促进了中西经济文化交流，从而使唐朝走上了繁荣富强之路。由于"贞观之治"，一个统一的多民族的封建帝国崛起于东方，为整个唐王朝奠定了坚实的基础，这就是唐代敦煌石窟艺术昌盛繁荣的内在基因。

　　李渊父子高瞻远瞩，深谋远虑。他们看到隋王朝的统一繁荣，与控制河西，抗击突厥，经营西域，打开国际通道分不开。因而，远在唐王朝建立之前，大业十三年（617年）便封李世民为"敦煌公"，右领军大都督。建国之次年，武德二年（619年）又以李世民为左武侯大将军，使持节凉、甘、瓜、鄯、肃、会、兰、河、廓九州诸军事，凉州总管，直接控制河西和敦煌。同年，敦煌就纳入唐朝建制。武德三年（620年）又置瓜州领敦煌县。瓜州刺史贺拔行威，拘捕了骠骑将军达奚暠，举兵反唐。贺拔行威是个企图割据自雄的野心人物，《敦煌二十咏》中有他的画像，"英雄传贺拔，割据王敦煌。五郡征巧匠，千金造寝堂。绮檐安兽瓦，粉壁架红梁。峻宇称无德，何曾有不亡？"武德五年（622年）瓜州土豪王幹，杀贺拔行威归唐，一场割据骚乱遂告平息。过了一年，州人张护、李通杀新任瓜州总管贺若怀廓，推出沙州别驾窦伏明主领州事，窦伏明见大势已去，便举兵降唐。敦煌政局才真正稳定下来。

贞观十四年（640年）侯君集平定高昌和安西四镇，丝绸之路全线畅通，唐太宗在他的诗里写道："悠悠卷旗旌，饮马出长城。塞沙连骑迹，朔吹断边声。胡尘清玉塞，羌笛韵金钲。绝漠干戈戢，车徒振原隰。都尉反龙堆，将军旋军邑，扬尘氛雾静，纪石功名立。"虽然在平定西域、统一全国的战争中，河西供役繁重，"飞刍挽粟，十室九空，数郡萧然"。但这种暂时的困难，很快即过去。

初唐期间，唐王朝在河西和敦煌，安抚逃人，选派营田使，大兴水利。久视元年（700年）凉州都督、陇右诸军州大使郭元振，派甘州刺史李汉通，"开屯田，尽水陆之利"。连续几年丰收，积蓄的军粮可用几十年，郭元振在凉州五年，"牛羊被野，路不拾遗"，"天下称富"。

敦煌发现的民谣中歌颂武则天说："昔年寇盗，禾黍凋伤，四人扰扰，百姓皇皇。"今天："乡士济济，流水洋洋。""三农五谷，万庾千箱。""昔靡单袴，今日重裳。""危邦载静，乱俗还平。"官家采风使的记录，难免有阿谀奉承之辞，但人口发展到近四万人的沙州，当时是河西繁华富裕的都市是无疑的。

随着政治经济的上升，佛教的发展也很快。从武德到总章这五十年间，仅国寺就有四千所，官寺和民间兰若不计其数，佛教已进入全盛时代。唐太宗自己说："至于佛教，意非所尊"，"朕所好者，唯尧舜周孔之道"。但这位"皇帝菩萨"实际上却大兴佛寺，广度僧尼。他与玄奘结交甚深，虽然他曾劝玄奘"脱须萨提之染衣，挂维摩诘之素服"，到朝廷做官，但他又为玄奘修建译场，亲制圣教序，在"大乘天"的影响下，李世民对佛教是"情深护持"。

尼姑庵里出来的武则天，是念过佛经出家修行的人，她充分地利用了佛教作为政治斗争的工具。沙门怀义与法明等人，在《大云经》里伪造武则天是弥勒下生，当作"阎浮提"主。敦煌藏经洞出土的《大云经疏》，更赤裸裸地宣扬武则天为"神皇"，还以谶语广为宣传，说什么"三六年少唱堂堂，次第还歌武媚娘"。"非旧非新，交七为首，傍山之下，倒出圣人（即妇字）"。为武则天登上皇帝宝座造舆论。因而，武则天载初元年（690年）命令天下诸州造大云寺，藏《大云经》。她还派人造巨大的夹纻像，其小指可站数十人。莫高窟延载二年（695年）的北大像，无疑是修建大云寺命令下的产物。

武则天登极之后，即令修"万像神宫"，并将佛教排在道教之前，大力提倡佛教，致使佛教不仅"波涌于闾里"，而且"风靡于朝廷"。所以狄仁杰上疏说："里陌动有经坊，阛阓亦立精舍。"佛教已经传遍各阶层、各民族，深入民间。

唐王朝还在长安设立写经机构，有一批专职的官经生。还指令于志宁、许敬宗、李义府、杜正伦等刺史、侍中一级的大臣为译经润文使，大量的长安写经沿着丝路向西流传。敦煌藏经洞发现的写经中，唐经数量居第一位，中原传来的纪年唐经，从武德二年开始，经过贞观、永徽、显庆、龙朔、总章、咸亨、上元、仪凤、永淳、文明、垂拱、天授、长寿、证圣、圣历，直到长安四年武则天退位，八十五年间连续不断，写经中以《法华经》《阿弥陀经》《维摩诘经》《观无量寿经》、《药师经》、《宝雨经》、《弥勒经》、《阿毗达摩经》等为最多，这些写经就是壁画创作的依据。

莫高窟虽为荒漠绝谷，但经过几百年的人工改造和营建，本身已成艺术作品。圣历碑说它是"神秀之幽岩，灵奇之净域"。窟前一片绿洲，树林中一条小溪，林木葱郁，流水潺潺。"川原丽，物色新"，风景十分优美。登上洞窟栏槛和悬梯，站在重楼高阁之前，"似游乎天上"。

大历碑描写更生动："上下云矗，构以飞阁，南北霞连"，"前有长河，波映重阁"。在宕泉的波澜里可以看到虚栏重阁的倒影。到了夜里，"圣灯时照，一川星悬，神钟乍鸣，四山雷发"。多么富有诗情画意啊！

在一公里面对三危山的断崖上，保存着四百九十二个有壁画塑像的洞窟，其中唐窟占了将近一半，在二百二十八个唐窟中，初唐窟共四十四个，如果按时间先后排列，大体可分为三期：一、武德期，主要指未受中原影响、仍然保持隋末余风的洞窟，如第 390、392、244、314 等窟。二、贞观期，指唐太宗定河西平高昌之后的洞窟，如第 203、209、205、57、322、71、220、431 等窟。三、武周期，指武则天执政时期的洞窟，如第 335、329、331、321、334、332、323、378、328 等窟。各期洞窟各有特点，但总趋向是一致的。洞窟形制主要为倒斗顶方形窟，有个别中心柱长方形窟和高敞的大佛窟、涅槃窟。

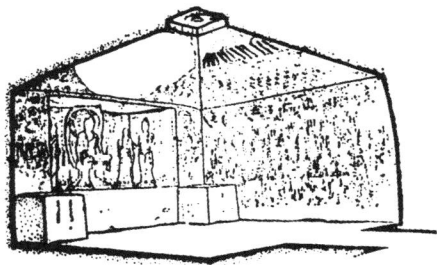

石窟透视图　第220窟　　　石窟剖面图　第220窟

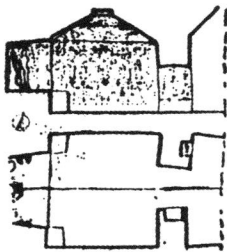

以六类不同题材的壁画组成一个个立体的佛国世界，内

容非常丰富。

第一类是故事画。随着大乘佛教在全国的流行，歌颂释迦牟尼前生善行、宣扬累世修行才能成佛的本生故事和度化众生的因缘故事的独立画面逐步消失，只剩下描写释迦生平事迹的佛传故事画中最具有代表性的两个场面——"乘象入胎"和"夜半逾城"。这一题材，从北魏一直流传到初唐。

"乘象入胎"表现护明菩萨乘六牙白象自兜率天宫下降人间。上有天女散花，身后有天人奏乐，下有天人承托莲花，飞翔空中。白象的长牙上立着汉装舞女，轻歌曼舞，悠然自得。

"夜半逾城"描写悉达多太子逃宫出家，太子头戴印度式三珠宝冠，身着汉式大袖长袍，乘白马夜半逾城，四天人捧马脚，飞腾出宫，侍从车匿亦着汉装，随侍马后。

这一题材，从印度经西域传入敦煌，一开始即为一对独立画面，画于帐门两侧，历代相承。人物形象和画面结构，随时代而变化，至初唐出现了将分离的画面汇合在一起的统一结构。未入胎的菩萨，与已出生的太子，同在一个空间。天乐自鸣，天女歌舞，天花乱坠，彩云飞扬，一片迷迷茫茫无穷无尽的太空，幻现了一种神秘而又欢乐的境界。

第二类是尊像画。也可称为宗教神灵的肖像画。主要表现为佛陀说法场面，各窟正龛都有塑绘结合的说法相，除佛陀之外，还有弟子、菩萨、天王、力士、乐神、歌神等八部圣众，这就是控制全窟或者说控制佛国世界的统治层的象征。在说法相的两侧，鹿头梵志和婆薮仙以奇异的形象继续出现，虬髯，裸体，帔巾。鹿头梵志手托骷髅，示其能敲骨测病。婆薮仙手执一鸟，示其主张杀生啖肉。他们都是与佛陀辩论中的手下败将，他们的尴尬神态正好衬托出佛徒们胜利时的庄严得意。

第57窟和第322窟的说法图，是这两窟的主题壁画，场面大，人物多。菩萨面相丰满，比例匀称，宝冠巍峨，璎珞严身，色彩鲜丽，神采盎然。

佛像计有：释迦牟尼佛、弥勒佛、药师佛、释迦多宝并坐像以及三佛、七佛、十方诸佛、千佛等多种形象，是佛教最高的神。行住坐卧"四威仪"，多有固定格式。因此多半模仿西域形制，正襟危坐，庄严肃穆。佛像的外貌特征、内在精神则随国家民族和时代而变化。北朝佛像多面带微笑，超然出尘，而初唐佛像已成为关心世事的庄严帝王之相。

菩萨像早期多在法会的群体中存在，唐初独立的菩萨像开始出现，常见的有观音、势至、文殊、普贤等，形象生动，富于人情味。

佛、菩萨像多为修功德而作，《法华经》里说："彩画作佛像，百福庄严相，自作使人作，皆已成佛道。"它是人们进入天国的门票。

第三类是经变画。指一部经作一幅画，这是唐代洞窟的主要题材。唐初流行的主要经变有：《阿弥陀经变》《维摩诘经变》《弥勒经变》《观无量寿经变》《法华经变》《涅槃经变》《宝雨经变》《地狱变》等。是古代匠师们以佛经为依据"各骋奇思"而绘制的通壁巨制，是中国佛教艺术新的创造，而且在创作中逐步完善了经变画的模式，对邻国的佛教艺术产生了很大的影响。

《阿弥陀经变》（也称《无量寿佛经变》）描绘想象中的极乐世界，这个世界里有"七宝池、八功德水"，"池底纯以金沙布地，四边阶道，金银琉璃合成，上有楼阁，金银琉璃玻璃砗磲赤珠玛瑙而严饰之"。根据这个抽象的蓝图，画师们精心营构，以平台雕栏天空水池为活动环境，以阿弥陀佛为中心，两侧为观音、势至二菩萨，四周围绕着诸天圣众，正如变文中所说："左右天人八部众，东西侍卫四方神。"大大小小的菩萨，三五成群，按照对称、均衡而不死板的审美原则，巧妙地将一百四十五人的巨型画面，组成向心式构图，整个画面像一座露天大舞台，佛国世界的种种欢乐景象生动地展现在观众面前。

在佛陀的前面为歌舞场面，乐队分列两侧，箫笛并奏，鼓钹交响。舞伎在小圆毡子上挥舞长巾，翩翩起舞。碧空里幡盖林立，天花飘荡，天乐浮空，不鼓自鸣。正像法照和尚念佛赞里所描写的："微风吹动妙清音，虚空自降万般花。"七宝池里绿波荡漾，化生童子自莲花中出，变文中描写道："西方净土有婴孩，一一托根出莲台，亲见如来说妙法，自然解脱悟心开。"通过出污泥而不染的莲花以净化灵魂，这是佛教设计的进入极乐世界的惟一途径。

佛陀还为芸芸众生开辟了一条最简便易行的进入极乐

世界的途径：天天念阿弥陀佛，"一心不乱"，坚持一至七天，临命终时，阿弥陀佛就率领圣众，前来迎接到极乐世界去。这个美好的想象，吸引着千千万万的善男信女，"破产以超佛"，所以净土宗大师善导，于贞观十五年就在长安画了三百幅《阿弥陀净土变》。后来武则天又以此为蓝本制造了四百幅阿弥陀净土大绣帐。从中原兴起的净土意识流，从长安沿丝路向西倾泻，有力地冲击着敦煌，在莫高窟初唐洞窟里普遍播下了净土变的种子，出现了十九壁《阿弥陀经变》，并逐步完善了净土变的意境创造，形成了净土变的固定模式，历代相承，流行了六百多年。

《维摩变》是一个富有戏剧性的题材，从东晋顾恺之首创维摩诘像之后，南北维摩诘形象显然不同，南方的清瘦，北方的健壮。敦煌的《维摩变》，辗转传自南方，因而往往晚出。武德年间的《维摩变》，还画在帐门两侧，画面很小，仅仅表现"维摩示疾"、"文殊问病"等简单内容。贞观时期已趋成熟，形成了一定的格式。圣历二年的《维摩变》则是完整的通壁巨构，表现了以文殊问疾品为主题的六七个品的许多情节，画面描写了文殊师利和维摩诘在毗耶离城外空旷之地，展开了一场哲理性的辩论。文殊师利与维摩诘东西相对，形成画面两个主体。维摩诘居方丈，头展白纶巾，身穿鹤氅裘，凭几探身，手挥麈尾，扬眉动目，似乎正在与文殊侃侃答辩。文殊结跏坐莲台，双手合十敬礼，似乎在表示慰问之意。维摩诘帐下侍立着各国君长和使者，文殊台前走过来中国帝王、大臣和各族首领。在文殊与维摩诘的座前，展现着种种神通变化："借座灯王，请饭香士，手接大千，室包乾象"等等，表现了《维摩诘经十四品》中最具有想象力和戏剧性的情节。如舍利弗见维摩诘方丈窄小而又无有床座，忖思我等当于何坐？维摩诘一挥手间，须弥灯王遣来三万二千狮子宝座，进入方丈而不觉得窄小。这就是所谓"室包乾象"，"芥子纳须弥"，令人不可思议。维摩诘请众菩萨、弟子升座，得神通菩萨，自变形高四万二千由旬（一由旬等于三十里）升上狮子宝座。而新发意菩萨及诸大弟子皆不能升，维摩诘故意戏请小乘弟子舍利弗上升宝座，舍利弗惭愧地说："此座太高，我不能升。"维摩诘说："喔！舍利弗！你给须弥灯王行个礼即可升上宝座。"众菩萨及弟子不得已，只好恭恭敬敬向须弥灯王合十敬礼，这样才获得神通力升上狮子宝座。

时至日中，舍利弗暗想：饥肠辘辘，当于何食？维摩诘不起于座，分身化为菩萨，直飞香积国，请来一钵清香扑鼻的香饭，献于维摩诘座前。有佛弟子想：饭少人多，当与谁吃？化身菩萨翻转钵头，倾饭于地，顿时香饭堆积如山。吃香饭者毛孔里自然喷出香气，闻此香气者，身心安乐，皆大欢喜。

舍利弗问维摩诘，你从何处死后来到此地？维摩诘不答而反问：你学的法有生死吗？时佛陀告诉舍利弗，维摩诘来自妙喜国无动如来处。原来维摩诘舍弃清净国土，来生不净世界而不同流合污，并为众生消除烦恼，于是大众都想一见妙喜国无动如来。维摩诘不动声色，一伸手，掌中现出妙喜国：铁围山，须弥山，溪谷沙河，大海流泉，日月星辰，城邑村落，男女老少以及天宫，鬼神，菩萨弟子和不动如来。佛弟子惊叹不已。

更有趣者是天女散花。维摩诘帐中有隐身天女，忽然现身，撒出一把天花。花落在菩萨身上立刻坠地，落在佛弟子身上则粘着不落。舍利弗用力去花而不可能。天女笑问："为何去花？"舍利弗答："此花不如法。"天女以讥讽的口气说："此花与人无分别，坠者已断一切杂念；不坠者，未能舍结习，难以落天花。"对这一具有幽默情趣的情节，《敦煌曲子辞》有生动的描写："日映未，日映未，居士室中天女侍，声闻神变不知她，舍利怀惭花不坠。花不坠，心有畏，无明相上妄生二。"这里有意嘲笑小乘法声闻弟子的悟性不高。

综观画面情节，维摩诘以大乘哲理和神通变化，折服了佛弟子，塑造了一个既有妻子儿女、又有田园奴婢、辩才无碍、神通广大的居士形象。

画中情节神奇莫测，辩论中带有幽默诙谐嘲笑风趣。但双方并无敌对恶意，而且故事的结局往往是皆大欢喜，《维摩变》展现了具有哲理性和含蓄性的喜剧类。

《弥勒变》描写未来的极乐世界，初唐有两种形式。一种为《弥勒上生经变》，出现于隋末唐初，多画在龛顶，于一朵云彩中幻现天宫楼阁。弥勒高髻宝冠居宫殿中，变文中写道："绀摩尼殿内宫开，弥勒初生坐宝台，顶上花冠光缭绕，身边璎珞响徘徊。"生动地描写了弥勒为菩萨时在兜率天宫说法的形象。两侧有伎乐载歌载舞，殿前呈七宝。天人活动在一片宫廷园林中，境界幽静而清新。另一种为弥勒上生下生合变，多为通壁巨制，如第329窟北壁的《弥勒变》，在一片水国中排列着三段平台，上段为弥勒上生：弥勒作菩萨形，楼阁高耸，平台与平台之间有虹桥通联。三组说法相表现龙华树下弥勒三会。中段为弥勒下生：弥勒已成佛，两侧各有一组说法相，表现弥勒三尊，左边为法华林菩萨，右边为大妙相菩萨。下段为儴佉王献宝出家和佛母梵摩越削发为尼，平台上明珠宝柱林立，七宝池内绿波荡漾，雕栏上孔雀鹦鹉展翅歌舞。佛经里描述：弥勒世界，在"园林池泉之中，自然有八功德水，青红赤白杂色莲花遍覆其上。宝池四边，四宝阶道，众鸟和集，鸳鸯、孔雀、翡翠、鹦鹉等诸妙音鸟在水中歌唱。果树、香树、香山、甜水，非常富乐"。

上部一片蓝天，彩云浮空，幡幢飘扬。蓝天绿水，一线相连，境界空旷辽阔，其意境与阿弥陀经变无异，但还没有表现出以华林园为背景的人间世界。

《法华经变》是大乘教为善男信女广开方便之门的经变。从北魏起就以《见宝塔品》单独出现，尚未形成完整结构，初唐时期惟一的一幅内容较多的《法华经变》，绘在第331窟东壁。中部画释迦多宝并坐塔内说法，上面一排画十方诸佛赴会，塔下有妙音菩萨奉献璎珞，两侧为观音、势至、文殊、普贤诸大菩萨、四大天王以及各国君王、大臣等四众礼佛。北端画大海，海上有宫殿，并有菩萨从大海涌出，飞腾空中。其中有娑竭罗龙王八岁女儿献珠升天的情节。还有表现文殊师利入海至龙宫化度众生的场面。南端画从地涌出，还有奉献七宝的场面。这幅横卷式的画面，以见宝塔为中心，巧妙地组合了序品、妙音菩萨品、提婆达多品和从地涌出品的一些情节，虽然还没有形成内容完整的经变，却是探索中的新形式。特别以泥壁为地色，衬托出简练生动的人物形象和明快莹洁的色调，形成了清新绚丽而又生气勃勃的风格。

在武则天时期，敦煌发现了惟一的一幅《宝雨经变》。它是以伽耶山为主峰，崇山峻岭为背景的巨型经变，中心以佛陀为主，两侧侍立着阿修罗、帝释天、龙王、弥勒、普贤等圣众。座下有止盖菩萨请问，还有东方月光天子，国王大臣，组成一个众星捧月式的向心结构。佛陀上空，满天珠宝纷纷降落，这是《宝雨经变》鲜明的特征。

两侧大量生动的小画面，表现了佛经中许多抽象哲理和神学概念。其中有收割、造塔、盖房、牧象、饮马、狩猎、角力、推磨、燃灯、炊事、争斗、念经等人民生活场景，有山峦、河流、长城、关隘、城市商旅及丝绸贸易等西北风光，有火烧、坠岩、跳水、鞭笞、毒蛇猛兽等人间苦难，还有阎罗王、铁城、罪人、刀山、剑池和牛头阿傍等地狱景象。这幅壁画表现了人间生活、地狱恐怖和佛国世界，是一幅内容丰富、结构严谨的佛教宣传解脱之路的作品。但这幅经变的上方，一带茫茫云海，云海中伸出两只巨手，一手托日，一手托月，其意为日月当空，正是武则天的名字武周新字中的"曌"，这是佛徒们为这位崇佛的女主——武则天歌功颂德的巧妙构思。宗教艺术成了政治的奴仆。

《涅槃变》是"涅槃为乐"的形象表现。出自印度，流行于西域，龟兹早期石窟中多有双林入灭、香木荼毗、八王分舍利等场面。而敦煌十六国北朝只有一幅《涅槃变》，隋代《涅槃变》，内容也极简略，圣历元年的第332窟的《涅槃变》，形制大体模仿龟兹早期石窟，"中浮宝刹"，"后起涅槃之变"，塑绘结合，主要表现哀悼场面，南壁一幅完整的《涅槃变》共绘了十个场面。

一、临终遗教。画说法相，表现释迦牟尼在八十高龄时，因病而预感无常，即向四众宣称将入涅槃。

二、树下卧病。释迦牟尼横卧宝床，四众劝佛不入涅槃。

三、双林入灭。释迦牟尼在菩提树下右胁而卧，瞑目逝世。天人共悼，百兽悲鸣，密迹金刚，痛不欲生。

四、佛母下天。空中一道彩云托着阿那律和摩耶夫人，划破长空直奔棺前，悼念释迦。

五、迦叶奔丧。迦叶在耆阇崛山修行，忽闻释迦涅槃，赶至棺前，抱脚痛哭。

六、现身说法。摩耶夫人来至棺前，惜已入殓，佛念母恩，自金棺出，为母说法。

七、力士举棺游行。佛棺沉重，力士不能举，佛以慈悲力现大神通，忽然金棺自举，绕城一周。幡盖飘扬，香烟缭绕，浩浩荡荡地缓步进入荼毗场。

八、香木荼毗。金棺在烈火中焚烧，八部圣众、十大弟子，绕棺哀悼。

九、八王争舍利。释迦荼毗之后，优填王、阿阇世王等八国王，各领众兵抵拘尸那城。各王扬言：舍利我应独得，如若不与，当以力取。这里描写八个少数民族君长，横枪跃马，在荒原上一片酣战。

十、起塔供养。激战之后，经优波吉大臣调解，八国均分舍利，起塔供养。

这幅《涅槃变》，结构自由，穿插巧妙，佛母下天的一缕云彩，送殡队伍的浩浩荡荡，山水之间的古战场，生动而有变化，没有固定格式。特别是棺上站雄鸡，体现了乡土风俗。不守戒律的比丘手舞足蹈，以对立面作反衬，使画面平添了生活情趣，大大突破了佛经束缚。

《地狱变》是近年莫高窟新发现的一堵残壁画。绘于第321窟前室门南，虽被后代重修时破坏，仍能看出铁城、刀山、剑池，地狱门外的牛头罗刹和披枷戴锁的罪人，地狱苦吟中有几句唱辞，"剑树刀山霜雪白，有心见者总心寒，更有铁城千万丈，四门烟起火炎炎"。一片阴森恐怖气氛。当时名画家张孝思的《地狱变》大概也不过如此。

《观无量寿经变》，在莫高窟以贞观二十三年（649年）第431窟为最早，南北西三面墙壁分别画不同内容，中心柱四面为阿弥陀说法。北壁画大城，内有宫殿楼阁，描写《未生怨》故事部分情节：阿阇世王子宫廷政变，囚禁父母于深宫。阿难、目犍连入宫探望，释迦牟尼自耆阇崛山没入宫中为韦提希说法等。西壁画《十六观》，每一观想都是一个独立画面，其中《宝楼观》、《宝池观》颇有特色。南壁画《九品来迎》，共画十条屏风，这是莫高窟最早的屏风画。第一幅为《韦提希拜见释迦牟尼》，佛为韦提希说法，其他九屏画《九品往生》，下为《善士发愿》，上为《天人来迎》。这幅经变为立体型，没有固定形式，颇具独创特色。

敦煌经变画的出现晚于中原，但能在初唐时期形成不同模式，除了敦煌本土画师卓越的创造才能外，主要借鉴中原粉本，模仿中原格式，吸收中原经变创作经验。隋唐时代的中原，特别是两京，寺院中的经变画已蔚然成风，形成了中国经变的独特风格。据唐人记载，在一些国寺或官寺里可以看到：董伯仁的《弥勒变》，张儒童的《宝积变》，展子虔的《法华变》，范长寿的《西方变》及《十六对事》，尉迟乙僧的《净土变》、《降魔变》，张孝思的《地狱变》等等。特别是东都敬爱寺，大门内外画四金刚，大殿内东西两面画《法华太子变》、《西方赴会十六观》及《阎罗王变》。西禅院东西两壁《西方变》、《弥勒变》。东禅院内，《十轮变》，东壁《西方变》。从题材到布局，都与敦煌初唐洞窟相似。这些中原已经成熟的大型经变，都通过"丝绸之路"这条"文化运河"传到了敦煌，在敦煌得到了充分发展，并通过敦煌传入西域。不幸的是中原寺观壁画早已荡然无存，中国独创的经变，只有在隐居荒漠的敦煌石窟中一睹风采。敦煌石窟是佛教经变画的巨大宝库。

第四类是装饰图案。石窟里的装饰图案，有建筑装饰，如藻井、屋架、龛楣、雕栏、柱头、花砖等。有神灵装饰，如背光、圆光、莲座、云彩等。有器物装饰，如床、案、香炉等。有服饰图案，如伞盖、地毯、冠、髻、衣裙等，均有精湛纹饰。天井是每个洞窟象征性图案，过去的"绿波出莲花"，已变为"天井倒芙蓉"。绿色的漩涡已变成蓝天白云，飞天云彩围绕莲花旋转，外层飞天又围绕着华盖旋转，形成轻快和谐的律动感。有的甚至已不是天空，而是精致绚丽的锦绣组成的华盖。

唐初的装饰花纹有很大变化，早期的火焰纹、忍冬纹、神怪纹、鸟兽组合纹、动植物组合纹等，均已随着时代的前进而消失。代之而起的是：变形的植物纹，如莲花、葡萄、石榴，以及意造的百花卷草、宝相花和团花等。各种规矩纹，如棱格纹、方格纹、垂角纹、圆环连珠纹等，还有织金锦纹、垂帐纹、三兔纹、云彩和飞天等组成各种装饰。圆光、背光已没有火焰、灵光，宗教的神秘感逐渐冲淡，世俗性不断增强，葡萄和石榴都是丝路沿线的产物，"葡萄美酒夜光杯"，不仅描写丝路风情，而且象征着丰收。图案结构严密，装饰繁复。藻井边饰的层次越来越多，花纹变形已经脱离自然形态而锐意雕琢。如莲花瓣里饰云头纹、宝相花纹，宝相花里又有莲瓣纹。图案化装饰性高度发展。如第123窟的藻井，繁复严密，浓丽典雅，俨然一顶人间织锦花盖。又如三兔藻井，以三只兔子组成巡回追逐的图案，并以三只耳朵连成三角形，看起来每只兔子都有两只耳朵。结构简练而自然，引人注目，耐人寻味。

初唐装饰图案，色彩丰富，变化无穷。一瓣莲花，可以叠晕三十多层之多，工致厚重，富丽堂皇的风格已经形成，增强了装饰图案的个性——形式美，逐步与主题性情节性壁画分道扬镳，按自身的规律，不断完善中国佛教装饰艺术的体系。

第五类是佛教史迹画。这是中国自创的新题材，集中在第323窟，它包括佛教史迹故事、感应故事和戒律故事形成了整窟组画，分别绘于北、南、东三壁。

北壁有：《张骞出使西域》、《佛陀晒衣石》、《佛图澄幽州灭火》、《阿育王拜塔》、《康僧会建康传教》等。

南壁有：《西晋朱应迎石佛》、《东晋高悝得金像》、《隋文帝迎昙延法师祈丙》等。

东壁共有十四组有关僧侣守清规戒律的情节。其中有中国的高僧，也有西域和外国和尚的故事。许多独立的故事，组合在一起，以我国汉晋组画形式表现出来，从内容到形式都具有民族特色。

《张骞出使西域图》，共为三个画面。一、汉武帝甘泉宫礼拜金人。描写元狩三年（前120年）汉武帝派骠骑将军霍去病击匈奴，"得休屠王祭天金人"事，但这里的金人已改为佛像。二、汉武帝送别张骞。描写汉武帝率领大臣，乘马张盖，郊外送别及张骞拜别汉武帝，持节西行。三、张骞到大夏。描写张骞一行人马，翻山越岭，长途跋涉，到达大夏。

这幅画中的人物都是历史名人，故事也是历史事实，画师们深刻地理解这一历史事件的重要性，精心地设计了汉武帝郊外送别。体现了汉武帝在这一历史活动中的积极作用。但张骞三次出使西域都与佛教无关。壁画榜题中所谓"既获金人莫知名号，乃使博望侯张骞往西域大夏国问名号"，显然是后人篡改，并非历史事实。

《佛图澄神异》，描写佛教初入中国时多以治病、禳灾、预测吉凶等方法作宣传。后赵国君主石虎得天竺僧佛图澄，待以国师之礼，抬高了佛教的政治地位，这对北方佛教的发展颇有影响。佛图澄表现了多种神异，如洒酒灭幽州大火，闻铃声预测吉凶，水中浣肠，腹内蓄光，特别是洒酒灭火，一伸手，团团乌云自手中升起，顷刻间降下大雨，扑灭了一场大火；但雨中有酒味。神话式的表现手法，颇能引人入胜。

《康僧会建康传教》，描写康居僧人康僧会自海上来建康传教，共画三个场面：康僧会为吴主孙权献舍利，孙权令修建初寺，孙皓郊迎康僧会。特别是康僧会乘一叶扁舟，扬帆而来。境界幽深杳远。

《西晋石佛浮江》，描写吴松江里飘来两身石佛，题记中有"石佛浮江，天下希瑞"。两岸有指点观看的人群，有巫祝和道士设醮迎接而风浪不止。后有佛徒朱应，率众焚香念经，顿时风平浪静。朱应将石佛迎至通玄寺供养。这里也反映了佛教与其他宗教错综复杂的关系。

《东晋高悝得金像》，描写东晋咸和（326—334 年）年间，丹阳尹高悝，于扬都水中得一金像，善男信女驾舟迎接，船夫们拉纤摇橹，顺流而下，由远至近（可惜这只载佛大船被美国人华尔纳劫去），迎佛的人群，或步行，或骑牛，或骑驴，人欢驴叫，赶来江边，观看这一奇迹。

《隋文帝迎昙延》，描绘开皇六年（586年）天旱之时，隋文帝请昙延法师于大兴殿祈雨。画面有四：隋文帝张盖迎昙延，昙延乘肩舆入朝，昙延在仁寿寺祝愿，舍利放光，隋文帝率领官员宫中祈雨，顷刻间乌云密布，天降"甘雨"。

上述六组画描绘了我国自西汉、三国、十六国、西晋、东晋到隋代与佛教有关的历史。

另外两组是印度大夏佛教史迹故事：一为《佛陀晒衣石》，描写释迦牟尼于池中浣洗袈裟后即在此大石上曝晒，天女以水洗涤石上污秽。时有外道婆罗门以脚玷污此石，遂便遭雷击。这一遗迹，法显、宋云和玄奘都有记载，辗转传入中国。一为《阿育王拜塔》，阿育王是古代印度摩揭陀国国王，他以佛教为国教，造八万四千个塔。这里描写的是阿育王误拜外道尼乾子塔，因而此塔立即坍毁。这两组印度和大夏的佛教史迹故事，系根据法显、玄奘等人西游记载而作。

第323窟佛教史迹画中，每一组画都把历史人物，特别是帝王和一些历史事实与虚构的佛教神话传说结合在一起，作为历史画，虚构的情节不能代表历史，但它可以提高佛教的地位，也可以使善男信女感到亲切而易于接受。

更值得注意的是：这三壁长达十余米的组画，任何一个情节都与山川林木相结合。人物的活动都在群山环抱的峡谷和平川中,一派优美的自然风光。张骞一行人马,穿过了崇山峻岭,荒漠旷野,进入遥远的异国;康僧会乘一叶扁舟,扬帆于茫茫江海;石佛乘风破浪,顺流而下,两岸人群指手画脚,观览奇迹;金佛自江中涌出,在茫茫的远山下,小舟张帆自天外飘来。山水与人物的结合自然和谐。强烈的空间感,来自中国特有的鸟瞰式散点透视和显示地平线的焦点透视巧妙的结合。"咫尺之图,写千里之景",表现了茫茫无尽的宇宙空间。这里出现了我国山水画中的三远法,创造了前所未有的新境界。特别是远帆归舟,颇有"孤帆远影碧空尽,唯见长江天际流"的诗意。

第六类是供养人画像,属于肖像画,古代叫写真、貌真,是当时现实人物的写照。佛教称为功德像。这类功德像印度早已出现,随着佛教艺术的东传进入敦煌石窟,与我国祖先崇拜观念相结合而蓬勃发展。但中国肖像画传统与西方不同,西方追求真实,再现人物原貌,重对面写生。中国则不重形似重传神,反对木偶一样的写生。肖像画家谢赫说:"写貌人物,不俟对看,所须一览,便归操笔。"初唐供养人画像,仍然没有脱离这个规范,多数只表现外貌的时代特征和类型性格,或者仅表现功德主的虔敬之心。

初唐供养人画像现存三百七十八身,其中有帝王、官吏、贵族、僧侣、妇女、奴婢和少数民族,画像多为组像,一主二仆,三五成群,主人在前,形象较大;奴婢在后,形象卑小。

有的持巾侍立，有的提携衣裙，胡人则多为侍从或赶车驯马。如第390窟幽州总管府长史的画像，前为长史，后为奴婢，奴婢画像是没有题名的。唐代有官奴和私奴，但都任凭主人打骂买卖和送人，是没有社会地位的。画像中也有画一家一族甚至祖宗三代的，第220窟贞观十六年的"翟家窟"便是一例。道公翟思远，大云寺律师道弘，俗姓翟氏，昭武校尉柏堡镇将……也可能姓翟，其后代子孙翟通、翟奉达等也在此窟画像题名，翟家窟名副其实。它是佛窟也是家庙。贞观三年规定，朝廷高级官员可以建家庙，翟家窟的出现，是否与此有关，尚待考证。

西安永泰
公主墓仕女

莫高窟第212窟
供养人

吐鲁番阿斯
塔那墓绢画

中亚喷赤干
寺院壁画

唐初妇女衣饰图

供养人画像的衣冠服饰大都是真实的。画史上对人物画的评论："朝衣野服，古今不失。"唐初女供养人画像，头饰半翻髻、飞髻、椎髻，穿窄袖衫、长裙、高头履，肩垂帔帛。第329窟长跪女供养人画像，椎髻、露胸窄袖衫、长裙。这是唐初妇女的时装，与长安唐初永泰公主墓、李重润墓、李贤墓壁画中的宫廷仕女衣饰几乎完全相同。两京时装从中原传到敦煌，又从敦煌传到西域和中亚。

初唐供养人画像，与当时肖像画家阎立本、郎余令的《历代帝王图》或《古帝王图》中的侍臣、宫女具有同样的风格和艺术成就，画师们对功德主像，充分发挥了"想象风采"。

经变描写的是虚幻的神灵世界，但是任何天国世界都来源于人间世界。经变中的天宫楼阁、七宝池所构成的极乐世界，是宗教境界，更是艺术境界，它是想象的，也是有现实依据的。

极乐世界里的宫殿楼阁多以寺院为蓝本，而寺院又直接来源于宫殿。汉唐以来，王公贵胄多以宫殿为寺，或"舍宅为寺"。北魏阉官司空刘腾舍宅为建中寺，中书舍人王翊舍宅为愿会寺，唐初武德年间修建的通义宫，贞观三年改为兴圣尼寺，睿宗在藩时的舞榭，改为安国寺，太穆皇后宅改为静域寺，高力士宅改为保寿寺等，举不胜举。新建的寺院规模更大，往往"超越皇宫"。寺院建筑形式布局亦模仿宫殿。北魏永宁寺有佛殿"形如太极殿"。唐代寺院"周廊四回，前三其门，庭二其台，筑危楼以声钟，植修茎以飞幡"。道宣的《戒坛图经》中也说："正中寺院中门内，为前佛殿，左右有楼各三层。"这些寺院建筑布局，与初唐极乐世界图完全吻合，并以中国独特的空间透视法，不画前面三门，使建筑群像舞台一样，展现在观众面前，使观众能看到中庭及后巷中事。

经变里的楼台亭阁均在水中，这是根据佛经里"七宝池、八功德水"设计的，但这也是有现实依据的，唐代诗人卢纶咏宫殿寺中就有"虹桥千步廊，半在水中央"之句。日本的平等院凤凰堂、阿弥陀堂前面就有水池；据说昆明唐代的圆通寺庭院内满是水面。由此说明，精美华丽的"净土园林"并非天外之物，而是人间帝王将相的宫廷府第。所以韦庄诗中写道："满耳笙歌满眼花，满楼珠翠胜吴娃。因知海上神仙窟，只是人间富贵家。"

敦煌自北朝以来就有自己的舞乐，北朝诗人温子升的诗："客从远方来，相随歌且笑，自有敦煌乐，不减安陵调。"可以证明，而唐代则是敦煌舞乐的极盛时代。唐代十部乐中有四部是外国的，三部是西域各民族的，只有两部是中原旧乐。流行于河西的只有西凉乐，敦煌乐是西凉乐的组成部分。

西凉乐即以凉州为中心的河西之乐，它是修改龟兹乐而成，实即中原旧乐与龟兹乐的结合。唐代敦煌壁画中共有乐器约二十种，绝大多数属于西凉乐中的乐器。这些乐器亦可分为三类：一类是传自中原的乐器，如筝、箫（排箫）、方响、笙、阮咸、鼗鼓、节鼓等，一类是西域各民族乐器，如腰鼓、齐鼓、檐鼓、都昙鼓、鸡娄鼓、五弦、筚篥等，还有一部分是外国传来的乐器，如琵琶、箜篌、铜钹、贝等。从乐器看，西域民族乐器最多，中原乐器次之，外国乐器较少。所谓敦煌乐，是一个以少数民族乐舞为主体，一方面吸收悠扬清雅的中原旧乐，同时也吸收如诉如潮的西域民族和外国的新声。最主要的是震天撼地的鼓钹之声，它是一个多种成分的合成体，这与敦煌自古是"华戎所交"胡汉杂处的历史是分不开的。

舞蹈也是如此，第220窟《药师变》中的燃灯舞，是唐代壁画中最大的舞乐场面。乐队分二组，共二十八人，其中二十六人演奏乐器，二人歌唱，与唐代十部乐的规定相符合。但乐队却比十部乐中任何一种都庞大。乐队前有两棵灯树，重叠灯轮各四层，各有天女燃灯。舞台中部竖起高大灯楼，明光闪闪，一片灯海。在灯火辉煌中两对舞伎挥巾起舞，一对张臂回旋，一对纵横腾踏，发綹飘扬，旋转如风，而终不离于小圆毡子。这就是出自中亚，流行于西域，唐初传入长安的胡旋舞或胡腾舞。

虽然舞者头有圆光，作天人形象，但乐器舞蹈和灯轮、灯楼，均属人间所有。据日本僧圆仁记载："扬州佛寺佛殿前建灯楼，台阶下、庭院中及行廊侧皆燃灯，其灯盏数，无法计算。"麟德二年（665年），吐火罗国王乌泾波遣其弟祖纥献"玛瑙灯树两具，高三尺余"。张说在他正月十五日宫廷观灯踏歌词里说："西域灯轮千影合，东华金阙万重开。"看来圆形的灯轮来自西域，而方形的灯楼则出自中原。

从历史记载上看，规模最大的燃灯舞会，要数先天二年（713年）正月十五日，"于京师安福门外作灯轮高二十丈，衣以锦绮，饰以金玉，燃灯五万盏，簇之如花树。宫女千数，衣绮罗，曳锦绣，耀珠翠，施香粉，一花冠，一巾帔，皆万钱。装束一妓女，皆至三万贯，妙简长安，万年少女妇千余人，于灯轮下踏歌三日夜，欢乐之极，未始有之"。这说明经变中想象的歌舞场面，并非虚构，而是来自宫廷生活。

根据《维摩诘经》中"大王小王悉来问病"一句抽象语言的具象化，就出现了中国帝王出行图和各国王子使者赴会图。世俗性的帝王图由来已久，但宏伟的场面却形成于初唐，帝王头戴冕旒，穿大袖袍，红裳，蔽膝，昂首张臂，侍臣扶持，举止风度与阎立本《历代帝王图》（另一说为郎余令《古帝王图》）中的晋武帝司马炎，光武帝刘秀，几乎完全相同，所不同者《维摩变》中之帝王图尽管衣冠服饰与当时制度完全相符，却不是任何一个具体帝王的画像。但人物之多，场面之大，情节之丰富，则远远超过《历代帝王图》。帝王面前，侍卫张羽扇以障日，侍臣簇拥于身后，侍臣中有冠饰貂尾者，说明其中有的是侍中或左右散骑常侍一级的大臣，若与当时阎立本的《秦府十八学士图》、《凌烟功臣图》相比，则毫无逊色。

值得注意的是帝王身后有各民族首领随侍，这是贞观十六年以后，敦煌壁画帝王图的新内容。

唐太宗爱惜人才，知人善任，在他身边不仅聚集了一批运筹帷幄的文官武将，更重要的是制定了一条"爱之如一"的民族政策，团结了各族首领，委以重任，为国效力。因此，各族人民尊唐太宗为"天可汗"。唐太宗巡幸狩猎时，各族首领随侍左右。贞观初年，唐太宗狩猎于昆明池，"四夷君长咸从"。第 220 窟帝王图即是一例。武则天封泰山，仪卫发自洛阳，除从驾文武大臣外，"突厥、于阗、波斯、天竺、罽宾、乌长、昆仑、日本及新罗、百济、高丽等国，皆有使人相从"。在第 335 窟圣历元年的帝王图又是一例。即从民族形象而言，多属西北或西域少数民族，这与当时的历史也是相符的。

《各国王子图》，则多属外国君长使者形象。

唐初对邻国采取睦邻友好的开放政策，贞观初年已经是"朝贡者来往不绝"。贞观二十一年远夷十九国，并遣使朝贡。麟德二年（665 年），"东自高丽，西至波斯、乌长诸国……填咽道路"。

所以各国王子使者"入居长安者近万家"，《各国王子图》中有南海昆仑人，有中亚昭武九姓诸国人，有西亚波斯人，有东邻高丽人，倭国人以及西域、乌长等地的王子使者。贞观二十三年（649 年）唐太宗去世，四邻各国奔丧者数百人。各国王子使者多数是沿丝绸之路、经过敦煌去长安的胡人。画师们与阎立本画的《王会图》、《职贡图》一样，形象都来自现实生活，都是当时现实历史概括抽象的反映。

初唐壁画是在隋代三十多年民族化探索的基础上发展起来的。在中原佛教艺术强大生命力的推动下，迎来了敦煌壁画辉煌灿烂的新时代。

初唐壁画以经变为主体，经变中又以描写极乐世界为重点，在不断深入的探索中创造了容纳佛经中繁复内容的新结构、新形式，发展了中原大乘经变的创造精神。

创造极乐世界那样虚构的真实境界，就是《庄子·天地篇》中所讲的寓言"象罔得玄珠"那样，把实与幻结合起来，以实表幻。象即境象，即实。罔即幻，即想象，幻想。就是说，艺术创造既要有实境，也要有想象，才能获得蕴含理想的完美的艺术。这也就是中国绘画理论中所谓师造化与发心源的巧妙结合，主观与客观的和谐统一。

《极乐世界图》，是以楼台亭阁，天光水色的实境想象创造的天国幻境。这种幻境是画师们高度想象力和巨大创造力的表现。正如裴孝源谈画时说：穷天地之不至，显日月之不照，挥纤毫之笔，则万类由心，展方寸之能，而千里在掌。……有象因之以立，无形因之以生。也就是章学诚谈到佛教变相时所说："至于丈六金身，庄严色相，以致天堂清明，地狱阴惨。天女散花，夜叉披发，种种诡幻非人所见……"即《易经》里所谓"龙血玄黄"、"张弧载鬼"和"阎摩变相"，都是"人心营构之象"，都是"形容出造化，想象天地成"。把现实与想象相结合，浪漫色彩非常浓厚的创作成果。

在唐太宗、武则天立志革新，励精图治，封建经济和文化欣欣向荣、蒸蒸日上的社会发展中，唐代匠师们发挥了高度的智慧和创造才能，营构了气势磅礴、海阔天空、幽深杳远、雄浑豪放、清新绚丽、开朗欢乐、引人入胜的艺术境界，宏观地体现了初唐生机蓬勃的时代精神。

在《净土变》的艺术境界中，审美内涵不是单一的，首先在统一和谐的形式结构中，明显地反映出儒家伦理道德观念。画面的正中为极乐世界的主宰者阿弥陀佛，四周围绕着大大小小的菩萨和天人，有的拈花，有的燃香，有的舞蹈，有的窃窃私语，有的默默沉思。宝池里芙蓉出水，化生童子自莲花中出，有的倒立，有的戏水，有的登肩比高，有的合掌瞑目坐在莲蕾里，一切神灵都浸沉在庄严、静穆、慈爱、统一、和谐的气氛之中。

进入这个世界，要孝顺父母，尊敬师长，严守清规戒律。没有嫉妒之心，一切都按年龄长幼，尊卑上下，互敬互爱，如兄如弟，讲礼节，讲仁义。在艺术境界里，蕴含着儒家的伦理道德观念，体现着我国古代美学思想中美与善相结合的伦理道德境界。

在佛、菩萨形象的大小，地位高低的背后，还隐藏着封建政治的幻影：北魏的皇帝以自己的形象在云冈雕刻佛像，北周武帝曾坦率地说："帝王就是如来，王公即是菩萨。"唐代阿弥陀讲经文里，更全面地按封建制度封官列位："无量寿佛是国王，观音势至是宰相，药上药王作梅录（梅录即回鹘大臣），化生童子是百姓。"在僧侣讲经时，首先要为统治者祝愿，伯劫2122号卷子讲经文中祝词说："伏愿我当今神圣皇帝，宝位常安万万年，海晏河清乐泰平。四海八方常奉国，六条宝阶尧风扇，舜日光辉照帝城，东宫内院彩嫔妃，太子诸王金叶茂，公主永承天寿禄，郡主将为松比年，朝廷卿相保忠贞，州县官僚顺家国。"

通过这些讲经文，充分说明唐代的佛教思想和佛教艺术，特别是极乐世界图里，渗透着儒家的封建政治思想。

　　极乐国里的菩萨天人，亦按教阶制，各有官阶品位。对发愿往生极乐世界的善男信女，分为三辈九生，上辈上生是最高品位。进入极乐世界的条件是具有三种心：诚心、深心、回向发愿心。只要具此三心，此人命终时，阿弥陀佛率领观音、势至及圣众，带着七宝宫殿和金刚台，亲自来迎，一弹指间进入佛国，顷刻见佛成佛。中辈上生条件低一些，只要受五戒修行持斋，不做忤逆不孝之人，临命终时，阿弥陀佛及诸比丘，来为此人演说苦空，此人即坐莲花台进入极乐世界，自莲花中化生，莲花立即开放，很快就得罗汉道。下辈下生是最低等级，待遇也大不一样，这是专指那些忤逆不孝、十恶不赦的"愚人"，这种人应坠阿鼻地狱，受诸苦毒，临命终时如遇好人，规劝逼迫念十声阿弥陀佛，即可除去八十亿劫生死之罪，面前现金莲花引导进入极乐世界，住莲蕾中而花不开，据说要经过十二大劫莲花才开（佛经里说：世界毁灭一次、形成一次为一劫）。所谓"愚人"要进入极乐世界，真比骆驼穿过针孔还难。这种三辈九生制，虽然不完全相同于封建官僚九品制，却与孔子的人分九等相近，但都与当时的政治有着千丝万缕的内在联系。这就是艺术境界中蕴含的具有浓厚封建色彩的政治境界。

　　总而言之，唐初经变的意境是多样性的，有宗教境界、伦理道德境界和政治境界，但都被统帅于艺术境界之中。通过艺术形象和艺术意境，反映了人们企求摆脱现实苦难，向往幸福生活的善良愿望。同时，画师们精心营构的，不曾有过的幸福世界的艺术魅力和神秘莫测的宗教感召力，使人们站在楼台亭阁、天光水色的佛国、世界幻景前感到像《法华经》所说的那样："诸天宫殿，近在虚空，人天交接，两得相见。"把人和佛国世界联在一起，因而产生精神上的激扬和欣慰。

初唐是一个伟大的变革时代，反映在壁画艺术上也是欣欣向荣，开拓创新。长安、洛阳是唐朝的政治文化中心。出了许多名画家：阎立德、阎立本、张孝思、范长寿、何长寿、尉迟乙僧、靳智异、王知慎、郎余令等等，都是当时的肖像画家和宗教画家，而且多半都在寺院里画了许多壁画。当时大体形成了两大流派：一派是阎氏兄弟。张彦远说："国初二阎,擅美匠学。"特别是阎立本,画史上誉之为"诗之李白",而且称誉他是"六法兼备,万象不失","象人之美,号为中兴"。他曾画过许多学士像、功臣像、帝王图、王会图、职贡图等。他属于继承传统、推陈出新的中原画派。另一派是尉迟父子（尉迟跋支那和尉迟乙僧），于阗著名的佛教画家。在长安、洛阳的寺院里，画过许多佛像、高僧像和各种经变，画史上赞誉他们"善画外国及佛像"，"善攻鬼神"，说他们所画"外国鬼神奇形异貌，笔迹洒落中华罕继"，"澄思用笔，虽与中华道殊，然气正迹高，可与顾陆为友"，"用色沉着，堆起绢素，而不隐指"。说他画的魔女"身若出壁"，梵僧及诸番，"逼之摽摽然"，立体感很强。很明显这是吸收了印度凹凸法在西域形成的新风格，这就是西域画派。这两派画风，在两京寺观里争奇斗艳，互相借鉴，逐渐融合，新的民族风格和时代风格——"唐风"逐渐形成。

唐初敦煌壁画从题材内容到表现形式，都超越了前代，除了本土艺术的继承和发展外，主要是受中原佛教艺术影响，表现在下列各个方面。

在人物造型上，写实性不断提高，要求"动笔形似"，比例要适度，动态自然。人物面相逐渐丰腴，颌下加三级。体魄健壮，神情庄静，神与人的形象有同有异。菩萨是壁画中最广泛的题材，但神是人的升华，在塑造菩萨形象时，往往赋予超人的特征，如双手过膝，两耳垂肩，眉间白毫，胸前万字，手有缦网等所谓三十二相，八十种好。菩萨冠发衣饰多为外来式，如曲发披肩，上身半裸，头戴三珠冠或日月冠，斜挎天衣，肩披大巾，腰束罗裙，璎珞环钏，锦绣严身，正像韦庄《天仙子》词中描写的："金似衣裳玉似身，眼如秋水鬓如云，霞裙月帔一群群。"敦煌变文中也有"菩萨众，貌堂堂，璎珞浑身百宝装"。这样庄严华丽的菩萨，从宗教艺术的目的而言，是使其具有"威重严然之色，使人见则肃恭，有归仰之心"。但唐代画师大多违背这个原则而赋予菩萨以女性美，使其具有温柔敦厚娴雅婉丽的容貌和性格。

按佛经里说，菩萨都是男子，但在印度佛教艺术中有男有女，而且男女的生理特征非常鲜明。传入中国之后，受到儒家伦理道德观念的洗礼而有所变化。在南北朝时代，便出现了菩萨无性的倾向。与此同时，菩萨的女性化也在不断加强，至唐初而逐渐普遍。尽管有些菩萨嘴唇上画着蝌蚪式的小胡子，而面貌、姿态、衣饰、神情多属女性。

佛教是歧视妇女的，把女人称作"女病"（女色害人）、"女锁"（枷锁）。《智度论》里说："虺蛇含毒，犹亦可触；女人之心，不可得实。"所以佛经里说：只有"欲界"有女人，"色界"以上无女人。在极乐世界里只有"诸菩萨、阿罗汉，无有妇女"。如果女人要进入极乐世界，要成佛，必须发愿舍女身，"转女成男，具丈夫相，证得无上菩提"。因此，"女人往生即化为男子"。唐代画师们大胆创新，突破了佛教规定，创造了"取悦于众目"的女性化的菩萨形象。所以当时的律宗大师道宣说："造像梵像，宋齐间皆唇厚鼻隆，目长颊丰，挺然丈夫之像。自唐以来，笔工端严柔弱似妓女之貌，如今人夸宫娃如菩萨也。"当时对此也有指责："作庄严相，姘柔姣好，奇衣宝服，一如妇人。"大胆的革新，摆脱了宗教画的陈规，冲击了菩萨的庄严神性，增强了菩萨的世俗性和人性味，体现了我国人民对女性的温柔、和顺、慈爱等民族特性的崇敬和新的审美理想的追求。

线描造型是我国绘画的优良传统，经过几千年的实践和锤炼，形成了中国绘画历代相承的独特的艺术语言。敦煌壁画继承并发扬了这一传统。

初唐线描变化多样，从线的功能说，有起稿线、定型线、提神线和装饰线。武德初年继承隋代传统，以土红线起稿，但画稿已是一幅完整的白画。线描自由豪放，富于动感。赋彩后再以深墨线定型，赋予人物形象以艺术生命。贞观以来多用淡墨线起稿，上色后以深墨线定型。关键部位、眼睑、眸子、嘴唇合缝及嘴角，用浓墨传神。最后，在衣裙飘带转折边缘描一道白粉线，使衣裙层次和转折关系合乎规律性。有的在人物面部或衣裙的褶纹上加描一次朱线，使色彩在相互辉映中增强色彩的魅力。用多种线描塑造人物形象，从总体效果讲会增强审美感受中的丰富、厚重和富于变化。

就线的形态讲，主要有兰叶描和铁线描。人物定型多用变化中的铁线描，它既不是刚劲如曲铁盘丝，也不是柔软如行云流水，而是有起承转合韵律和浓淡粗细变化的铁线，实际上铁线中已孕育着兰叶描的胚胎。贞观中兰叶描逐渐成熟，线描精壮、丰满、圆润、流畅而有节奏感。描线和写字一样，"贵在笔力，在乎柔中生刚"。初唐线描体现了这一美学思想。

形自线出，它与人物形象血肉相关。是否能准确地表现出人物的外貌特征和内心情思，关键在线。特别是定形线，敦煌画师深究此理，因而一线之落笔、收笔、运笔、运力、抑扬顿挫、轻重疾徐，都与画师对所表现的人和事的认识与把握及其所倾注的感情和精力分不开。一句话，线描是画师艺术修养和表现技巧的高度统一，一般要压力大，速度快，方能流畅有力。当时名画家范长寿作画"制打提笔，落纸如飞"，道理即在此。

第 220 窟《帝王图》中一位大臣的面部轮廓线合规律地

停顿转折，不仅画出肌肉里面看不见的头颅，而且表现了人物的年龄和精神。又如描菩萨的蛾眉，落笔轻而快，中部压力大而运笔慢，收笔速而虚，这样才能画出长眉入鬓的轻快感。所谓眉传情，全在于线描的微妙变化。净土变中横线构成的雕栏，直线构成的列柱，纵横交错，形成坚实的稳定感。宝池中平行的水纹，使人感到安静和广阔。人物和衣饰上的曲线、圆弧线，对于表现沉静、和谐、愉快的情绪和意境起了统一协调的作用。

壁画的线描，由于创作过程中不断修改、完善，往往起稿线、定型线、提神线层层重叠，有的不相吻合，因而色盖线，线压色，自然形成线与色的深浅浓淡，轻重隐显，错叠交织的关系，使壁画呈现朦胧、浑厚、丰富、幽深等多种情趣，可以说是一阕线的赞歌和线与色的交响乐。

中国绘画两千多年的历史，都以"传神"为创作、欣赏和评价作品的最高标准。唐代则更强调"以形写神"、"形神兼备"。画史上对初唐画家有许多的评论和赞誉："风采不凡"，"深有气韵"，"妙得其真"，"神襟俊逸"，"备得人情"，"神采如生"，"欣戚言笑，皆穷生动之意"，"精魄超然，神采射人"，等等。可见气韵精神，既是唐代绘画也是敦煌初唐壁画追求的最高审美要求。

敦煌壁画以人物为主体，主要塑造神灵形象，经过隋代三十多年探索，各种神灵，以形貌动态、个性神情，均已逐渐典型化。不同的神有不同的身份地位和神情风貌。按佛经讲：佛、菩萨心怀仁慈，普济众生。因而在外貌形态、内心情思的表现上，都应体现肃穆、庄静、慈爱、温婉。天王力士，护法之神，则应身材魁梧，威武有力。表现手法上，也随典型化而出现各种程式。但程式化不是公式化，而是把美的形象凝固下来，并在显示内心性格中表现微妙的特征和变化。如菩萨多表现在沉静中的思维，即"禅思一心"、"禅悦为乐"的寂静心境。但由于画师们匠心营构，出现了多种多样的思维形象。如第331窟拈花菩萨，胡跪佛前，双目凝视手中的鲜花而似乎看到花中自有世界而有所感悟。心灵世界，幽深难测。

第57窟的思维菩萨，则是另外一种形式。菩萨俯首跷脚坐莲台上，右手抚胫，右手支颐作"思维手"，眼光下视，又似乎视而不见，好像正在为探寻人生奥秘而冥思苦想。第71窟《净土变》中的思维群像，别具风采，菩萨以莲花为座，左手按腿，右手支颐或拈花，嘴角深陷处流露出思虑中忽有所得时会心的笑意。有的凝视空茫，托腮沉思，脉脉含情。第220窟莲花上胡跪的菩萨，锦绣严身，手持莲蕾，仰望佛陀，一片深情，从优美的动态中表露出来。

歌舞伎多作天人形象，各种乐器的演奏，却表现出各种不同的人间情态。第220窟《舞乐图》中，吹横笛的外国乐工，高鼻大眼赤发，双手持笛，眼睑下露出半个眸子，凝神斜视，专心吹奏；击鼓的乐工似乎有恃于技术的熟练，满不在乎地持杖击打；弹五弦的乐工，正在调弦定音，左手转动弦柱，右手以中指拨动琴弦，眼神注视转动的弦柱，潜心品着弦音的高低强弱。正像唐诗中所咏，"转轴拨弦三两声，未成曲调先有情"。

箜篌是大型乐器，健壮的乐工，反抱箜篌双手擘奏，一双大眼睛凝望远方，神情严肃认真。最活跃的是两位面面相对的民族歌手，一手抛起铜钹或圆盘，睁大眼睛，放声高歌，表现了欢乐激扬之情。

按佛经的说法，舞乐是佛陀的法乐。对于修行菩萨都是精神食粮，通过审美享受，启迪对"苦行"哲理的悟解。在悠扬的乐曲声中，菩萨们随即进入更深层的"禅悦"境界。佛教艺术中的动与静，是一个既对立又和谐的统一体。

世俗人物的精神面貌要比菩萨丰富广泛得多，维摩诘居士是世俗人物，贞观十六年的《维摩诘变》塑造了唐代维摩诘的典型形象，凭几探身，手挥麈尾，目光炯炯直视文殊，表现了维摩诘以广博的智慧和游戏神通，滔滔不绝地回答佛弟子诘难时的高傲自负。苏东坡看了凤翔天柱寺杨惠之所塑维摩诘像有两句诗："此叟神气中有恃，谈笑可却千熊罴。"用于壁画也很恰当，的确画出了"辩才无碍"的气质精神。

文殊座下的《帝王出行图》，由十九人组成，帝王昂首张臂，大臣簇拥前行，颇有不可一世之感。随侍大臣中，有的额窄腮宽，蹙眉斜眼，鹰鼻大嘴，大腹便便，眉宇间露出阴险奸诈之态；有的冠上插貂尾手持文卷，侍立左右，他们和颜悦色，不卑不亢，颇有元老重臣风度。有一侍臣浓眉大眼，目光炯炯，虬髯飘洒，胸怀坦荡。随侍大臣中有西北民族君长，皮帽窄袍，拱手而立,朴质憨厚,颇有忠心耿耿之情。这些人物外貌不同,神情各异,深刻地表现了不同的性格和心灵活动。

这幅画人物众多,场面宏伟。衣冠服饰随侍仪节,均与唐初制度相符,并表现了朝廷大臣中各种不同人物的神态和情思。与当时驰誉丹青的右相阎立本传世杰作《历代帝王图》相较,不仅在创作时间上要早,而且在结构布局、人物个性神采表现上,有过之而无不及。

第 329 窟的女供养人,手捧莲蕾,长跪在庄严高大的佛陀脚下而没有卑微之感,从目光中露出的都是坦诚情意。

第 431 窟的马夫与马,描写西北日常生活现象,马夫牵着两匹鞴好鞍鞯的赭红马,坐地抱头大睡。马亦挺立垂头不动,好像在长时鞍马劳动之后,人和马都陷入疲惫不堪的精神状态。

从人到神,从个体形象的艺术生命和群体活动构成的意境,都体现了唐人在艺术上追求的最高境界。即在裴孝源提出的"随物成形,万类无失"的基础上追求"风神",要求朱景玄所说的"移神定质","妙将入神,灵则通圣";张璪追求的"外师造化,中得心源";张彦远所谓"鬼神人物有生动之可状,须神韵而后全"。

白居易讲得通俗而深刻,"形真而圆,神活而全,炳然,俨然,如出于图之前而已"。总起来说,初唐壁画的传神艺术,在一些精品中,已经达到"形神兼备"、"六法俱全"的境地。

由于上述种种民族艺术传统因素,形成了初唐壁画新的民族风格的主体。但仅仅继承和发展民族传统是不够的,更重要的是吸收西域民族和外国艺术的营养。唐朝是中外文化交流最昌盛的时代，除了来往使者商旅之外，当时长期留住长安的胡人就有近万家之多。由于各族各国人物汇集京都，于是胡服、胡乐、胡舞、胡饭遍及长安。正如元稹《法曲》中所说："女为胡妇学胡装，伎进胡音务胡乐。""胡音胡骑与胡装，五十年来竟分泊。"鲁迅所说："唐人大有胡气。"即赞扬唐代兼收并蓄大胆吸收西域和外国文化努力创新的光辉业绩。

佛教艺术接受外来影响较早，唐初是最繁荣的时期，也是融合创新时期。外国僧侣来长安译经，中国僧侣杖锡西游，带回经像，玄奘就带回了印度各国的佛像，有金刚像、鹿野苑转法轮像、灵鹫山说法像等，而且装在彩车上游行。

王玄策四度出使印度，巡礼了佛教圣迹，同去的画师宋法智等，"工巧圣容，图写圣颜，来到京都，道俗竞摹"。洛阳敬爱寺的弥勒像便是依据王玄策从印度带回的图样制作的。

隋末唐初，流寓长安的西域画家也不少，如释迦佛陀、昙摩拙义、康萨陀、竺元标及尉迟乙僧等，画了多许佛像，各族各国人物像"奇形异貌"、"中华罕继"，这就是别具特色的西域风格。

西域画派给唐代壁画带来了新的营养，两京画坛出现了互相竞争的新气象，寺观壁画出现了前所未有的新风格。可惜两京壁画风采已不可得见，只有从大雁塔门楣和墓画上的线刻画窥知一二。两门楣上的《说法图》，除人物衣冠服饰保留外来形式外，人物形象、比例、解剖等人体美的表现上，可明显地看到吸收融合的痕迹，这对当时和后世的宗教壁画和世俗画都有深远的影响。

唐初形成的涵盖天下的时代风格中又有多种群体风格（画派风格），如疏简朴质的前期风格，同时并存的精雕细刻、灿烂辉煌的风格和笔简形具赋色清淡的风格，以及结合中西晕染而新创的凹凸风格等等，都是在给传统艺术中注入了新的血液之后创造的新风格。正像鲁迅所说："汉唐人的魄力雄大，人民有坚强的民族自信心，在取用外来事物的时候，就如将彼俘来一摇，自由驱使，绝不介怀。"由于敦煌画师大胆吸收，精心融合，既继承了优良的民族传统，又突破了某些陈规陋习，创造了辉煌灿烂的大唐文化和新的民族风格，有人称为"大漠唐风"，基本上概括地道出了初唐壁画雄浑的气魄、明丽的风采和创新精神。

辑三

敦煌壁画中的衣冠服饰

敦煌壁画描绘的是人和神的形象，神的形象也来源于人，出现人或神就必然出现衣冠服饰。因此，敦煌壁画不仅是一千年间的人物画宝库，也是从十六国到元代我国各民族衣冠服饰史珍贵的形象资料。

敦煌壁画中的衣冠服饰，大体可分为两类：一类是宗教人物服饰，如佛、菩萨、天王、力士等，它们是神，是偶像，为了显示神的形象不同于世俗人物，除了头上加圆光，脚下踏莲花，笼罩上一层宗教神秘色彩外，往往在衣冠服饰上混杂中外，甚至加入一些想象成分，因而与现实人物的衣冠有一定的距离。另一类是世俗人物服饰，如故事画中的人物，特别是供养人画像，都是有名有姓的现实人物的写照。《历代名画记》里评论宗教画家的作品时说，"朝衣野服，古今不失"，"丽服靓妆，随时变改"。这说明宗教壁画中人物的衣冠服饰，不仅有现实依据，而且是随时代的改变而变化的。因此，它对于研究我国衣冠服饰发展演变的历史，是具有一定科学性的。这篇文字主要谈世俗人物的服饰。

敦煌石窟创建于十六国时代，当时西北居住着汉、氐、羌、匈奴、鲜卑等民族，河西走廊相继出现了五个凉国，直接统治过敦煌的就有前凉（汉族）、后凉（氐族）、西凉（汉族）、北凉（匈奴）。公元439年，北魏灭北凉，北方才为鲜卑贵族所统一。由于统治者的变动，民族的迁徙和民族风俗习惯的互相影响，早期壁画中的衣冠服饰也是"胡风国俗，杂相糅乱"，汉装胡服同时并存。

深衣袍　是壁画中出现最早的汉装之一。所谓深衣，就是"蔽体深远"之衣，其形制是"短无见肤，长无被土"，"连衣裳而纯之以采"的大袖长袍。最早的男供养人即着交领长袍，领袖皆有缘，故事画中长者亦着皂袍。领袖饰白缘，腰束络带，长裾曳地，穿笏头履，这就是"襜襜曳长裙"的周秦汉晋以来士庶男女通用的深衣。

袴褶　是胡服，春秋战国时代赵武灵王"胡服骑射"就以袴褶为戎装，其制上褶下袴，"窄袖，短衣，长勒靴，蹀躞带"。

最早的男供养人，《尸毗王本生》中掌秤的人，戴白毡帽，穿条纹皂褶、白袴、长勒乌靴，这是北方游牧民族的常服。今天新疆维吾尔族所着"袷袢"与此完全相同。

最早的女供养人也有两种式样：一种着交领大袖襦，领袖有缘，长裙，这是中原汉晋传统的衫裙之制。另一种窄袖衫长裙，类似鲜卑族"小襦袄子"，这是"杂以戎夷之制"的北方式。北魏太和年间，孝文帝元宏为了巩固鲜卑贵族的统治，加速推进汉化政策，改革服制是重要措施之一，曾明令禁穿鲜卑服，一律改着汉装，自己首先"服衮冕以朝飨万国"，作出了示范，促进了民族融合和南北文化交流，大约在东阳王元荣出任瓜州刺史前后，南朝"褒衣博带"式的衣冠在敦煌壁画中大量出现。帝王官吏形象都穿上了大袖长袍，其主要形式有下列数种。

通天冠　帝王的朝服之一。《五百"强盗"成佛》故事画中的国王，即穿皂色深衣袍，领袖镶白缘，并有曲领，手挥麈尾，头戴通天冠。冠前有博山，后有卷梁，大体与汉晋服制相合。

笼冠　也叫武冠，"其冠文轻细如蝉翼"，所以又叫"惠文冠"。第285窟《沙弥守戒自杀品》长者向国王交纳罚金图中，国王、长者均于小冠上加白沙笼冠。国王着绯色深衣袍，曲领，坐皮垫上，手持麈尾，侍者张曲柄盖，持羽扇，以障蔽风尘。第288窟供养人也戴笼冠，穿绛纱袍，领袖有皂缘，并有曲领和蔽膝，穿笏头履，衣裙曳地数尺，后有童仆提携，这大约就是汉代曾一度流行过的"狐尾单衣"或者"偏后衣"。

幅巾　又名缣巾。壁画中的帝王像有的着深衣，披大裘，头裹幅巾。《汉书》里说，当时的王公名士，"多委王服，以幅巾为雅"。可见幅巾是一种流行的头饰。魏晋南北朝时代仍然承袭前代遗制，庶民百姓也裹幅巾，但不着深衣而穿袴褶。

帝王像也有着深衣大袍，戴卷檐白毡高帽的，这种毡帽又叫"白题"，是少数民族的"首服"。由于西北地区多民族聚居，民族风俗相互影响，往往胡帽汉装，互相混合，这在河西魏晋墓画中是屡见不鲜的。

犊鼻裤　古代的亵衣（衬裤），一般不外服，而壁画中的农夫、屠户、泥工、篙工，都裸体着黑布或白布"犊鼻裤"。这种裤非常简便，"以三尺布为之，前后各一幅，中裁两尖，裆交续之，今之牛头子裤，乃农夫衣也"。敦煌遗书中说"被受饥荒，衣穿犊鼻"，可见这是穷困的劳动者的主要服装。

妇女多着大袖裙襦，襦是上衣，裙是下裳，这是古代妇女的基本服制。壁画中的贵族妇女，头梳大首髻或双鬟髻，着对衿襦，裥色裙，"五色素质"。有的"裙上加细布裳"（短裙），第285窟一女供养人，腰束蔽膝，蔽膝两侧有旒，走起路来随风飘扬，这叫"袿衣"，是贵族妇女的礼服。《宋书》里说："皇后谒庙服袿襬大衣"。这些供养人虽不是皇后，但与谒庙之义是相符的。

窄衫小袖是北周时代出现的新装。壁画中的贵族妇女梳"盘桓髻"，着小袖衫，披长巾，长裙曳地数尺，身后有奴婢提携，与《留青日札》所记"先见广西妇女衣长裙，后曳地四五尺，行则两婢前携之"完全吻合，大约是受南朝"尚宽衣"的影响。

古代"女子十五而笄"，即以簪束发头顶以示成年。早期壁画中妇女的发髻有大首髻、鬟髻、丸髻、双鬟髻、双丫髻等数种，有髻而无饰。北周时代，女供养人开始着"帔帛"，隋唐以后普遍流行。

在描写战争的壁画中，有各种武士穿着的各种戎装。西魏作战图中的官兵，均为乘铠马的骑士，戴头牟，内穿袴褶，外披裲裆甲，持枪执盾，腰挂弓囊箭靫。所谓"裲裆"就是"一以当胸，一以当背"，是一种比较简便的铁甲，北朝民歌中有"前行看后行,齐着铁裲裆"的描写。在南北朝的陶俑中，在河南邓县画像墓中，在麦积山北魏时期的壁画中，都可以看到着裲裆甲的铠马骑士，它是南北通用的武装。

壁画中另一种武士，戴兜鍪，着护膊、胸甲、护髀，形制与铁甲相同而没有甲片，这种甲胄，大约就是"犀甲"或者"牛皮铠"。穿这种甲，行动轻便，"刀箭不能入"。北周武帝时，"白兰献犀甲铁铠"，可见这种甲胄各族通用。

袴褶是庶民常服，壁画中的奴婢、猎户、乐工、舞伎、商旅多着此装,但它也是戎装,西魏作战图中之官兵和"强盗"均着袴褶，官兵于袴褶上再套裲裆甲，"强盗"则头束绢带，脚穿麻鞋。行刑的武士亦穿袴褶，头裹红巾，叫"军容抹额"，是秦始皇时代制定的武士首服。

早期的少数民族供养像均着袴褶，第 275 窟男供养人（匈奴人），头戴冠后垂巾，着小袖褶，白袴，这种袴褶与汉代"襦袴"有关。河西匈奴族，早已受到中原封建文化的熏陶。鲜卑族供养像则着圆领小袖褶、白布小口袴、乌靴，头裹幅巾，或戴卷檐毡帽，腰束革带，垂鞢韘七事，有的脑后垂小辫，是鲜卑族索头部的风习，当时人称"索头鲜卑"。还有驯象、牵马、赶驼、驱驴的胡人，均着袴褶。尽管魏孝文帝严令禁止穿"窄领小袖"的鲜卑服，甚至以不禁鲜卑服"可以丧邦"

相胁迫，但长期形成的生活习惯是不易废除的，同时还有部分鲜卑贵族反对改革服制，所以，鲜卑族中还是有许多人沿袭旧习，仍穿袴褶。隋代结束了南北分裂的局面，为唐代的大统一奠定了基础。唐王朝在政治上进行了一些改革，促进了经济和文化的繁荣，民族关系也有很大的改善，促进了中西经济文化的交流。反映在衣冠服饰上不仅在继承前代"法服"的基础上形成了新的统一的服制，而且大量地吸收了少数民族和外国的衣冠服饰，出现了许多花样翻新的时装。唐代的时装，多为"胡服"，鲁迅说"唐代大有胡气"，提倡胡服是一个重要方面。

唐代壁画中主要服式如下：

衮冕　《维摩变》中之帝王，戴冕旒，着深衣，曲领，大带大绶，笏头履。衣上饰日月星辰，大带画升龙，有十二章之饰。帝王昂首阔步张臂前进，左右有侍臣扶持，与阎立本《历代帝王图》中之光武帝刘秀、吴主孙权、晋武帝司马炎等形象所服衮冕相同，基本上与"武德令"规定相符。

通天冠　帝王朝服之一，壁画中之帝王、太子均服通天冠。冠形较前准确，前有金博山，后有卷梁，着深衣袍，或白练裙襦，高头履。

进贤冠　百官服饰之一。帝王图中之侍臣，多戴进贤冠，簪白笔，着白纱中单，领袖有缘，长裙蔽膝。冠侧插"貂尾"。唐制规定，中书令、侍中、左右散骑常侍，"并金蝉左右珥貂，侍中与左散骑则左貂，中书令与右散骑则右貂"。唐代所谓"八貂"，都是宰相一级的官吏。《张淮深变文》中有"诏命貂冠加九锡"、"今秋宠遇拜貂蝉"等语，可见被封为散骑常侍的归义军节度使张淮深也有"貂尾"之饰，与中原服制相同。

幞头靴袍　唐代壁画中出现了大量戴幞头，穿窄袖长袍、乌皮靴的人物。这是吸收了西域各族"窄袖长身袍"与幞头结合而成的一种新装，是唐代初期最流行的男式"胡服"，到了盛唐时期逐渐为"襴衫"所代替。中书令马周把窄袖袍与深衣结合在一起"加襴袖褾襈为士人之上服"。此后百官皆服"襴衫"，盘领褒博，大袖长裾"缺髋者曰缺骻衫"，成为士庶通用之服。

幞头是隋唐时代最普通的首服，它是从汉晋幅巾、燕巾演变而来。"后周以三尺皂绢向后裹发，名折上巾，通谓之幞头"。北周时代已形成定制，隋代幞头多为平顶，二角系额前，二角系脑后。唐初作了一番改进，"以罗代绢，又令重系前后以象二仪，两边各为三撮取法三才"，成为农民、圉人、奴婢、官吏、贵族通用之服，唐初叫"软裹"，盛唐以后才施屋分级，前低后高，内施漆衬，外裹皂罗。幞头两角形式不一，有垂角、长脚、牛耳、蹺脚等形式，随形定名，无一定之规，形式不同，却有时代先后之别。

笠帽半臂　壁画中的舵师、纤夫大半戴笠帽，穿窄袖衫，外套半臂，白布袴，芒屦。半臂就是短袖衣，隋朝内官多服长袖，"唐高祖减其袖，谓之'半臂'"。"其式长不过腰，两袖仅掩肘"，是适合劳动人民生产劳动的服装，也是唐代男女通用的服式，这种服式从中原一直流行到西域。

隋唐壁画中妇女的服饰，变化异常，丰富多彩。既有汉式礼服，也有吸收了西域各族和外国的衣冠服式后创造出来的新装，因而唐代妇女的"时世装"层出不穷，其中主要的有下列几种：

大袖裙襦从隋代到唐初，壁画中的皇后、命妇、庶民均着交领大袖襦、白练裙、蔽膝、方头履。有的蔽膝两侧有旒，保持汉晋"袿衣"形式而又略有新意。

衫裙　衫是单衣，衫裙之制从大袖裙襦演变而来。第130窟都督夫人着碧罗花衫、绛地半臂、红罗裙、白罗画帔。这是开元、天宝以来普遍流行的一种时装。

窄衫小袖　隋唐妇女又一新装。窄袖长垂，裙腰高束，这就是隋代所谓"半涂"（长袖），贵族庶民上下通用。唐初窄袖与隋代不同，有圆领、交领，袖至腕、长裙曳地，脚穿弓履或高头履，即唐诗中所谓"小头鞋履窄衣裳"，与西安和吐鲁番出土的墓画、绢画中的宫廷仕女装扮完全一样。

唐代还出现过一种特殊的服式叫"幂𠌯"。壁画中骑骡的妇女身着大红袍，头戴笠子，下服长裙帷帽，前拥项下，后披肩臂，仅露面部。《唐书》里说："武德、贞观之时，宫人骑马者，依齐隋旧制，多著幂𠌯。虽发自戎夷，而全身障蔽，不欲途路窥之。"这种束缚妇女的封建礼教，到武则天执政以后，才遭到抵制，幂𠌯、帷帽相继废除。这种服制大约是吐谷浑民族风俗，也可能与阿拉伯服饰有关。在新疆出土的绢画和陶俑中都可见到非常完整的形象。敦煌也出土过这样的绢制帷帽。

丈夫靴衫　盛唐壁画中有戴幞头、着窄袖衫、穿长勒靴的侍女，幞头罗纹如纱，透出额头，这就是唐诗中所谓"新妆巧样画双蛾，慢裹恒州透额罗"，这种装扮出自宫廷。太平公主曾着"紫衫、玉带、皂罗折上巾"，歌舞于高宗和武后筵前。按《新唐书》里说，这种衣男子之衣的服装是"奚、契丹之服"。可见这也是吸收了北方少数民族的服制。

从上述几种服装来看，唐代的新装、时装不少是西北少数民族或中亚各国乃至波斯的服式，唐代通称"胡服"。元稹诗中说："女为胡妇学胡妆，伎进胡音务胡乐"，"胡音胡骑与胡妆，五十年来竞纷泊"。当时两京士庶男女，竞衣胡服，蔚然成风，而且"出自城中传四方"。敦煌石室出土的衣物单上，就有"半臂"、"长袖"、"京褐夹长袖"、"京褐夹绫裙衫"、"天九蜀春衫"等等记载，可见长安洛阳的"时世装"，很快就传到河西走廊与天山南北。

唐代贵族妇女不仅在衣裙上标新立异，而且在发髻和面饰上也争奇斗艳。唐代发髻多种多样，壁画中见到的大致可分为两类：一类是高髻，发髻高耸头顶，如"椎髻"、"半翻髻"、"飞髻"、"双鬟望山髻"等；另一类为抛家髻，"两鬓抱面"，头顶作各式朵子。但多是假髻，唐代店铺里有各式假髻出售，新疆唐墓中出土了用漆纱制成的随葬假髻。贵族妇女的假髻上有的插鲜花，有的饰宝钿，有的簪步摇，也有不着花钗的

"素绾乌云髻"。唐代贵族妇女在面饰上也煞费苦心,往往"开额去眉",然后再施蝉鬓,画蛾眉,抹铅粉,涂胭脂,点口红,晕额黄,贴花钿,画花子,极尽豪华艳丽之能事。

劳动妇女则不着花钗,多作高髻、双鬟髻、双丫髻。中唐《弥勒变》中,一农妇束高髻,着连衣裳,白布大口袴,麻鞋,卷起袖筒,挥手播种。唐诗中"白练束腰袖半卷,不插玉钗妆梳浅"的句子,就是对劳动妇女服饰的描写。

隋唐壁画中战争场面很多,武士的服装有甲胄、战袍、衩衣等类。有一类武士戴兜鍪,着身甲和髀裈,即所谓"三属之甲"。敦煌出土大业五年武备残卷中有队副贾□,"队头氾翼下,金甲二十五具并明光"。唐代十三种甲中的第一种光明甲,隋代已经在敦煌流行。唐代河西十军三守捉中,瓜州有"墨离军",沙州有"豆卢军",玉门关还有五千甲兵,加上土镇兵,有一万八千人的军事人员,都穿步兵骑兵服装,而且是当地分发的。敦煌出土分发武器残卷中有:"张灰子官甲一领并头牟","押衙罗贤信,官甲一领并头牟、付膊"。这些官兵用的甲胄武器与壁画中甲胄之制完全相符。又据《武备志》记载"甲重四十五至五十斤",显然大半是骑士甲,壁画中的骑兵着此甲者甚多。壁画中也有一种无鳞饰的甲胄,大约就是《唐六典》中所说的布甲、皮甲或者绢甲,斯坦因就曾在于阗废墟里发现过唐代屯戍士兵用的"犀甲"。皮甲比铁甲轻巧,便于在沙漠里行军驰射。

帝王图中的仪卫武士则属另一种武装,多半戴进贤冠,穿绯色大袖衫，白练裙，乌靴，在绯衫上罩以裲裆甲，持刀的仪卫武士与作战武士的服制略有不同。

战袍　是各族武士通用的服装，争舍利图中的各族国王，戴各种皮帽、毡帽，穿窄袖袍，革带乌靴，唐诗中有"缝须缝窄窄袖，袖窄弯弓不碍肘"，说明这种窄袖战袍适应作战需要。

衩衣　唐代壁画中的大将军，着幞头靴袍，佩剑，其袍与战袍大体相同，惟袖较大，两侧开衩，故名衩衣，衩衣便于骑马，是武官常着服装之一。

红巾抹额　唐代壁画中的门卫、侍从、刑吏、射手等多着衩衣、大口裤、乌靴或麻鞋，戴交脚幞头，在幞头上加"红巾抹额"，持刀剑弓矢。唐人所谓"红巾抹首，袴靴握刀"，"戎服，左佩刀，右属弓矢，帕首袴靴"，就是指的这种武士的头饰。

唐代大统一以后，形成了"四海今一家"的新局面，民族关系日益亲密，许多西域民族首领做了唐朝的官吏，"皆拜将军中郎将，布列朝廷，五品以上百余人"。许多少数民族将领在唐王朝的统一事业中立过汗马功劳，使统一的多民族结合而成的国家达到了空前的强大，因此在唐代壁画中出现了各族各国的人物形象，也反映了各族各国的衣冠服饰。

由于敦煌地接西域，壁画中西域各族的人物较多。有一类人物穿盘领窄身小袖缘袍，腰束革带，穿乌皮长靿靴。有的剪发，有的戴各式毡帽、绣帽、毡笠、浑脱帽，或头束缯彩。以之与梁元帝《职贡图》和乾陵墓前石刻外国君长使者形象相较，再与唐代文献中所说的"俗断发齐顶，惟君不剪发……王以锦冒顶，锦袍宝带"的龟兹人，"衣古贝布，着长身小袖袍、小口袴"的揭盘陀国人，"辫发垂之于背，着长身小袖袍，缦裆袴"的高昌国人，"男子通服长裙缯帽"的吐谷浑人相印证，可以大体肯定，他们是葱岭以东的疏勒、龟兹、吐谷浑、高昌等地的人物，衣冠服饰具有鲜明的民族特点。

还有一类人物，服装与龟兹等国人物大同小异，多着卷领窄袖长袍或披毡裘，穿豹皮靴，戴卷檐毡帽。有的项饰瑟瑟珠，双耳垂环，深目高鼻，浓眉虬髯，大约是昭武九姓诸国使者，这些国家属于唐代昆陵、蒙地二都护府管辖。慧超《往五天竺国传》中说："从大食国以东，并是胡国，即安国、曹国、史国、石骡国、米国、康国……衣着叠衫袴等及皮裘……康国并剪须发，爱戴白毡帽子。"唐书中所谓"织成毡帽虚顶尖，细叠胡衫双袖小"，即指中亚各国人物服饰。

壁画中还有高鼻深目虬髯卷发，赶驼驱驴的胡商，有的穿窄袖袍，有的穿"贯头衫"、乌靴，大约就是来自中亚和西亚的商人。特别是波斯人，长期以来他们把中国的丝绸转运到西方，直达罗马。罗马贵族在汉代就已经穿上了中国"织成锦绣文绮"的衣服，匈奴贵族也穿上了汉朝赐给的"锦袷袍"。南北朝时期波斯锦又输入中国，畅销西域。北周时代中国皇帝曾以精美的锦袍赠送波斯国王。隋朝时波斯国王又以波斯锦袍赠送给隋文帝。在强大的唐代，中国的锦袍更是珍贵的礼品，西域各族、中亚各国，往往上表请求唐朝赐锦袍、宝带，甚至借紫。同时西域的"窄身小袖袍"也成了唐朝帝王的朝服和百官士庶的常服。历史事实说明，在长期的友好往来和文化交流中，中原与西域各族，中国与中亚、西亚各国，在衣冠服饰上早已有了相互影响的关系。

壁画中还有南海诸国人物，面部扁平，眼大唇厚，鼻孔朝天，肤色紫黑，卷发，裸体跣行，斜披锦巾，穿短裤，绫锦缠腰，项饰宝珠璎珞，手脚均佩镮钏。这就是《旧唐书》里所说的"不识冰雪，常多雾雨，王着白氎古贝，斜络膊，绕腰……拳发色黑，俗皆徒跣"的南海一带的"昆仑人"。各国王子图中侍者扶持的是昆仑王，驯狮牵象的是劳动人民，当时称为"昆仑奴"。唐代诗人张籍有一首《昆仑儿》诗中写道：

昆仑家住海中州，蛮客将来汉地游。
言语解教秦吉了，波涛初过郁林洲。
金环欲落曾穿耳，螺髻长卷不裹头。
自爱肌肤黑如漆，行时半脱木绵裘。

这首诗形象地描写了昆仑人的风俗习惯和衣冠服饰，是壁画中昆仑人最好的注释。

各族王子中还有着白练裙襦，或着深衣袍，蔽束膝，戴莲花冠，插鸟羽为饰的人物，史籍中所载"插二鸟羽及金银为饰"、"朝服尚白"、"皆着曲领"、"衣锦绣之文襦"、"如唐巾裙"等，与此大体相符，显然这是属于东邻诸国的衣冠。

唐朝与东邻诸国山水相连，交往频繁，衣冠服饰上有相似之处是很自然的。

安史之乱以后，河西为吐蕃奴隶主统治达七十年之久。吐蕃奴隶主俘汉人为奴隶，并强令汉人改着吐蕃装，只准每年元旦祭祖先时"衣中国之衣"，事毕"号恸而藏之"。当时沙州人民"皆胡服臣虏"。由于沙州人民团结抗蕃，维护国家统一，坚守孤城达十一年之久，在"无徙他处"的条件下，才以城投降，何况阎朝降蕃亦非真意，沙州人民是暂时把愤怒埋在心里。除了少数为吐蕃奴隶主效劳的官吏而外，老百姓多不愿着蕃装，因此，吐蕃统治时期壁画中的人物衣冠多为汉装。长庆二年（822年）唐使过龙支城时，看到唐代戍边将士子孙"未忍忘唐服"，文宗时使者去西域经过河西，也看到诸州人民"其语言稍异而衣服犹不改"。敦煌出土《张淮深变文》中记载长安使者到敦煌时说在各州看到一些人"左衽束身"，"独沙州一郡，人物风华一同内地"。可见吐蕃统治时期的壁画中，人物衣冠多为汉装是有其特殊历史原因的。

帝王的衮冕，百官的幞头靴袍，妇女的大袖裙襦、袿衣，均继承盛唐形制，只有贵族妇女的大袖裙襦更为褒博侈丽，襦袖之大足有三四尺，唐王朝虽有禁令，只有李德裕在他的营内明令执行，"袖阔四尺，今令阔一尺五寸，裙曳地不过三寸"，但王公贵族并不执行，因而壁画中宽衣大袖照样流行。

壁画中出现了武士长身甲，"衣之周身窍两目"，并有甲靴，所以"劲弓利刃不能甚伤"。大历以后的塑像和壁画中到处可见，是吐蕃军队一种极严密的防御武装。

由于中西文化交流的频繁，天宝以后各族各国衣冠服饰的相互影响，各族王子的衣冠也发生了变化，窄身小袖袍有些已变为襴袍、缺胯衫或者大袖裙襦，戴各种"毡帽"、"绣帽"、"侧帽"、"搭耳帽"和"暖耳"，穿履、乌靴。既有唐朝官服的形式，也具有不同的民族特色。

最突出的是出现了以吐蕃赞普为中心的各国王子图，赞普及侍者均着左衽长袖缺胯衫，辫发束髻于耳后，项饰瑟瑟珠，头戴红毡高帽，腰束革带，佩腰刀长剑，穿乌靴，张曲柄盖。与《新唐书·吐蕃传》中所说"身被素褐，结朝霞冒首，佩金镂剑"，"其官之章饰最上瑟瑟"，"男女皆辫发，毡为裘，赭涂面"大致相符。惟赭面风俗壁画中没有发现。据《旧唐书·吐蕃传》记载，贞观年间文成公主入藏以后，"公主恶其人赭面，弄赞令国中权且罢之，自亦释毡裘，袭纨绮，渐慕华风"。壁画中的吐蕃装已是革除赭面将近百年的风俗，正如唐人陈陶《陇西行》一诗所说，"自从贵主和亲后，一半胡风似汉家"。可见已不完全是吐蕃原来衣冠。

赞普身后有戴虎皮帽，着虎皮衣的侍者。虎皮吐蕃叫"大虫皮"。吐蕃制度，"贵人有战功者生衣其皮，死以旌勇"。虎皮衣帽是吐蕃表彰英雄的民族服装。

壁画中还有身着左衽长袍，而头束双童髻的奴婢，这是蕃汉混合装。吐蕃统治时期沙州建立了许多部落，如思董萨部落、阿骨萨部落、行人部落、中元部落等，聚居着各族人民。吐蕃人民与汉族人民在"义同一家"的长期生活过程中，生活风习互相交融，自然形成的一种混合装。

大中二年（848年）张议潮顺应各族人民（其中包括吐蕃人民在内）的意愿，率众起义，收复了河西十一州，恢复了农业生产，打通了中西交通，维护了国家的统一，唐王朝封张议潮为归义军节度使，统治河西。在张氏家族统治期间，衣冠服制与中原无异。帝王仍服衮冕，通天冠则犀簪导，大袖襦、缘裙、蔽膝，与"开元礼"规定相符。官吏仍着大袖裙襦或幞头靴衫。幞头略有变化，"其垂二脚，或圆或阔，用丝弦为骨，稍翘翘矣"。节度使张议潮、索勋等画像均着赭袍，戴幞头。幞头二脚翘于两侧，已有平直倾向，这是唐代幞头从软裹到硬脚的一个大变化。

农民、船夫、奴婢亦着幞头靴衫，但多为缺骻衫，幞头形式也不一样。

贵族妇女多着衫裙、帔帛、高髻、花钗。宋国夫人着青罗襦、长裙、高髻，饰花钗九树。《开元礼》内外命妇花钗条说："……施两博鬓，宝钿饰，一品九树。"被封为古神武统军、万户侯、"官高一品"的张议潮的夫人，头饰花钗九树，合于当时封建品级制度规定。

晚唐时代贵族妇女襦袖越来越宽大，并出现了一种新装——白纱笼袖，即在大袖锦襦内穿一层透明的白纱袖，手笼袖内，略见指掌。衣裙帔帛日益豪华艳丽，发髻面饰也更为复杂，满头插花钗，项饰瑟瑟珠，眉间作五出梅花，涂红粉,画蛾眉,点花子,与《簪花仕女图》的服饰多有共同之处。所以敦煌曲子中说:"及时着衣,头梳京样。"陆游的诗里也说:"凉州女儿满高楼,梳头已学京都样。"可见敦煌的时装与中原衣冠的变化息息相通。

劳动妇女也着衫裙帔帛,但质料则为粗糙的绢葛,色彩限于黄白。奴婢亦有着幞头靴衫,"束装似男儿"的装扮,"臧获贱伍者皆服襕衫",可见这是唐代奴婢的时装。壁画中也有穷苦的乞讨者,头无花钗,衣无纹饰,破衫敝裙,衣不遮体,与敦煌民歌中"妻子无裙覆,夫体无袴裤"的描写相符,与贵族衣冠形成鲜明的对比。

唐代舞乐是很盛的。唐王朝设有内外教场专门训练歌舞百戏艺人,并拥有"音声人"万余人,皇宫里有"宫伎",官府里有"官伎",军营里有"营伎"。《张淮深变文》里有"日置歌筵"的记载,可见节度使衙门里是有"官伎"的。《张议潮出行图》中有"营伎",乐工均戴缬花帽,穿团花袍、褠衣、白袴,与唐代鼓吹乐工服装相同。舞伎分两行:一行戴幞头,另一行束双髻,缯彩络额,垂于背后,均着缺胯花衫、白袴,挥舞长袖,大概是吐蕃舞。张议潮起义队伍里有大量的吐蕃人民,其中就有能歌善舞的"吐蕃女子"。《宋国夫人出行图》中也有一组歌舞,舞女四人,高髻,衫裙,帔巾,笏头履,四人围成方阵,挥动长袖,翩翩起舞。与唐诗中所说"妙手轻回拂长袖,高歌浩瀚发清商"的中原清商乐相似。长袖则是中国传统的舞衣之一。

壁画中还有许多民间俗舞俗乐。如婚礼中、酒肆里，都有小型舞乐，舞工乐工均着幞头、襕衫、乌靴。舞姿，一手高举，一手叉腰，很像六幺舞。

唐代歌舞与百戏往往混在一起，壁画中有各种"竿木之戏"。《宋国夫人出行图》中的"戴竿"最为惊险，顶竿者着连衣裳，外套半臂，白袴乌靴，头顶长竿。竿上四少年赤裸上体着犊鼻裤，攀缘做戏。有的平衡，有的倒挂，有的攀缘，身轻脚捷，非常惊险。

张议潮收复河西以后，政治形势变了，吐蕃赞普的形象退出了画面，吐蕃装在壁画中几乎绝迹。

唐代末年，在军阀割据声中，曹议金继张氏之后为归义军节度使，从五代到宋初百余年间，曹氏家族祖孙五代统治瓜沙等州一百四十多年。他们与中原政权有密切的关系，与北方的辽、西面的于阗和西州回鹘、东面的甘州回鹘和睦相处，友好往来，甚至结成姻亲关系。反映在衣冠服饰上仍然是既有中原汉装，也有西域胡服。少数民族服装也逐渐染上了中原衣冠风采。

壁画中之帝王，服衮冕、通天冠、深衣袍，与唐代无异。于阗国王也戴冕旒，上缀北斗七星，着衮龙深衣袍，方心曲领，白纱中单，长裙蔽膝，大带，分梢履。腰佩长剑，衣裳饰日月星辰十二章，与《宋史》所载"珍异巧缛，前世所未曾有"的"平天冠"完全一致。所以册封使高居诲说："圣天衣冠如中国。"但于阗国王是回鹘人，还有一些特有的民族服饰，如"头后垂二尺绢，广五寸以为饰"，手上戴镶嵌宝石的指环。近年来发现于阗国主牵狮像，高鼻虬髯，戴绣花搭耳帽，穿朱红襦袍。胡帽与汉装相结合，这些都充分说明于阗与中原亲密而又悠久的历史关系。

五代宋初，官吏着袱头靴衫或进贤冠大袖裙襦，曹议金、曹元忠等节度使形象皆戴展脚幞头，着绛色襕袍、乌靴，与《宋史》所载宋朝人有赭黄淡黄袍衫，玉装红束带，皂纹靴……皆皂纱折上巾，大体相符。皂纱折上巾就是幞头，"五代渐变平直"，"平施两脚，以铁为之"，逐渐变为后来的乌纱帽。

襦衫、襦袍，是五代宋初的"时服"。除了官吏，农夫、围人、商贩、奴仆、舞伎皆着"四襦衫"、幞头、乌靴。幞头则多展脚、交脚、朝天等式。另一种西北特产的毛布做成的短褐，短身窄袖，也是各族劳动人民的常服。

五代宋初，继承了晚唐妇女的大袖裙襦，白纱笼袖之制，但襦袖之大远远超过了唐代。《旧五代史》里说："近年已来，妇女衣饰，异常宽博，倍费缣绫。有力之家，不计卑贱，悉衣锦绣。"曹氏家族妇女画像中主妇奴婢，"悉衣锦绣"，头饰也更为复杂，"绣面"、"花颜"，都超过了前代。敦煌曲子中所谓"犀玉满头花满面"，正好是曹氏家族奢靡之风的写照。

五代宋初流行回鹘装，戴凤钗步摇冠，穿翻领红袍、绣花鞋。节度使曹议金的夫人即着此装，但头戴毡笠。《新五代史》记载回鹘妇人时说："妇人总发为髻，高五六寸，以红绢囊之。既嫁，则加毡帽。"回鹘公主戴毡笠合于出嫁后的身份。窄袖翻领长袍则是回鹘妇女的时装和礼服。

五代宋初的甲胄之制，一如唐代，但帝王翊卫武士与唐稍异，均着绯衫，外套裲裆，穿战裙、大口裤，麻鞋、红巾抹额，持班剑，与《新唐书·仪卫志》中"……服绯施裲裆，绣野马，皆带刀捉仗"的"散手仗"相似。《曹议金出行图》中的仪卫武士则与此不同，皆着缬花帽、四襈衫，乐工、轿夫、奴婢也着此装。

公元 11 世纪初，党项族据有河西，在"西掠吐蕃健马，北收回鹘锐兵"的基础上建立了西夏政权，统治河西一百八十余年。壁画中的服式大体可分为两种：一种是中原汉装，如妇女的窄袖衫裙、团冠。农夫、铁匠、商贩等头裹皂巾，穿襦袴、行縢、麻鞋；另一种是西夏装，赵元昊一方面"曲延儒士"，"渐行中国之风"，同时又要显示民族特色，因而"制小蕃文字，改大汉衣冠"。在唐宋袍衫之制基础上，加上党项民族服饰，就形成了"文职则幞头靴笏，武职则冠金帖起云镂冠，银帖间金镂冠、黑漆冠，衣紫旋襕，金涂银束带，垂蹀躞"的制度。壁画中的武官服饰与此大体相符。奴仆则服缺骻衫、行縢、麻鞋。赵元昊还下过"秃发令"，故西夏人多不蓄长发。贵族妇女着交领窄袖衫、百褶裙、弓履，头戴小冠，两侧插步摇。窄袖衫是宋朝妇女时装，步摇冠又与回鹘装相似。当时西夏境内，从东到西都有回鹘部落，因而壁画中颇多回鹘形象。回鹘王戴白毡高帽，着圆领团龙襕衫、毡靴。侍从武士着裤衣白裤、束重带，垂蹀躞，戴毡帽垂红结绶，背圆盾，持铁爪篱。回鹘王妃着翻领红袍，戴"博鬓冠"，上立金凤，四面插花钗，与宋朝凤钗冠类似，其基本服制则与西州回鹘服饰相同。

公元13世纪，成吉思汗统一了中国，袭用汉族封建制度，在衣冠服饰上，"近取金宋，远法汉唐"，制定了一套历代相承的"法服"。同时也保留着蒙古族的民族服装——"质孙"。壁画中蒙古王公贵族着黄色"镤衫"，戴笠帽。双耳饰环，耳后垂发髻，穿六合靴。其冠制与《元史》天子质孙中"宝顶金凤钹笠"相似。另有男装叫"搭护"，在衫外套"褡子"，并有比肩之饰，如武士云肩，穿五色靴，所谓"鬃笠毡靴搭护衣，金牌骏马走如飞"。搭护衣是蒙古族骑士的服装。

壁画中有蒙古贵族妇女的供养像，头戴"顾姑冠"，身穿"纹绣绞衣"。这种衣服"宽长曳地行者，两女奴拽之"，这是蒙古贵族妇女的一种礼服。

总而言之，从十六国到元代的敦煌壁画中既有汉式衣冠，也有"胡服"，反映了多民族国家衣冠服饰的丰富多彩的特色，也反映了各民族风俗服饰互相影响的关系，为研究我国衣冠服饰发展史，提供了许多史籍所不载的珍贵资料。

衣服是人类必需的御寒蔽体的物质生活条件之一，也是精神文明的表现。在阶级社会中，衣冠服饰也反映着鲜明的阶级意识，孔子在《论语》里说过："君子正其衣冠，尊其瞻视，俨然人望而畏之。"并把统治阶级的衣冠视为不可触犯的"法服"，这是奴隶主阶级的服饰观。到了封建社会，不仅封建地主阶级与劳动人民之间存在着所谓"尊卑"、"贵贱"的阶级差别，在封建统治阶级内部也有复杂的品级制度。隋唐衣冠就有九品制，每品还有正从之分，按法定品级，"非其人不得服其服"。敦煌壁画中的衣冠服饰正反映了这个森严的阶级等级制度。

封建统治者宣扬以"礼"治天下，他们说："礼莫明于服，服莫重于冠。"所以服式多以冠为名。服式、质料、色彩、花纹都有鲜明的等级差别。壁画中的冕旒、通天冠、进贤冠、深衣袍都是帝王官吏的"法服"。袴褶、裙襦、犊鼻、巾帻多为劳动人民的服装，统治者称为"虞旅贱服"，而且规定"上得通下，下不得僭上"。有些服式虽然"贵贱通服"，但质料是不同的。汉代就有严格的规定，十六国时代，苻坚造了一种金锦，规定"工商皂隶妇女不得衣之，犯者弃市"。唐代的帝王、官吏、后妃、宫嫔，穿绮罗锦绣，而"诸部曲、客女、奴婢服紬绢布，色通用黄白，饰以铜铁"。但是"豪家富贵逾常制……从骑爱奴丝布衫"。所以唐代壁画中有许多官家奴婢也穿绫罗锦绣，可见禁令只是限制老百姓的。

服装色彩的等级制更为严格。服装色彩是随统治者的好恶而变化的。如唐初尚赤黄，"天子袍衫用赤黄"，因而禁止官吏百姓服赤黄。百官服色贞观中始令"三品以上服紫，五品以上服绯，六品七品以绿，八品九品以青"。以后又多次改变，唐代前期供养人服色不完全符合制度。开元、天宝以后，唐王朝政治腐败，生活糜烂，"赐紫"、"借色"风行一时，弄得朝会时"朱紫满庭",品级不分。唐代后期壁画中的官吏形象，多着赭袍，没有朱紫青绿之分，这与当时服色混乱不无关系。但对庶民百姓"有不依令式"公开着朱紫青绿等色袄子者，就必须命令有司"严加禁断"，否则"贵贱莫辨"，"有蠹彝伦"，是要治罪的。

封建统治阶级的衣冠，不仅色彩鲜丽，而且有很多装饰花纹，帝王的衣裳饰十二章，日月星辰，山龙华虫，宗彝藻火，粉米黼黻，象征"光照下土"、"泽沾下人"、"神武定乱"、"物之所赖"等政治意义。帝王冕侧悬两个绒球，象征不听谗言。冕上垂十二旒，象征目不斜视。帝王将相衣服多以龙为饰，但帝王之服龙头向上，王公之服龙头必须向下，以示臣服于天子。官吏亦以品级高低，装饰不同的花纹。如果穿错了是要治罪的。《宋史·舆服志》里说："俾闾阎之卑，不得与尊者同荣；倡优之贱，不得与贵者并丽。"封建统治阶级在穿衣戴帽上都极力宣扬封建伦理道德和他们的审美观点，其目的不言而喻是为了巩固他们的封建统治。

但是，通过衣冠服饰的形式、纹样、色彩，也可以看到当时的织绣、印染工艺技术的高度成就，特别是在纹样的设计和创造上，像唐初有名的纹样设计师窦师纶所设计的"陵阳公样"，那是具有高度艺术意匠的。

早期壁画比较简略，但已能看到刺绣、织锦和蜡缬花纹。隋唐壁画逐渐精致，等身供养人画像衣裙上有绣花、有织锦、有缬染、有绘画等不同手法的装饰。装饰纹样多种多样，从早期的棋局纹小团花到隋代的菱纹、忍冬纹、折线纹、狮纹、凤纹、飞马纹和具有波斯风味的圆环连珠纹、狩猎纹等，到了唐代则有石榴纹、团花纹、宝相花纹、菱纹、方胜纹、云纹、练雀纹、雁纹、鸳鸯纹、翔凤纹、团龙纹、狻猊纹等等。古代的工匠们把自然形态的植物、动物形象，加以概括、提炼、变化，组合成各种具有装饰美的纹样，并赋予不同的色调。特别是晚唐时代，缬染普遍流行，往往在衣裙上画出蜡缬、夹缬、缬缬的不同效果。最引人注目的是朱紫自然交错的撮晕缬，五彩缤纷，鲜艳夺目。唐诗中说："布素豪家定不看，若无纹彩入时难。"晚唐女供养人豪华艳丽的衣裙正是当时流行的时装，也是官僚贵族们穷奢极欲生活的反映。

但是，"遍身绮罗者，不是养蚕人。""窗下掷梭女，手织身无衣。"精致的绫罗锦绣，美丽的装饰花纹和大方美观的服装式样，都是当时的技师和劳动人民血汗和智慧的结晶。

玄奘取经图研究

1953 年，敦煌文物研究所考察了安西榆林窟，分别给四十一个洞窟编了号，并对洞窟内容作了初步考察，在第 2、3 窟的壁画中发现了玄奘取经图，并将第 3 窟普贤变中的取经图临摹了下来。50 年代后期，还给西安大兴善寺玄奘纪念馆复制了一幅，作为最早的玄奘西天取经的艺术形象展现在观众面前。

在五十年来的保护和研究过程中，在榆林窟第 3 窟和第 29 窟，又发现了两幅取经图。近年来在安西东千佛洞第 2 窟也发现了两幅。至此共发现六幅玄奘取经图，但都不是独立画面，而是大幅变相中的插曲。

六幅取经图，都绘制在安西境内西夏时代的洞窟里，内容大同小异，现在分别介绍如下：

一、安西榆林窟第 2 窟西壁北侧水月观音图右下角，一块临近水边的平地上，一位青年汉僧，光头，内着大袖襦裙，外套田相袈裟，仰首合十。猴行者作猴相，披发，头戴金环，身穿窄袖短衫大口袴，长靿靴，右手高举额前定睛眺望，左手牵马,师徒二人隔水遥礼观音,白马仅露马头。在水波月色、静寂无垠的神秘境界里,玄奘与猴行者,不过是这大千世界里的渺小人物。

二、榆林窟第3窟西壁门南《普贤变》南侧,探出一块平地,面前茫茫云海群仙缥缈,云海下滚滚激流,挡住前路,这就是取经人物出现的困境。玄奘着襦袴披袈裟,行滕麻鞋,遥望普贤菩萨身后的仙山琼阁,合十敬礼。玄奘头后有圆光,身旁祥云缭绕。悟空作猴相,大眼大嘴,毛发奓起,着小袖襦白袴,亦行滕麻鞋,随师施礼,均作风尘仆仆的行脚僧状。猴行者身后牵白马,驮大莲花,花中现经袱,光芒四射,象征自印度取回的六百五十七部佛经,很显然这是模仿汉代白马驮经的故事,描写玄奘西天取经归来的情景。

三、同窟东壁北侧十一面千手观音变下部画青年玄奘立像,头后有圆光,右袒褊衫,双手合十,虔诚默念。南侧画悟空,猴相,长发披肩,头束彩带,着衩衣小口袴,脚蹬毡靴,腰间斜挎经包,右手握金环锡杖,紧靠右肩,挑起一叠经盒。左手高举额前,两眼圆睁,探视前方,精神抖擞。这里不仅表现了取经归来的喜悦,从头后圆光和安排的位置看,它们已被画师列入观音菩萨侍从神灵的行列。

四、榆林窟第29窟北壁东侧水月观音下部附属画面,作横卷式,中绘一大树,枝叶茂密,北侧绘一俗士左手持一物,心形似桃,右手指树,回头向猴行者和玄奘谈话。猴行者和玄奘均为侧面像,猴行者圆眼,大嘴,披发,戴金环,衩衣,小口袴，背负一袋。后为玄奘，光头着袈裟，合掌，笑容交谈，玄奘身后白马空鞍相随。

树的南侧，一人手执一桃，回身递与另一人，二人俯身，窃窃私语。更有一僧，头有圆光，着袈裟，右手持桃隐藏身后，秘不示人，仰首与菩萨交谈。菩萨头戴三珠宝冠，高髻，长发披肩，内着衫裙，外套袈裟，双手合十听僧人谈话。僧人背后又出一菩萨，注视僧人手中之桃，而僧人尚未发觉。这一有趣情节，可能是玄奘与猴行者在西王母蟠桃林偷桃的故事。由于画面极不清晰，尚待继续考证。

五和六、东千佛洞第2窟中心柱相对两侧壁，即甬道南北各有水月观音一壁，在观音座前画面中部各有一组玄奘取经图。

南壁者，绘于观音依坐的洛迦山前一片土坡上，玄奘一行依靠山岩，面对滚滚激流，水边蓝宝石闪闪发光。一派奇异境界。玄奘着大袖襦裙，外披田相袈裟，脚蹬方头履，合十敬礼，悟空人相似猴，大嘴露齿，披发，头戴金环，身着武士衩衣，腰束带，小口袴，麻鞋，左手举额前定睛眺望，右手牵白马，马作正背面像，回首张望，意趣盎然。

北侧者，玄奘作正侧面像，内着襦裙，外套赫红袈裟，躬身施礼。悟空面部残损，着武士短衫，行縢麻鞋，一手牵马，一手持金环锡杖，翘首观望，白马备好鞍鞯，伫立等待，均属西去场面。

这两幅取经图独特之处，在于都有一组神灵于云中随玄奘前行。云中神灵着帝王装，头戴通天冠，身穿大袖袍，腰束

玄奘取经图　榆林窟第2窟西壁

蔽膝，脚穿云头履，手捧香炉，昂首前视，侧侍天女，后有
神魔张大旗，与地上的玄奘取经人马相随前行。这就是大梵
天王。《诗话》中说大梵天王曾赐给猴行者盂钵和金环锡杖，
在路遇白虎精时，猴行者将金环锡杖变作一个夜叉，头顶天，
脚踏地，手把降魔杵……口吐百丈火光降服了白虎精，大梵
天王曾向玄奘和猴行者说过："有难之处，遥指天宫，大叫
天王一声，当有救用。"当玄奘一行至女人国前，路过溪水，
洪水茫茫，法师烦恼，猴行者"大叫天王一声，溪水断流，

洪浪干绝，安然得过"。大梵天王的出现，是与唐玄奘取经有内在联系的。

这六幅取经图的共同点为：

一、出场人物只有玄奘、猴行者和白马。玄奘为青年高僧，着汉式大袖襦，长裙，田相袈裟，完全为汉僧风貌。均作行进途中巡礼朝拜情节，多数表现西游，白马空鞍自随。少数描写东归，白马驮经。猴行者负经。六幅画面象征性地表现了十七年的艰苦取经历程。

二、悟空为猴相，由于画师对猴行者的理解及艺术修养、表现技巧不一，造型也各有差别。因此，有的人相似猴；有的猴相

玄奘取经图中的行者悟空
榆林窟第3窟

而有人情味；有的一手持金环锡杖，一手举额前，定睛眺望。吴承恩《西游记》中的孙悟空艺术形象的神情风采，已在西

夏壁画中初步展现。

鲁迅称《西游记》为"神魔小说"，想象丰富，情节离奇，但任何想象都是有依据的，有的以现实历史为依据，有的以想象和幻想的神话为依据，纪实性的《大唐西域记》，实中有虚的《大慈恩寺三藏法师传》，都是玄奘取经图和《西游记》的依据。

玄奘取经图中的玄奘，俗姓陈名祎，今河南偃师人，十三岁出家，十九岁受戒，二十七岁立志赴印度求学取经，结侣陈情，请求西游，但未得朝廷允许。二十八岁，贞观元年（627年），玄奘为解救"人间众苦"，决心"不惜生命"偷越国境。首先孤身从长安潜入河西。凉州都督李大亮，奉敕逼玄奘回京，时有慧威法师从中相助，秘遣弟子送玄奘西行。潜行至瓜州，刺史独孤达对玄奘深表同情，违旨放行。接着凉州牒文又到，令"所在州县，宜严候捉"，又得州吏李昌支持，当面撕毁牒文，秘送玄奘出玉门关。经历了千难万险，两年后才到达印度。在印度拜师学道，抄写佛经并游历五天竺，巡礼佛迹。于贞观十九年回国。前后历时十七年，带回了大量的佛经、佛像，成为我国著名的佛学家、翻译家、旅行家和中印文化交流使者，这就是取经图中玄奘的历史依据。

取经图中的猴行者从何而来呢？猴行者之名最早见于"中瓦子张家印"的《大唐三藏法师取经记》和《大唐三藏取经诗话》。《诗话》中的"白衣秀才"就是猴行者，他是花果山紫云洞八万四千铜头铁额猕猴王。他向玄奘说："我今来助和尚取经，此去百万程途，经过三十六国，多有祸难之处。"于是玄奘"当便改呼为猴行者"。此后，在许多诗人笔下都见到猴行者之名。

宋刘克庄《后村居士集》诗中有：

> 取经烦猴行者，吟诗输鹤阿师。

宋张世南《游宦纪闻》中记张圣者（张锄柄）在重光寺题诗中有：

> 无上雄文贝叶鲜，几生三藏往西天。
> ……
> 苦海波中猴行复，沉毛江上马驰前。

《诗话》中还有玄奘与猴行者的两首对话诗：

猴行者诗云：

> 百万程途向那边，今来佐助大师前。
> 一心祝愿逢真教，同往西天鸡足山。

玄奘诗云：

> 此日前生有宿缘，今朝果遇大明贤。
> 前途若到妖魔处，望显神通镇佛前。

从此，玄奘与猴行者结下了不解之缘。六幅取经图都是以玄奘与猴行者两个主体人物画成的。

猴行者即悟空，悟空是唐玄宗时代京都章敬寺沙门，俗姓车，名奉朝。天宝十年随张光韬出使西域，远去印度，因重病不能回返中土，便在犍陀罗国出家，先后游历印度、中亚、西域诸国，"与大唐西域记无少差殊"，"备涉艰难，捐躯委命，誓心报国"，二十七岁出家，六十岁归国，居上都章敬寺译经。《西游记》中的悟空，正是以晚于玄奘约四十年的"从安西来无名僧悟空"加以想象神化而来。悟空化为猴相，起于何时，决定于《诗话》印刷、撰写年代。大约起于变文流行的晚唐五代，流行于宋。而猴相的渊源，学者们众说纷纭，已经讨论了几十年，大体可归纳为两派说法：

一派说法认为源于我国民族传统文化。鲁迅是举旗者。他认为，猴行者的形象，就是唐代李公佑在山洞里发现的《古岳渎经》中所说的淮涡水神无支祁。经中说大禹治水时有一段神怪传说：

> 淮涡水神，名无支祁。善应对言语，辨江淮之浅深、原隰之远近。形若猿猴，缩鼻高额，青躯白首，金目雪牙，颈伸百尺，力逾九象，搏击腾踔疾奔，轻利倏忽，闻视不可久。禹授之章律，不能制；授之乌木由，不能制；授之庚辰，能制。鸱脾、桓胡、木魅、水灵、山妖、石怪，奔号聚绕，以数千载，庚辰以战逐之，颈锁大索，鼻穿

金铃，徙淮阴之龟山之足下。俾淮水永安流注海也。庚辰之后，皆图此形者，免淮涛风雨之难。

《太平广记·李汤》中说，武则天永泰年间，州刺史李汤听渔人说：龟山下水中发现怪兽，"状如猿，白首长鬐，雪牙金爪，蓦然上岸，高五丈许，蹲踞之状若猿猴……双目忽开，光彩若电"。

自大禹治水之后，历代小说杂记中猿猴故事颇多：白猿化老人。猿猴寿与天齐，能知人过去未来。巨猿自称巴山猴。巴山猿好浮图，化为胡僧，说《金刚经》。白猿着白衣曳杖，动如白练。所有这些猿猴化人的故事，多与猴行者相似。猴行者、孙悟空的形象，从最早的民族神话人物无支祁逐渐演化而来，脉络清晰，言之成理。

另一派说法认为，猴行者是印度史诗《罗摩衍那》中的神猴哈奴曼，胡适力主此说。

《罗摩衍那》是产生于公元前3世纪至公元2世纪之间的印度史诗，其中描写了人类社会、猕猴王国和魔鬼世界及其交织的关系。《猴国篇》、《美妙篇》中精彩地描写了神猴哈奴曼的超人本领，现在摘抄有关神猴的节句于后：

生为猴子肢体软嫩，
他能随时变化随意。
金刚杵打在他的身上，

但并没有把他打伤。

他的力量不可估量，

他能在空中行走。

哈奴曼自己说：

"辽阔的大山苏迷炉（须弥山），

峰顶好像刺破青天，

我能自由自在地绕着它转几千转。"

用我两条腿的冲力

我将把那大海搅翻。

只要一转眼的功夫

我一下子就能从悬空的云中跳下，

好像闪电冲出云层。

我的威力能比风神，

我飞跃能比金翅鸟，

我将一日走上一亿由旬（一由旬四十里）。

风神的儿子用一只手，

托起一座大山，

这威猛的猴子狂吼，

他把大山反复旋转。

他身上燃烧着威光，
好像燃烧着太阳。

在《罗摩衍那·美妙篇》中，着重描写了神猴哈奴曼为了寻找猴王罗摩的妻子悉多，与罗刹斗争，表现了超人的智慧和勇敢。

在进入十头魔王的游乐园时，史诗《美妙篇》40章写道：

勇敢光辉的哈奴曼，
个子好像是一座大山，
他在地上摔自己的尾巴，
发出了吼声巨大震天。

罗刹们听见了吼声，都吓得胆战心惊。当罗刹的各种可怕的兵器从四面八方向他进攻时，哈奴曼大显神通：

他一下子跳上了支提殿，
高得像须弥山顶一样。

这个无敌的哈奴曼，
破坏了那幢支提殿；

他浑身发出了光辉，
好像是波哩耶特罗山。

他发出了巨大的吼声，
听起来震耳欲聋；
飞鸟从天空里掉下来，
他的语音又响在空中。
这个身躯大力量大的猴子，
就从这座宫殿上面，
用力拔出来了一根柱子，
他把柱子使劲地挥舞……

他拔起一棵大娑罗树，
用力把它投到空中。
他抄出一根门闩，
迅猛地向敌人投去。

罗刹的脑袋没有了。
双臂和膝盖也都不见，
也看不到他的弓和车子，
还有马匹和那些箭。

这个猴子行动迅捷，

他引得那些箭都落了空，
引得那些车子白白冲撞，
他奔走在洁净的太空中。

他伸手抓起了一座山峰，
连同小鹿、猛兽和树木。
这猴中魁首哈奴曼，
为了杀死罗刹把山投出。

从他（哈奴曼）眼睛里，
射出了条条火光；
火光要焚毁罗刹，
连同兵卒和车辆。

在你们大家的眼前，
我从摩亨陀罗山顶跳上天，
我专心一致地
想跳到这一片大海的南岸。

哈奴曼和魔女斗争时，魔女要吃哈奴曼：

我（哈奴曼）立刻把身躯涨大，
比他们的嘴要大得多。

她（魔女）大大地张开了海口，

准备把我一下子吞掉；

她不了解我的情况，

我的变化她不知道。

在一瞬间的功夫，

我缩小了巨大的身躯；

我掏出了她的心，

一下子向天空跳去。

哈奴曼在战场上，

像愤怒的死神，

他能夺走人们的生命，

罗刹看着他四散逃窜。

  从史诗中的描写看，神猴哈奴曼很像猴行者，特别是《西游记》里的孙悟空。但《罗摩衍那》两千年来没有中译本，藏译本出现也较晚，虽然在三国时代，康僧会译的《六度集经》中的《国王本生》描写海龙盗走王妃，深居龙宫。国王与猕猴约盟，猴王率众为国王夺回王妃，国王发箭射死龙王，与王妃团聚。这与《罗摩衍那》中哈奴曼为罗摩寻找王妃相似，但并无哈奴曼和罗摩之名。

北魏时代所译《杂宝藏经》的十奢王故事中有罗曼罗摩太子之名，但故事与《罗摩衍那》完全不同，内容都是孝顺和睦，没有争斗，看不出神猴的威力和神通。这里的罗摩不像《罗摩衍那》中的罗摩。

《贤愚经·顶生王品》里描写顶生王在降服四天下，最后上三十三天忉利天宫，吹贝扣弓，开千二百门，与帝释天并坐，共享天乐。阿修罗与帝释天战，顶生王助帝释天得胜，顶生王心生独占忉利天宫之念，即自堕而死。有人说这就是孙悟空闹天宫的来源，实属牵强附会。

在印度、中亚、西域和敦煌壁画中，确有许多描写猕猴的故事和有灵性的猕猴的形象，但还没有发现过表现哈奴曼或罗摩的画面，因此，说猴行者来源于史诗《罗摩衍那》中的神猴哈奴曼，还没有可靠依据。

除上述两派说法之外，还有混血猴说、佛典来源说等，都不无一定道理，但任何关于猴行者形象的一源说，或者多源混血说，都没有很强的说服力。猴行者悟空，与民族神话中的无支祁有密切关系。但猴行者是佛教的产物，与佛教文化没有关系是不可能的，何况佛教文化对我国的哲学、文学、艺术、美学等各方面的影响既深且广。因此，我认为，猴行者的形象，是以淮水神猿为主体，又受到佛教经典和艺术中所描写的猕猴故事的影响，融合创造而成，在一定程度上可以说是混血猴，但取经图中猴行者和《西游记》中孙悟空表现的机智、勇敢、正直、忠诚、不畏强暴、随机应变等精神和朴实、憨厚的品格，都表现了中华民族的传统美德，因此它的艺术生命力，在千百年后仍然光彩照人。

玄奘取经图看来不是独立画面，而是穿插在观音变或普贤变中的插曲，但它却充分表现了玄奘与观音菩萨密不可分的特殊关系。

玄奘在蜀时，曾得《般若心经》真传，经里赞颂观世音菩萨救苦救难德行，"观自在菩萨，行深般若波罗蜜多时，照见五蕴皆空，度一切苦厄"，因此，玄奘一遇苦难便默念观音菩萨和《般若心经》。

玄奘与胡人自瓜州偷渡葫芦河，过玉门关后，露宿戈壁，至深夜"胡人抓刀而起，徐向法师，未到十步许又回，不知何意，疑有异心，即起诵经念观音菩萨"。

进入莫贺延碛以后，八百里大戈壁，上无飞鸟，下无走兽，复无水草，唯见人骨为路标。"至沙河间，逢诸恶鬼，奇状异类，绕人前后"，玄奘四顾无人，便一心念观音菩萨，诵《般若心经》。唐代除《大慈恩寺三藏法师传》之外，还有《大唐新语》、《独异志》等书，多有玄奘西游取经、受观音菩萨保护的记载。藏经洞出土文献 P.2704《赞梵本多心经》说："此是三藏当离东土，欲往西天……朝遇豺狼，夜逢恶鬼，或即口中焰出，或乃头上烟生，有时笑是前头，或即咏哦后面，跳踉自在，变化多端。一行行发似朱砂，一队队身如蓝靛。三藏睹之而莫测，一心念此经。闻题目而罗刹归降，诵真言而鬼神自退。赞云：'般若题名观自在，圣力威神无比对，危难之心意念时，龙鬼妖精寻自退……当时三藏凭经力,取得如来圣歌归。'"

S.2464《唐梵番飞对字音般若波罗蜜多心经》序中,对观音菩萨化身传授梵本《多心经》,说得极为详尽生动:"梵本般若多心经者,唐三藏之所译也,三藏志游天竺,路次益州,宿空惠寺道路,内遇一僧有病,询问行止,因话所之,乃难法师曰:'为法忘骸,甚为希有,然则,天竺迢递,十万里程,道涉流沙,彼深弱水,胡风起处,动塞草以愁人,山鬼啼时,对荒兵之落叶。朝行雪巘,暮宿冰崖。树挂猿猱,境多魑魅,层峦叠于葱巅,萦带雪之白云。群木簇于鹫峰,耸参天之碧峤,程途多难,去也如何?我有三世诸佛心要法门,师若受持,可俱往来。'遂乃口授与法师说,至晓失其僧马,三藏结束囊装,渐离唐境。或途经厄难,或时缺斋馔,忆而念之四十九遍,失路即化人指引,思食则辄献珍蔬,但有诚祈皆获戩祐,至中天竺磨竭陀目耶那烂陀,旋选经藏次,忽见前僧而相谓曰:'远涉艰险,喜逢此方,赖我昔在支那国听传三世诸佛心要法门,由斯经历,保尔行途,取经早还,满尔心愿,我是观音菩萨。'言讫冲空,即显奇祥,为斯经之至验信。"

上述资料说明,玄奘是观音的崇拜者,虽幻迷诡怪,却说明了玄奘取经场面多数画在观音变图内是有原因的,表现了观音菩萨是玄奘意念中的保护神。

水月观音出于唐代,画史上记载"周昉妙创水月之体",可见唐代佛教壁画四大派首领之一的周昉是这一题材的首创者,画观音依坐于嶙峋奇特的山岩中,座前有净瓶柳枝,身后几竿修竹，池中绿波荡漾，莲花绽开，天空一片彩云托着一弯新月，境界幽深静谧。白居易有一首诗说："净渌水上，虚白光中，一睹其像，万缘皆空。"这里的空，既指佛教一切皆空，也指在审美观照中产生的思想上的净化作用。

类似这样的景色，玄奘在《大唐西域记》卷一〇里写道："布坦洛迦山，山径危险。岩谷敧倾，山顶有池，其水澄镜，派出大河，周流绕山十二匝，入南海。池侧有石天宫，观自在菩萨往来游舍。其有愿见菩萨者，不顾性命，历水登山，忘其艰险。"这是玄奘记印度南海观音居住地的景色，其中四面绕水、石天宫等，与水月观音的环境很相似。玄奘的记载，对水月观音图的构思有一定的影响。

东千佛洞水月观音图中的玄奘，不是插曲，而是表现的主题，特别是把玄奘和猴行者一行人马，置于面临滚滚激流的险道上，空中飞行的大梵天王左右护卫，洛迦山上观音是玄奘西天取经的保护神，则安然倚坐，因此，这幅水月观音图实际是以《诗话》为脚本，以观音为主体的完整的玄奘取经变相。

画在普贤变中，也是有依据的，《诗话》第十最后有几句诗："此中别是一家仙，送汝前程往竺天；要识女王姓名字，便是文殊及普贤。"即文殊普贤化为女王，考验和保护玄奘，并赠白马一匹，驮运佛经回返东土。

上述资料充分说明，玄奘取经图出现在观音经变和普贤变中不是偶然现象。

对玄奘取经图的探索之后，我有几点思考：

一、玄奘西游取经的故事，玄奘在世时已流行于民间，北宋景祐三年（1036年）欧阳修与友人同游扬州寿宁寺手记中说："其寺宏壮，壁画优妙，问老僧云，周世宗入扬州以为行宫，尽圬墁之，唯经藏院画玄奘取经图一壁独存，尤为绝笔，叹息久之。"可惜寺已毁，壁画无存，幸有安西榆林窟及东千佛洞一批西夏时代玄奘取经图之发现，堪称稀世之珍。这些取经图不仅表现了艰苦的西游，也描写了胜利的东归，体现了十七年的艰苦历程。这对研究中印文化交流的历史，研究《西游记》成书之前主要人物艺术形象的诞生和完善的过程，是难得的形象史料。

二、玄奘取经图出现在安西榆林窟，是有历史原因的。贞观三年（629年）玄奘与同侣违背朝廷命令，潜至秦州，次日即转兰州。当时正遇一批给长安送官马的使者回返凉州，即随行至凉州，并向商旅们讲佛经，颇得胡商欢迎和资助。在慧威法师帮助下，派遣弟子慧琳和道整，秘送西路，昼伏夜行，幸至瓜州。当时去西域凡三道，玄奘取北道，从瓜州"北行五十余里，有瓠芦河，上广下狭，回波甚急，深不可渡。上置玉门关，路必由之，即西域之咽喉也。关外西北又有五峰，候望者居之，各相去百里，中无水草。五峰之外即莫贺延碛，伊吾国境"。玄奘从伊吾转焉耆进北道。

玄奘出关十分惊险，独孤达违背朝廷圣旨，放走玄奘，李昌撕毁牒文，护送玄奘出关，都是犯杀头之罪的行为。这故事必然在当地人民中流传。藏经洞出土的有关玄奘西游取经事迹的写本即是证明。南宋时代（敦煌即西夏时代），诗话流传，玄奘取经诗话便是唐代的变文形式，玄奘取经的惊险故事必然为取经故事故乡的瓜州人所喜爱。画师们把流传的故事画上墙壁自是情理中事，把现实的历史人物与想象的神灵世界结合起来的画面，这便形成了西夏壁画的一大特色。

　　三、玄奘取经的历史故事，通过《诗话》逐渐向神话故事演变，故事越变越离奇。有人认为《诗话》出自变文，因为它的体例与敦煌变文相同，玄奘取经图又是以诗话为依据的。主要人物，虽然说"一行六人"，但实际上只着重描写了玄奘和猴行者二人，玄奘是主体人物，着重表现他的年轻、英俊、坚毅、虔敬、忠诚和彬彬有礼的高僧形象。猴行者是玄奘的弟子和侍从，在取经途中，他是主要人物，玄奘称他为"大明仙"，希望他大显神通，降魔伏怪，保护佛法。此时在猴行者的形象塑造上仍在探索中。有的人相似猴，表现了人的智慧和猴的机灵、敏锐。有的猴相又有人的稳重和灵性，特别是火眼金睛、目察心计，含蓄中显示强大的威力，表现了对玄奘的无限忠诚。也有的纯为猴相，瞠目张口，似在号叫，野性未驯，未表现出猴行者的机灵和智慧。三种猴相，以第一、二种为佳，特别是榆林窟第3窟负经猴行者和东千佛洞第2窟持棒侍卫者，已融合猴、人、神于一体。特别是敏锐的眼光、手举额前似搭凉棚、警觉眺望的招式、轻捷的步履、金环锡杖的神变，都为元人杂剧和小说《西游记》中的主要人物孙悟空的形象奠定了基础。

最后可以这样说:《大唐三藏取经诗话》,是根据玄奘《大唐西域记》,慧立、彦悰《大慈恩寺三藏法师传》及西天取经传说写成的变文,由于发挥了艺术的想象力,已向神魔小说大大地迈进了一步。

玄奘取经图又是以《诗话》为蓝本创作而成。壁画是造型艺术,必须是实实在在的具体形象,主要是以典型的艺术形象感动人。取经图中的玄奘和猴行者便是根据《诗话》创造的典型形象,表现了取经途中的艰险历程和艰苦卓绝的精神。取经图虽只是敦煌艺术中巨大历史交响乐中一支插曲,但它具有高度的历史价值和艺术价值,它蕴含着中印文化交流史上的深厚情谊。

附　录

段文杰学术年表

　　1917 年 8 月 23 日　　出生于四川省绵阳市丰谷井松桠乡。

　　1931—1936 年　　就读于四川省蓬溪县中学。

　　1936—1938 年　　中学毕业后留蓬溪中学补习，同时积极参加抗日宣传活动，曾任学生抗日宣传队队长。

　　1938—1940 年　　先后在四川省蓬溪县常乐小学、遂宁县永兴乡小学执教。

　　1940—1945 年　　就读于重庆国立艺术专科学校美术系五年制国画科。师从林风眠、吕凤子、陈之佛、潘天寿、李可染、邓白、黎雄才等先生学习中国画。1945 年毕业。

　　1946 年 9 月　　抵达莫高窟，进入国立敦煌艺术研究所，参与敦煌艺术考察、研究、临摹和保护工作。

　　1946—1949 年　　任美术组组长兼考古组代组长。负责组织临摹壁画、勘测、调查洞窟内容等工作。并临摹壁画一百多幅，参加了 1948 年在南京举办的敦煌壁画展。

　　1950 年　　敦煌艺术研究所更名为敦煌文物研究所后，任美术组组长，并在常书鸿所长外出时代理所长。

1951 年　敦煌文物展在北京中国历史博物馆展出，段文杰的二百二十一幅临本参加展览。

1952 年　率团赴玉门油矿为石油工人举办"敦煌艺术展"。

1952—1953 年　发起并领导莫高窟西魏第 285 窟整窟壁画临摹工作。绘有"敦煌老农"、"敦煌民工"、"敦煌青年"、"解放军战士"等一批素描和水粉写生画。

1954 年　参加唐代敦煌图案临摹工作。同年，被聘为副研究员。

1955 年　完成了莫高窟第 130 窟《都督夫人礼佛图》的研究性复原临摹和第 194 窟《帝王图》等临本。同年秋天，在北京举行第二次敦煌壁画展，赴京负责展览的组织和接待工作。

1956 年　主持并参加榆林窟第 25 窟整窟壁画临摹工作。撰写《谈临摹敦煌壁画的一点体会》，1956 年 9 月在《文物参考资料》上发表。

1957 年　继续在榆林窟临摹壁画。为《敦煌艺术画库》撰写《榆林窟》一文，此书 1957 年 10 月由中国古典艺术出版社出版。

1957—1961 年　在反右政治运动中受冲击，被撤销一切职务和副研究员级别。

1962—1965 年　甘肃省委派出工作组到文物研究所调查反右中处理不当的问题，被甄别平反，恢复原有的专业职称和级别，担任学术委员会秘书。

1966—1972 年　在"文革"动乱期间受迫害，下放至敦煌农村劳动。

1972 年　落实政策，重回敦煌文物研究所工作。赴扬州指导鉴真纪念堂"鉴真东渡"壁画的设计、创作工作。和关友惠、马世长、潘玉闪、祁铎等人到新疆考察石窟艺术。

1976—1978 年　主持编撰大型彩塑画册《敦煌彩塑》，为书中撰写了《敦煌彩塑艺术》一文，1978 年文物出版社出版。撰写《敦煌早期壁画的民族传统和外来影响》，发表于《文物》第二期（1978 年）。为甘肃省歌舞团《丝路花雨》舞剧创作提供学术支持。

1979 年　任兰州大学客座教授，讲授敦煌石窟艺术。

1980 年　任敦煌文物研究所第一副所长，主持全面工作，组织制订敦煌石窟保护、研究和弘扬的长远规划和阶段性工作计划。参加由中国文物出版社和日本平凡社合作出版《中国石窟·敦煌莫高窟》五卷本的编撰工作。论文《真实的虚构》在第二期《文艺研究》发表。论文《形象的历史——谈敦煌壁画的历史价值》在《兰州大学学报》第二期发表。

1981 年　8 月 8 日陪同邓小平同志参观石窟，并向小平同志汇报研究所的工作情况，邓小平决定拨款三百万元为研究所改善工作和生活条件。同年，国家文物局局长任质斌来所检查工作，提出建院设想。

倡导试办《敦煌研究》，在试刊第一期上撰写发刊词《敦煌研究的回顾与展望》，并发表论文《试论敦煌壁画的传神艺术》。在兰州大学《敦煌学辑刊》第二集上发表《敦煌石窟艺术的内容及特点简述》，在《飞天》杂志发表《九色鹿的故事》。

1982 年　任敦煌文物研究所所长，策划组织编辑由甘肃人民出版社出版的《敦煌研究文集》，并为此书撰写前言和论文《十六国、北朝时期的敦煌石窟艺术》、《敦煌壁画中的衣冠服饰》。在《敦煌研究》试刊第二期发表《略论敦煌壁画的风格特点和艺术成就》。在《中国石窟·敦煌莫高窟》第一卷发表《早期的莫高窟艺术》。策划筹备 1983 年"全国敦煌学术讨论会"。

随"中国文物工作友好访问团"赴日参加"中国敦煌壁画展"的开幕式，并与日本学者井上靖先生共同作了有关敦煌历史和艺术的学术讲演。

被甘肃省人民政府授予"甘肃省先进工作者"称号。

1983 年　率"敦煌壁画展览代表团"赴法国巴黎自然博物馆举办"敦煌壁画摹品展览"。应邀参加法国圣加·波里亚克基金会主办的"法中敦煌学学术报告会"宣讲《略论莫高窟第 249 窟壁画内容和艺术》一文。参加在兰州、敦煌两地同时举行的 1983 年"全国敦煌学术讨论会"与"中国敦煌吐鲁番学会"成立大会，并被推选为副会长。《敦煌研究》创刊，任主编。撰写创刊弁言，发表《略论莫高窟第 249 窟壁画内容和艺术》。

在《敦煌学辑刊》第三集发表《张议潮时期的敦煌石窟

艺术》。在《文艺研究》第三期发表《唐代前期的莫高窟艺术》。

1984年　敦煌文物研究所扩建、升格为敦煌研究院，被任命为首任院长。主持了对院、所发展规划和阶段性工作计划的补充修订和完善。推动实施莫高窟南区南段洞窟加固工程。专门建立了护窟队，加强洞窟保卫工作。任《敦煌学大辞典》副主编。

在《甘肃画报》第四期发表《吐蕃时期的莫高窟艺术》。

在日本《东洋学术研究》通卷106号发表《敦煌学的现状——中国敦煌学发展近况》。在《创价大学亚洲研究》第五号发表《敦煌的艺术和民众》。

1985年　任《中国美术全集·敦煌壁画》（上、下）和《中国美术全集·敦煌彩塑》（三卷）主编。并为之撰写了《敦煌壁画概述》、《敦煌早期壁画的风格特点和艺术成就》。在《敦煌研究》上发表《敦煌研究所四十年》、《晚期的莫高窟艺术》。

率团参加在日本东京富士美术馆举行的"中国敦煌展"开幕式。会见了创价学会会长池田大作，并在创价大学作题为"敦煌美术和民众"的讲演。与日本著名画家平山郁夫教授商定日方帮助敦煌研究院培养文物保护专业人才的援助项目。与日本著名作家井上靖会晤并畅谈了中日文化交流的历史和现状，访谈内容编辑成《敦煌之美》一书在日本出版。

1986年　应邀赴日本东京艺术大学讲学，被聘为该校名誉教授，并与平山郁夫校长商定了敦煌研究院和东京艺术大学合作项目。

获日本东洋哲学研究所授予的"东洋哲学研究奖"。

为了争取国际援助，在平山郁夫陪同下，前往日本首相官邸会见中曾根康弘首相。

为《向达先生纪念论文集》撰写《莫高窟唐代艺术中的服饰》一文。论文《敦煌艺术概论》发表于朝日新闻社出版的《沙漠中的美术馆》。

在《敦煌研究》上发表《敦煌研究院的方针和任务》。

1987年　应邀参加香港中华文化促进中心和香港大学中文系中国文化研究所联合主办的国际敦煌吐鲁番学学术会议，发表了"榆林窟第25窟壁画艺术"一文。

主持由敦煌研究院在莫高窟主办的"敦煌石窟研究国际讨论会"，并发表《敦煌早期壁画的时代风格探讨》一文。会后主编了《敦煌石窟研究国际讨论会文集》。还在《敦煌研究》上发表了《飞天：乾达婆与紧那罗——再谈敦煌飞天》、《漫谈敦煌艺术及其有关问题》、《榆林窟第25窟壁画艺术探讨》等文章。在《中国石窟·敦煌莫高窟》第三、四、五卷分别发表《唐代前期的莫高窟艺术》、《唐代后期的莫高窟艺术》、《晚期的莫高窟艺术》。在日本《东洋学术研究》通卷113号发表《萨埵太子舍身饲虎图的美学探讨》。

积极组织申报莫高窟列入《联合国教科文组织世界文化遗产名录》，并获成功。

1988年　应日本文化厅、东京艺术大学和东京国立文化财研究所的邀请，前往日本讲学。出席平山郁夫画展并剪彩、致辞。再次与池田大作先生晤谈。访问日本首相竹下登，并邀请竹下登访问敦煌。同年秋，陪同竹下登首相参观莫高窟，竹下登宣布日本政府援建项目。

个人论文集《敦煌石窟艺术论集》由甘肃人民出版社出版。《敦煌石窟保护的历史进程》、《敦煌学回归故里》、《飞天在人间》分别在《文物工作》和《文史知识》上发表。在《敦煌研究》上发表《莫高窟保护工作进入新阶段》。

敦煌研究院"平山郁夫敦煌学学术基金会"成立，任基金会理事长。

1989年　任《中国美术分类全集·中国壁画全集·敦煌壁画》（共十卷）主编。论文《融合中西成一家——莫高窟隋代壁画研究》、《创新以代雄——敦煌石窟初唐壁画概观》分别在《中国壁画全集·敦煌壁画》四、五卷发表。《榆林窟党项、蒙古政权时期的壁画艺术》在《敦煌研究》发表。

应日中友好会馆理事长伴正一的邀请，赴东京参加赠画仪式，并与前来参加仪式的日本首相竹下登交谈援助事宜。专程赴札幌看望了生前关爱敦煌的越智佳智小姐的父母。

1990年　主持由敦煌研究院主办的"1990年敦煌学国际学术讨论会"，发表《新发现的玄奘取经图》一文。为《敦煌石窟研究国际讨论会文集·石窟艺术编》撰写前言，并发表论文《敦煌早期壁画的时代风格探讨》。主编由江苏美术出版社和甘肃美术出版社合作出版的大型画册《敦煌》，发表论文《敦煌壁画的内容和风格》。在《敦煌研究》上发表《开发敦煌石窟文化的丰富宝藏——敦煌石窟系列研究 22 个专题之解题》。

赴加拿大参加"第 33 届亚洲与北非研究国际会议"并发表演讲。在温哥华中华文化中心和哥伦比亚大学宣讲敦煌文化。

获日本"东京富士美术馆最高荣誉奖"。再次与池田大作谈论敦煌艺术并商谈援助事宜。

1991 年　甘肃省敦煌学学会成立，当选为会长。任甘肃省国际文化传播交流协会名誉理事长。获国务院颁发的政府特殊津贴。

率团赴印度参加"敦煌艺术展"开幕式和中印石窟艺术研讨会。会议期间先后做了《敦煌石窟艺术的特点》、《敦煌文物的保护和临摹》的演讲，并考察了阿旃陀石窟等文物遗址。

在《敦煌研究》上发表《漫谈敦煌艺术和学习敦煌艺术遗产问题——答包头师专美术系师生问》、《九色鹿连环画的艺术特色——敦煌读画记之一》。

1992 年　陪同江泽民总书记视察敦煌莫高窟。

任由江苏美术出版社出版的大型丛书《敦煌石窟艺术》主编（全书共二十二卷）。参加在西安举办的全国文物工作会议，会后陪同李瑞环同志到敦煌研究院视察。

应美国《国家地理》杂志社、盖蒂保护研究所、哈佛大学和加州大学伯克利分校的邀请，赴美洽谈文物保护合作项目，并考察、讲学，在哈佛大学、耶鲁大学、宾夕法尼亚大学、斯坦福大学、史密斯学院分别作了题为"敦煌石窟艺术特点"、"新发现的玄奘取经图探讨"、"佛国世界里的人间世界"、"供养人画像与石窟"、"敦煌石窟概况和中心柱窟有关问题"等专题演讲。率团参加台湾举办的"敦煌艺术及古代科技展"百日纪念会及"中国"文化大学举办的敦煌学术研讨会。

1993年　主持由敦煌研究院、美国盖蒂文物保护研究所和中国文物研究所联合在莫高窟举办的"丝绸之路古遗址保护国际学术讨论会"，并作题为"丝绸之路上的瑰宝——敦煌艺术"的演讲。

率团赴香港参加"第三十四届亚洲与北非研究国际会议"。

被日本创价大学授予荣誉博士学位。

被甘肃省人民政府授予"甘肃省优秀专家"称号。

在《敦煌研究》上发表《敦煌研究十周年》和《临摹是一门学问》。

1994年　主持由敦煌研究院主办的敦煌学国际学术讨论会，并发表论文《中西艺术的交汇点——莫高窟第285窟》。

"敦煌石窟保护研究基金会"成立，任理事长。

为敦煌石窟保护研究陈列中心落成开馆典礼剪彩并致辞。为平山郁夫捐赠纪念幢揭幕仪式剪彩。

在莫高窟举行的第二届中印石窟艺术讨论会上作了题为

"佛教艺术中国化的进程"演讲。《段文杰眼中的敦煌艺术》一书由印度甘地国立艺术中心编译出版。

《段文杰敦煌艺术论文集》出版。

作为从事敦煌石窟保护和研究工作三十年以上并做出突出贡献的人物，受到甘肃省人民政府的表彰、奖励。

在《敦煌研究》上发表《丝绸之路古遗址保护国际学术会议开幕词》、《丝绸之路上的瑰宝》、《敦煌研究院五十年》、《悼念敦煌文物事业的开创者常书鸿先生》等文章。

1995年　获得中华人民共和国文化部、人事部授予的"全国文化系统先进工作者"称号。

率敦煌研究院考察团赴俄罗斯考察俄藏敦煌文物。赴香港参加由新华社香港分社、甘肃省文化厅和中国对外友协主办的敦煌艺术座谈会，与甘肃省副省长陈绮玲、省文物局局长马文治一同探望了邵逸夫先生。

在辽宁美术出版社出版的《敦煌学国际研讨会文集·石窟艺术编》发表《1990年敦煌学国际研讨会综述》、《玄奘取经图研究》。在《敦煌研究》上发表《敦煌石窟艺术的特点》、《敦煌文物的保护和临摹》、《供养人画像与石窟》等文章。

1996—1997年　在莫高窟先后接待了乔石、杨尚昆、姜春云等中央领导同志。还会见了香港知名人士徐展堂、日本国会议员大内启五、日中友好协会会长平山郁夫、日本法隆寺高田良信以及茶道里千家一行。还分别接受了中央电视台和朝日新闻社记者的采访。

赴北京参加"敦煌艺术展"开幕式。在北京大学、北京师范大学、中国艺术研究院、中国青年政治学院等高等院校作学术报告。出席"段文杰从事敦煌工作五十年纪念座谈会"。

启动了与香港商务印书馆合作编著出版《敦煌石窟全集》三十卷本的重大工程。科学地论证了各卷的学科界定范围，明确了各专题卷的编著提纲，制定了"全集"编写手册。为确保全集达到学术型经典著作的高标准奠定了基础。

率团赴日本参加"敦煌石窟保护及相关问题"学术研讨会，发表了《敦煌莫高窟保护工作历史回顾》一文，并为奈良市各界人士作了题为"奈良与敦煌"的讲演。

与日本 NHK 总制片人后藤多闻商定了于 1998 年秋季在莫高窟进行全球直播宣传敦煌艺术的有关事宜。代表研究院接受了日本友好人士青山庆示送还的八件藏经洞文献真品。

在文物出版社出版的《中国石窟·安西榆林窟》上发表《榆林窟的壁画艺术》。在江苏美术出版社出版的《敦煌石窟艺术·榆林窟第二五窟附第一五窟》上发表《藏于幽谷的艺术明珠——榆林窟第二五窟壁画研究》一文。

1998 年　继续对石窟艺术中的局部问题深入进行单项课题研究，撰写了《敦煌莫高窟第 3 窟千手千眼观音像赏析》、《敦煌壁画中的音乐舞蹈》、《敦煌壁画中的山水画》、《再谈敦煌飞天》等文章。因年事已高辞去院长职务，被任命为名誉院长。

1999 年　为敦煌石窟保护研究基金会的工作到北京拜会

宋平、尉健行、李铁映等同志。

出席在香港商务印书馆举行的莫高窟五台山全图影印复制品展出活动并剪彩。在莫高窟接受日本 NHK 举行的直播访谈。会见专程前来的平山郁夫先生，向平山先生赠送了新出版的《敦煌壁画临摹珍藏集》。为纪念莫高窟藏经洞发现一百周年撰写《历经沧桑，再现辉煌》在《中华英才》、《甘肃日报》发表。

2000 年　先后出席在北京、兰州、敦煌三地举行的"纪念敦煌学百年"盛大纪念活动，和文化部、国家文物局、甘肃省政府的领导同志陪同胡锦涛、尉健行、李岚清、李铁映等中央领导参观"敦煌艺术展"。与常书鸿、季羡林、饶宗颐、邵逸夫、潘重规、平山郁夫六人一起被授予"敦煌石窟保护研究特殊贡献奖"。

2001—2003 年　应邀在台湾"国父（孙中山）纪念馆"举办画展。

《段文杰自传》在台湾《艺术家》杂志分八期连载。

在《人民中国》第二期、第三期（2001 年）分别发表《榆林窟第 25 窟弥勒经变画研究》和《榆林窟玄奘取经图研究》。

2004—2006 年　为《敦煌壁画线描百图》撰写《谈敦煌壁画临摹中的白描画稿》。获中国文联"造型艺术创作研究成就奖"。完成回忆录《敦煌之梦》。

2007 年　甘肃省政府和国家文物局在兰州举行"段文杰先生从事敦煌文物和艺术保护研究六十年"纪念活动。被甘肃省政府、国家文物局授予"敦煌文物和艺术保护研究终身成就奖"。

2009年　被文化部和国家文物局授予"中国文物、博物馆事业杰出人物"称号。

2011年　1月21日17时因病在兰州去世，享年九十五岁。1月25日在兰州华林山殡仪馆怀远厅举行遗体告别仪式。生前领导及同事、亲友三百多人前来送别。百日后遗骨与夫人龙时英遗骨合葬于莫高窟前大泉河对岸。敦煌研究院在墓碑上镌刻对联"出蜀入陇根脉植莫高，风雪胡杨雄大漠；承前启后群贤仰宗师，敦煌艺术擎巨椽"。

编后记

段文杰先生，敦煌学家，敦煌研究院前院长。

《佛在敦煌》辑选部分段文杰先生论文而成，内容关于敦煌壁画和雕塑艺术的发展历史。在梳理艺术发展的同时对佛教发展的历史也一并阐释。

感谢段兼善老师授权、撰写序文并提供图片。他笔下的父亲，深情款款。书中选配的三十二幅段文杰先生敦煌壁画临本，向我们展示，敦煌学家段文杰先生也是一位卓越的艺术家。

《佛在敦煌》为典雅文存系列图书的最后一部作品。在策划编辑这套图书的四年间，也是我不断学习的过程，诸位先生的治学精神和人生经历深深打动和影响我，这是让我受益一生的财富。唯有阅读，表达怀念！

同时，感谢关注这套书的读者！

朱　玲

2018 年 5 月 25 日